Afinal, o que querem os homens?

Saiba o que se passa na mente masculina e cultive relacionamentos verdadeiros

Caro leitor,

Queremos saber sua opinião sobre nossos livros. Após sua leitura, acesse nosso site (www.editoragente.com.br), cadastre-se e contribua com sugestões, críticas ou elogios.

Boa leitura!

ZOE STRIMPEL

Afinal, o que querem os homens?

Saiba o que se passa na mente masculina e cultive relacionamentos verdadeiros

Tradução de Verena Nery

GERENTE EDITORIAL
Alessandra J. Gelman Ruiz

EDITORA DE PRODUÇÃO EDITORIAL
Rosângela de Araujo Pinheiro Barbosa

ASSISTENTE EDITORIAL
Cissa Tilelli Holzschuh

CONTROLE DE PRODUÇÃO
Adriane Aoqui de Souza

TRADUÇÃO
Verena Nery

PREPARAÇÃO DE TEXTO
Vânia Cavalcanti

PROJETO GRÁFICO E DIAGRAMAÇÃO
Sandra Oliveira

REVISÃO
Cristina Lavrador Alves

CAPA
Ideé Arte e Comunicação

ILUSTRAÇÃO DE CAPA
Sérgio Ribeiro Lemos (Seri)

IMPRESSÃO
Prol Gráfica

Título original: *What the hell is he thinking?*
Copyright © 2010 by Zoe Strimpel
Primeira edição publicada na Grã-Bretanha em língua inglesa por Penguin Books Ltd.
Todos os direitos reservados.

Todos os direitos desta edição são reservados à Editora Gente.
Rua Pedro Soares de Almeida, 114,
São Paulo, SP – CEP 05029-030
Telefone: (11) 3670-2500
Site: http://www.editoragente.com.br
E-mail: gente@editoragente.com.br

Dados Internacionais de Catalogação na Publicação (CIP)
(Câmara Brasileira do Livro, SP, Brasil)

Strimpel, Zoe.
Afinal, o que querem os homens? : saiba o que se passa na mente masculina e cultive relacionamentos verdadeiros / Zoe Strimpel ; tradução de Verena Nery. — São Paulo : Editora Gente, 2011.

Título original: What the hell is he thinking?
Bibliografia.
ISBN 978-85-7312-766-9

1. Comunicação - Diferenças entre sexos 2. Homem - Psicologia 3. Homem-mulheres - Relacionamento 4. Namoro (Costumes sociais)
I. Título.

11.03609   CDD-158.2

Índice para catálogo sistemático:
1. Homem-mulher : Relacionamento : Psicologia aplicada 158.2

Para meus pais, Harriet e Oliver Strimpel, que desejam,
mais do que ninguém, que eu seja muito feliz,
não importa se casada ou solteira
(bem, eles preferem casada, para ser franca).

Agradecimentos

Obrigada a Jenny Lord da Fig Tree por me incentivar a escrever este livro, por ser uma editora soberba e uma mulher de ideias, e por me inspirar com muitos fascinantes dilemas românticos. Obrigada a Hannah Westley, que me recrutou para a coluna do *Thelondonpaper* depois de me ouvir reclamando venenosamente sobre o comportamento inexplicável de um cara por quem eu estava obcecada. Ao Maor por me encorajar a passar um ano escrevendo sobre minhas experiências com outros homens, e por me dar valiosos entendimentos sobre a mente masculina. Às minhas amigas, que me apoiaram, contaram-me suas histórias, inspiraram-me com seus fracassos e sucessos e asseguraram-me de que eu escrevesse sobre problemas reais com os quais elas – e vocês – se preocupam. Jo, Natalie (Oi, Maureen), Lexie, Daniela: vocês foram todas ótimas. Tom Stammers, obrigada por um ou dois *brainstorms* durante esse período, eles fizeram toda a diferença. E por último, mas muito, muito distante de ser menos importante, obrigada aos homens que fizeram este livro possível, por explicarem suas ações de maneiras tão bonitas, honestas e iluminadas. Não houve incentivo para que eles abrissem o bico, afora o desejo de aumentar o entendimento entre os sexos, e eles ajudaram demais nisso. Adam Lyons emprestou, de forma generosa e inteligente, seu olhar profissional e ajudou a construir o meu entendimento dos jogadores masculinos e como apontá-los. O website dele é: www.attractionexplained.com. Anthony, Tom, Andrew, Victor, Dennis, Jon e Nadav, obrigada a todos vocês em particular.

Sumário

Introdução 11

PARTE UM: FOBIA DE COMPROMISSO 17
1. Por que ele a prende por três meses e, depois, a deixa? 19
2. Por que ele fica estranho no dia seguinte, agindo como um adolescente?. 26
3. Por que ele fica estranho depois de um ano, mas não termina? 32
4. Por que ele trai a mulher como se fosse a coisa mais natural do mundo?..38
Jogo Rápido 1 44

PARTE DOIS: DIVIDINDO O ESPAÇO 49
5. Por que ele é tão chato quando vocês dormem juntos se ainda
   estão na fase da lua-de-mel? 51
6. Por que ele passa todas as noites na sua casa, mas se recusa a se mudar?..56
7. Por que ele surta quando você esquece alguma coisa na casa dele? 63
Jogo Rápido 2 67

PARTE TRÊS: SINAIS CONFUSOS 71
8. Por que ele age como um namorado quando vocês estão
   fisicamente juntos, mas some quando não estão? 73
9. Por que ele diz que não quer nada sério, mas continua ligando? 79
10. Por que ele se importa com grandes atitudes se falha em levar adiante?...86
11. Por que ele não termina se é claro que está infeliz? 91
    Jogo Rápido 3 96

PARTE QUATRO: IMPASSE FÍSICO 101
12. Por que ele a paquera e a convida para sair, mas não tem atitude? 103
13. Por que ele se apega a detalhes insignificantes? 109
14. Por que o sexo acaba com todo o interesse? 114
15. Por que ele perde o interesse assim que vocês deixam
    de ser amigos que se gostam e viram namorados? 121
    Jogo Rápido 4 127

PARTE CINCO: TRÊS É DEMAIS 137
16. Por que ele não consegue deixar a mãe fora do relacionamento?..........138
17. Por que ele divide você como se fosse um pacote de biscoitos?............143
18. Por que ele escolhe alguém inferior se você é perfeita para ele?............147
Jogo Rápido 5..154

PARTE SEIS: COISIFICAÇÃO 159
19. Por que ele fala de outras mulheres na sua frente?..................................161
20. Por que eles acham inteligência brochante?..166
21. Por que ele age como se estivesse interessado quando ele sabe
que não está?...173
Jogo Rápido 6..179

PARTE SETE: EX-NAMORADAS.. 185
22. Por que ele é possessivo muito tempo depois de terminar com você?...187
23. Por que ele simplesmente não consegue superar?..................................195
24. Por que os sentimentos pela ex subitamente surgem
depois de alguns encontros?..202
Jogo Rápido 7..209

PARTE OITO: JOGO RÁPIDO COM QUESTÕES ESSENCIAIS SOBRE SEXO, ESCOLHA DE UM AMIGO, ATRAÇÃO E A CAÇADA................................... 215

Conclusão...235

Introdução

Eu estava nas agonias finais desse quase-namoro, desta vez com um desenvolvedor freelancer de website, que tinha tempo para tudo neste mundo, menos para mim. O começo tinha sido tão promissor: nosso primeiro encontro foi o melhor que já tive, em um chamego de 48 horas que começou com um maravilhoso jantar e um passeio de riquixá por Londres, até um bar da moda, tudo bancado por ele. Mas, conforme o tempo passava e nós continuávamos a nos ver, as coisas não evoluíam como eu esperava. Quando estávamos juntos (sempre ótimos momentos), ou em mensagens de texto, ele me dizia que sentia minha falta. Aí, então, ficamos alguns dias sem nos comunicar. Havia tantos sinais confusos e contraditórios, minha cabeça (mais os amigos que me orientaram nesta situação toda) e tudo mais explodiu.

No final, nada deu certo. Por quê? Acho que ele pensava que eu queria algo sério com ele, mas não tenho certeza. Eu estava tão triste por não ter dado certo quanto frustrada pelo bizarro mal-entendido que parece ter havido entre nós. Mas que diabos ele estava pensando esse tempo todo?

Então, um livro inteligente chamado *He's just not than into you* iluminou meu caminho. Por um momento, tudo parecia claro. Todos aqueles sinais intrigantes e contraditórios? Todos aqueles momentos inconsistentes de extrema afeição? Tudo indicava que ele simplesmente não estava tão interessado em mim. Ótimo, caso encerrado. E quando um cara que eu tiver conhecido furar no nosso primeiro encontro por causa de uma viagem à Eslovênia, simplesmente direi a mim mesma: *OK, entendi, ele não estava tão interessado em mim*.

Este novo simples *ethos* estava indo bem até eu perceber que ele estava longe de ser o suficiente para uma explicação. Tive uma súbita imagem dos meus amigos e eu, saindo juntos para beber, esgotando a conversa sobre caras depois de meia dúzia de palavras e tendo, prontamente, um ataque de pânico. Para mim, uma resposta de seis palavras não será, de modo algum, suficiente para desvalorizar ou desprezar a sutileza das ideias e das emoções dos homens. Eu queria saber o que estão pensando Christian, o garoto do riquixá, e os outros caras que falam uma coisa e fazem outra!

Mas por que se incomodar? Bem, para começar, se alguém com quem passei momentos íntimos aparece, repentinamente, para pular para outra página, eu realmente quero saber que página é esta.

Portanto, eu presumo que, se você souber que página é, você possa conhecer melhor o livro.

Novamente, você pergunta: por que se incomodar? Não é suficiente saber que as coisas não são como devem ou poderiam ser, e parar de perder tempo com isso? Idealmente, talvez. Mas a vida não é tão simples. As pessoas, inclusive os homens, não são tão simples. Isto é, quantas vezes nós, garotas, fizemos uma coisa e, se pensarmos bem, significou outra? Só porque ele não apareceu ou não ligou quando disse que o faria, devemos, então, encaixotá-lo? Cristo, esta será uma vida longa e solitária se levarmos tudo à base do preto ou branco. (Não me entenda mal, não há desculpa para canalhice e comportamentos desagradáveis. Ainda assim, se você está lendo este livro, aposto que você é esperta o suficiente para não se envolver com nada ou ninguém sinistro.)

No passado, as regras eram inequívocas. Havia um código definido de conduta. Nem ao homem nem à mulher era permitido perambular pelas áreas nebulosas das intenções românticas, como muitos de nós fazem atualmente. De acordo com o que minha avó conta nas tardes de domingo quando a visito, houve um tempo em que era perfeitamente natural uma garota presumir que um cara intencionava casar-se com ela a partir do momento que ele demonstrasse algum interesse. Agora, além do transtorno de tentar entender, o cara que eu tenho visto pode nem ser um namorado e, quase certamente, não será um marido. E mais, tenho que explicar, há muitos modos sofisticados de interpretar as intenções dele. Temos as bobagens do Facebook, textos, e-mail, MSN e empregos tão competitivos que muitos de nós gostam de pensar que não temos tempo para compromisso. Nossos estilos de vida são tão independentes e cheios de alternativas que as nossas interações com o sexo oposto viraram simplesmente mais uma... alternativa. Arquivos de compromisso em face do sonho contemporâneo, eu diria. Portanto, se os relacionamentos são complexos em tempos melhores, a modernidade lançou um véu sobre nossas formas de lidar um com o outro.

Qualquer pessoa pode imaginar o que diabos estamos realmente pensando e sentindo. "Deus do céu", minha avó poderia responder, "fico feliz de não estar agora por aí, procurando um namorado".

Mas, com ou sem modernidade, nós ainda queremos um amor. E acredito genuinamente que os homens – criaturas cheias de ódio, como podem ser às vezes – ainda valem a tentativa de fazer dar certo. Nós não gostaríamos de saber um pouco melhor o que diabos ele está pensando? Valorizo a presença masculina na minha vida o suficiente para querer saber.

Por *fazer dar certo*, não quero dizer que vamos descobrir todas as respostas. O mundo dos encontros e dos relacionamentos não se apresenta exatamente como uma ciência exata. E nem sou um guru. Sou uma normal e exausta fã do amor, mas uma garota responsável de 20 e poucos anos tentando encontrar sentido nos ermos românticos em cujos galhos tenho me balançado.

Mas minhas amigas e eu não estávamos nos aproximando mais da verdade conversando entre nós, mesmo com mais bebida. Então, um dia, ocorreu-me que eu poderia simplesmente perguntar a um monte de caras por que eles faziam as coisas que eles faziam. Afinal, por um ano e meio escrevendo minha coluna semanal, no jornal londrino *Thelondonpaper*, sobre encontros e namoros, as respostas mais articuladas, não passionais e frequentes eram de homens.

Os caras também tinham o que dizer: eles pensavam no assunto, sim, e obviamente achavam que a voz deles não era ouvida. Assim, percebi que havia muito do poder masculino por aí que poderia ser explorado e que os caras estavam mais do que felizes em divulgá-lo.

Este livro não é uma busca exaustiva pelo Ser Supremo, nem um livro de autoajuda; é uma conversa com homens que, julgando pela honestidade e perspicácia com que a maioria deles tratou minhas perguntas, estão tão ávidos quanto nós por uma ponte sobre a lacuna de conhecimento.

Para descobrir o que diabos ele está pensando, falei com dúzias de caras, se não centenas. Eu os abordei pelos pontos de vista deles em dois formatos, o que, creio, é a melhor maneira de compilar a informação e inspirar mais mulheres. Explico o primeiro formato: consegui fazê-los responder pela contabilidade dos equívocos (mas – para a maioria das mulheres – reconhecíveis) no comportamento masculino, como o de Christian, citado anteriormente. Agradeço aos caras pela sinceridade, eu era capaz de antever, com alguma clareza, o que aconteceria com Christian. Como eu poderia ter sabido que ele é um Casanova clássico – isto é, viciado em fazer as garotas se apaixonarem por ele por uma necessidade de aprovação – se não fosse por Adam Lyons, terceiro do mundo na arte da conquista e conselheiro amoroso profissional? Ou que Christian, não importa o quão afetado, educado e charmoso ele fosse quando nos conhecemos, não estava acima do *por que comprar a vaca inteira quando você pode ter o leite de graça?* É isso, enquanto eu estava ocupada tentando impressioná-lo com meu jeito simpático e fácil de se levar, imaginando quando seria gratificada por ser tão bacana, ele me viu meramente como alguém que não impunha nada mais desafiador do que uma bebida de qualidade, quando nos conhecemos, em troca de sexo, aconchego e uma boa massagem no ego dele.

O outro formato é o Jogo Rápido (cinco questões simples) sobre todas as coisas que você sempre imaginou, desde a dúvida mais rasteira como *Você tem nojo de absorventes?* até *O quanto é importante para você que seus amigos achem sua namorada atraente?* e *Você preferiria namorar uma mulher burra, mas bonita, a uma bem-humorada, inteligente e não tão bonita?*

Essas perguntas e as respectivas respostas estão no final de cada parte do livro, assim elas correspondem, de certa forma e, às vezes, vagamente, aos capítulos antecedentes. *Fobia de Compromisso*, por exemplo, requereu um espaço pequeno, ainda que desvelando questões como *Qual é a coisa mais assustadora que uma garota pode fazer?* e *Você gostaria de ter um relacionamento polígamo?*

Inevitavelmente, há assuntos que se sobrepõem – afinal, estamos falando sobre amor, lascívia e todas as coisas entre um e outra, então, nada é exato. Por exemplo, apesar de eu ter decidido fazer do *Espaço Compartilhado* uma seção única, algumas questões que o seguem se referem à fobia de compromisso, como *O que pode ser tão assustador em morar com alguém?*

Agora, sobre os caras do painel *Mas que diabos ele está pensando?*, aqueles cujas vozes são nossos condutores pela mente masculina. Eles são articulados, inteligentes, conscientes e basicamente boas pessoas. Não entrevistei brutalhões ou misóginos porque este livro pretende falar sobre caras que merecem ser analisados, que pensemos a respeitos deles, mesmo que os relacionamentos com eles não deem certo ou eles se comportem como cretinos. Não estou interessada em dizer a você alguma coisa sobre todos os homens da sociedade, apenas sobre aqueles com os quais, creio, você sairia, ficaria desapontada, idealizaria e – um dia – talvez com quem se uniria.

Os astros do painel são Tom L, saído recentemente de um relacionamento de quatro anos com uma mulher excelente, por quem ele se apaixonou à primeira vista; Anthony A, um adorável fã de mulheres com quem dei uns amassos, mas estou muito satisfeita em não ter mais nada com ele; Victor L, com quem eu dividia um apartamento e foi meu namorado, ele falava horas, na nossa sala de estar, com assustador brilhantismo sobre relacionamentos; e, por último, mas não menos importante, Adams Lyons que, apesar de ser um ocupado conselheiro e consultor amoroso profissional, pôde dar uma olhada nos vários casos apresentados aqui, sempre desvendando a complexidade deles com muita astúcia, às vezes cinicamente, pela perspectiva masculina.

Há, é claro, uma variedade de respostas aqui, nem todos disseram a mesma coisa (o que seria esquisito). Mas quanto mais eu coletava respostas, mais aumentava a minha percepção sobre o modo como pensam. Não é algo que possa ser explicado em uma frase – embora muitas pessoas tentem fazê-lo com declarações do tipo *homens são covardes, homens são bitolados, as atitudes deles são previsíveis*. Mesmo que essas opiniões contenham alguma verdade, existem tantas exceções que elas – as opiniões – não ajudam muito.

Conseguindo uma maior percepção do modo como pensam os homens, por outro lado, ajuda bastante, assim como aprender um idioma requer mais do que algumas aulas de gramática. Você tem que se aprofundar no estudo até *sentir* o novo idioma.

Espero que, uma vez lido este livro (e pode ser legal escolher os capítulos aleatoriamente, não é necessário ler na sequência), você aprenda o ritmo da mente masculina e, quando se deparar com um comportamento inexplicável, você seja capaz de entender melhor o que estaria acontecendo. O jogo não é para ser jogado quando um cara tiver uma atitude estranha, mas para reconhecer o significado e a origem dela. Isso deverá capacitá-la a apurar sua sensibilidade para responder, tanto para perseverar quanto para jogar a toalha. De qualquer modo, conhecimento é poder. Aqui você tem ambos. Ah, e divertindo-se muito.

Parte Um

Fobia de Compromisso

Se eu tivesse que escolher a ideia que mais influencia os namoros modernos, diria sem pensar: Fobia de Compromisso (vamos chamá-la de FC para encurtar). Ah, sim, aquele fantasma do início das relações, as duas palavras que resumem tudo de terrível que pode acontecer com um jovem excitado, ou um ainda jovem casal, ou uma sirigaita: coabitar, casamento, crianças, aprisionamento, não dormir com ninguém mais para sempre. Isso acontece com homens e mulheres e ambos tentam se "proteger" desse apego demonstrando certa frieza e independência em relação ao outro. O desejo de não parecer muito interessado ou – Deus me livre – necessitado é esmagador nos namoros de hoje.

FC é basicamente uma estranha construção mental. É o pressuposto de que as coisas podem e, certamente, vão acontecer de certa maneira. A mente pega o pior cenário (fim da liberdade) e transforma-o no mais provável. Presume que a outra pessoa leva tudo muito a sério e é capaz de chamar o padre em três dias, fazendo com que você corra quilômetros. É também profundamente narcisista: só uma pessoa que pensa ser tudo isso está convencida de que todos os encontros podem acabar em uma obsessão para o resto da vida e na eclosão de um plano para assumir o controle da sua vida.

Às vezes, essa sensação de "socorro, tirem-me daqui" é bastante justa. Ninguém quer se sentir sufocado quando não está certo de seus sentimentos. Se a outra pessoa se esforça para ser popular, pode criar uma tensão sexual cada vez maior e impede que um sentimento cresça, um sentimento que possivelmente leve a algo bom.

Mas o maior mistério para mim e, acredito, para muitas mulheres é como um grande número de homens, dos mais diferentes tipos, tem suas FCs – como eles podem presumir que estão prestes a se prender a algo terrível quando tudo o que você fez foi ligar para eles. E o que acontece com os caras que deixam a gente a um braço de distância por meses, recusando-se a nos chamar de namoradas, ou de nos tratar como uma, e só Deus sabe por que ter uma namorada é a coisa mais intoxicante da vida para os homens. Francamente, o que atrapalha os homens é a teimosia deles, é uma caprichada dose de FC. E é mesmo muito chato quando eles tratam o seu simples desejo de dizer "olá", na manhã seguinte à uma noite quente, como um sinal de que você planeja persegui-los – quando, de fato, você pode estar menos a fim disso do que eles.

Essa seção mostra o que está por trás da FC masculina e vai, tenho esperanças, dar a você poderes para, ou tratá-lo com o desprezo que frequentemente merece, ou reconhecer problemas mais profundos e resolvê-los. Às vezes, você pode achar que o cara tem uma grande FC, quando, na verdade, é uma maneira confusa de dizer que ele não está tão interessado; então, você não pode culpá-lo (e ele não pode culpar a si mesmo) depois de ter se deitado com você. Pode ser um sinal equivocado de honestidade.

O tipo mais óbvio de FC – o tipo que todos nós ou enfrentamos ou dividimos – tem sua causa bem no início, nos primeiros meses do relacionamento. Mas há outros tipos, versões mais preocupantes, como o de Steve, o cara que seguramente destrói relacionamentos quando atingem a marca de um ano. Que jogo eles estão jogando? E o cara que não consegue se comprometer nem mesmo com sua esposa – ou mesmo com sua amante? Continue lendo para descobrir e, então, veja as respostas de um monte de caras para perguntas relacionadas, aquelas que você sempre se fez (eu, sim, pelo menos), como "O que você pensa sobre demonstrações públicas de carinho?"

Ah, a doce, doce, iluminação.

1
Por que ele a prende por três meses e, depois, a deixa?

Os arquivos de Christian

Anos de relações com homens errados me deixaram bastante cautelosa em relação a compromisso. Essa não é uma ideia agradável aos homens também. É uma coisa "assustadora", um tipo de situação sem a menor graça que nos leva aos bebês, à chatice sexual e – eca, que nojo – à responsabilidade. Quem quer isso? Bom, eu não (ainda). Mas como a maioria das garotas sensatas, não associo automaticamente a palavra *compromisso* com todas essas coisas descritas. Não vejo por que, se uma coisa está indo tão bem, mudar para uma relação séria seja necessariamente uma má ideia. Não estamos na Idade Média. Dar um impulso em algo não significa perder a liberdade para sempre. Afinal, não estamos exigindo um dispositivo eletrônico preso ao tornozelo do pobre rapaz para que possamos monitorar cada movimento. Não queremos passar juntos todas as horas que estamos acordados. Só queremos nos divertir e ser felizes. Além disso, bebês realmente estragariam nosso estilo de vida se viessem agora. Então, de onde vem o fator medo-de-bebês dos homens?

Aqui vai um caso clássico: um lance recente que tive com um programador de website de 27 anos (sim, o cara da introdução). A coisa nunca deslanchou, apesar de eu estar convencida de que teria sido ótimo se tivesse dado certo.

O caso

Então, aqui vão as razões pelas quais poderia ter sido bom. Nós nos conhecemos em uma festa. Ou, devo dizer, eu o vi, pensei *você é uma graça* e pulei nele. Minutos depois, estávamos no jardim, longe de todos, nos beijando. E beijando. O beijo era muito bom. Uma hora se passou, mas senti como se fosse um minuto. Já beijei outros caras, mas esse era muito bom. Ele até me perguntou se eu era solteira. "Uau", eu pensei, "ele é sério". Eu o convidei para voltar comigo e ele foi um *gentleman* pagando o táxi, dizendo não ao sexo (me desapontei um pouco nessa hora) e perguntando-me quando ele poderia ligar para mim.

No dia seguinte, recebi um e-mail dele me convidando para jantar e para uma bebida na sexta-feira. Eu estava em choque – não é todo dia que um cara vai direto ao melhor dos convites: jantar *na* sexta-feira. E aconteceu de não ser qualquer jantar também: foi em um restaurante chique em *Mayfair* e, desculpem garotas, bebidas em um bar da moda no *Soho*. Cavalheirismo à parte, ele me deixou à vontade, conversamos despretensiosamente e ele comandou a situação. Acabou que ficamos juntos durante todo o fim de semana, incapazes de sair da cama dele.

Agora, você pode me chamar de louca, mas um primeiro encontro que dura 48 horas é um bom presságio. Então, imagine a minha surpresa quando, ao nos separarmos na estação de metrô no domingo à tarde, ele me disse um frio "vê se não some". E, então, como já era quarta-feira e eu não tinha notícias, decidi que não tinha nada a perder e mandei um e-mail agradecendo o fim de semana e falando sobre outras amenidades. A resposta foi super gentil e ele se ofereceu para vir na sexta-feira com um bolo de chocolate. De novo, nos divertimos muito enquanto o bolo de chocolate nos levava a alguns drinques. No sábado seguinte, fomos às corridas.

As coisas continuaram neste esquema: sem excesso de comunicação e planejando as coisas com cuidado e antecedência. No nosso auge, nos víamos duas vezes por semana, mas eu não conseguia me livrar da sensação de que tudo estava sempre a ponto de terminar. E também não podia parar de pensar o que teria acontecido se eu não tivesse mandado aquele e-mail na primeira semana. Colocando tudo isso de lado, fiquei tonta de emoção quando ele mandou uma mensagem de Paris dizendo que "poderia estar ausente" (por um mês).

Eu estava esperando pelo momento em que ele realmente começasse a ter atitudes do tipo trazer uns DVDs sem avisar, meio de improviso. Essa hora nunca chegou, apesar de nossos encontros serem adoráveis momentos de embriaguês. O tempo voou. Eu realmente gostava dele. E, depois de três meses, eu me sentia triste e desapontada porque ele só entrava em contato a cada quatro dias. Em certo momento (no final do mês três), expliquei a ele que estava triste – foi a única vez em que fiz isso – porque eu não sabia se ele estaria de volta naquele fim de semana e porque ele não tinha entrado em contato nos últimos cinco dias. Ele murmurou algumas desculpas, e fez a mesma coisa na semana seguinte, provando que eu estava certa. Ele explicou "pode haver momentos em que estarei longe e não poderei entrar em contato todos os dias ou algo assim". Isso ocorreu duas semanas depois de ele ter dito, quando estávamos na cama, "eu não posso ter uma namorada. Eu disse a mim mesmo que não teria para que eu possa focar na liberdade e na carreira" (ou alguma coisa do tipo).

Então, aqui estou eu, oferecendo o que tenho de melhor, sem exigir muito, me divertindo apenas em estar por perto, e ele está me afastando para o caso de eu me tornar NAMORADA – evidentemente, algo que não vale a pena –, ou para o caso de eu pirar se ele não me ligar a cada dois segundos quando ele estiver "longe" (que tipo de atitude é essa?). Para tornar as coisas ainda mais confusas, na semana anterior a essa imposição de limites, ele comprou uma escova de dente para que eu pudesse escovar os dentes na casa dele. Isso pode ser entendido como um gesto pró-compromisso, não?

Mas, então, ele parou de planejar coisas e me ligava para saber o que eu estava a fim de fazer na mesma noite. O que é ótimo quando vem acompanhado de planos. Senti que se eu não estivesse sempre pronta, poderia nunca vê-lo de novo, então eu tentava estar sempre disponível quando ele ligava.

No momento em que saía da casa dele, em uma quarta-feira à tarde, depois de um pernoite improvisado (as possibilidades são infinitas para dois *freelancers*), percebi que não tinha ideia de quando o veria de novo e a sensação de estar afundando voltou e, então, caiu a ficha. Estava na hora de terminar tudo. Fui de *um fim de semana cheio de expectativa* para o *meio de semana espontâneo*, quando eu deveria estar trabalhando. Decidi ignorar as ligações dele. O que era fácil porque ele simplesmente não ligava. Então, três semanas depois, recebi uma mensagem de voz do tipo "E aí, novidades?" – sem referência alguma aos dias sem notícias – e tive a chance de não ligar de volta.

Christian e eu demos certo. Definitivamente tivemos um romance ótimo. Tínhamos uma química incrível na cama. Então, não foi surpresa que eu quisesse algo a mais depois de três meses. Por que ele achou mais fácil aderir a uma regra autoimposta sobre namoradas em vez de ceder à situação? Cadê o jogo de cintura? Eu queria ir um passo além do encontro casual porque não parecia mais tão casual para mim. Eu estava falando do próximo passo natural – não querendo impor casamento. Eu estava louca? Ele sentia uma repulsa secreta por mim?

O que os caras pensam

De acordo com meus amigos, nenhum deles *santo*, Christian não foi muito legal comigo. Sendo todos iguais, eles sabem o que vai acontecer.

Como sempre suspeitei, e este livro fala sobre isso, homens não são animais que agem puramente por impulso ou por imposição peniana. Eles são espertos e, contrariando a sabedoria popular, pode haver motivos complexos para seus comportamentos esquisitos.

Tom L, 28 anos, solteiro recente

Tom é um dos meus amigos mais queridos, mas, quando o assunto é mulher, ele não é assim tão querido. Aqui está o que ele tem a dizer sobre a fobia quase que patológica de compromisso do Christian – e o comportamento maluco em geral.

Animais espertos

"Diferentemente dos cachorros, os homens podem e realmente leem o que é escrito sobre eles; então, eles também sabem como manipular as percepções femininas. A escova de dentes, por exemplo, é uma manobra clássica: para um homem é apenas conveniência. Mas homens também sabem que mulheres veem a escova de dentes com um significado desproporcional. Isso torna fácil acumular 'capital romântico'. Comprar uma escova de dentes para a mulher significa que ele não precisa fazer mais nada por algum tempo.

Mas, assim como os animais, os homens são motivados por simples atos para o próprio interesse. Acho que aquele dito que diz não ser preciso comprar a vaca quando se tem o leite de graça explica muita coisa no comportamento do Christian."

Basicamente, eu entreguei o prêmio de bandeja, então, ele não quis o resto.

Sexo sem compromisso

"Parece que a relação estava baseada em sexo desde o início. Ficou claro que suas personalidades combinavam, mas a coisa toda foi para o lado do sexo muito rápido. Verdade que ele mesmo esperou um pouco para consumar o ato, mas parece que esse clima estava em jogo desde o começo. Ele deve ter pensado que 'o jogo já estava ganho'.

Tem algo a ser dito sobre aquele velho conselho das gerações passadas que deve ser levado em consideração. Preste atenção em Ana Bolena, no seriado *The Tudors*: sua irmã foi ousada e atirada, mas ela resistiu firme até que acabou não só com o casamento de Henrique VIII, como também com a própria Igreja Católica na Grã-Bretanha."

Resistir ao sexo também não é o grande segredo
Não estamos na época dos Tudors e o sexo tem sido bem aceito na relação homem-mulher – algumas vezes pode ser mais fácil dizer sim que não.
"Claro que há um risco em se dizer 'não'", admite Tom. "Em circunstâncias ideais, significa que o cara tem que conhecê-la melhor, tem que perceber como você é divertida etc. e começa a pensar em você como uma amiga além de parceira sexual. Em situação de pressão, ele se chateia e vai embora.
Saber até onde resistir é uma arte: basicamente se você acha que parece que está pegando fogo e que a tensão sexual pode ser percebida no ar, então, provavelmente, você está certa e pisar no freio um pouquinho pode funcionar."

Portanto...
"Ele pensa com a cabeça de baixo", disse Tom. "Enquanto você servia, ele estava mais que feliz em manter a relação funcionando, usando todos os truques aprendidos nas revistas femininas: comprando escova de dentes, mandando mensagens frequentemente etc. Mas quando você não servia mais, ele a deixou ir."
Nem eu mesma poderia ter explicado melhor.

Adam L, 31 anos, tem um relacionamento sério
Tom conhece os truques sujos que os homens jogam – mas ele é um cara legal. Pensei que valeria a pena falar com um profissional, alguém que realmente conheça os truques e que já tentou pessoalmente vários deles. Conheça Adam Lyons, terceiro do mundo na arte da conquista e conselheiro amoroso profissional.

Casanova
Como Tom, Adam diz que fiz Christian agir dessa forma. Ele dividiu os homens em três categorias de conquistadores, e Christian se encaixa com per-

feição na categoria Casanova. Os Casanova aprendem a fazer as mulheres se apaixonarem porque nem sempre eles foram tão atraentes quanto são hoje. Eles procuram acertar mais e mais, sem se preocupar com resultados em longo prazo – e são frios perfeccionistas. Então, de acordo com Adam: "A escova de dentes, as mensagens românticas, os jantares maravilhosos e o champanhe são clássicos que ele desenvolveu estudando profundamente o que faz as mulheres se apegarem. Ele provavelmente começou como Casanova assim que saiu daquela fase em que somos todos esquisitos, mas ainda não se esqueceu dos dias de rejeição. Caras como ele se tornam obsessivos com o jogo e se esquecem que no fim tem uma parceira em potencial ao lado deles."

Portanto...
Ele é nota 10, um típico conquistador da variedade Casanova – infelizmente, o tipo mais perigoso de todos. Como eu, você só percebe o que está acontecendo quando já foi fisgada.

Conclusão

Caras que a mantém à curta distância por um tempo cruel e cheia de ilusões não são boa coisa porque motivados por uma disputa particular consigo próprios – e o principal objetivo é melhorar cada movimento. Você – como a garota adorável, enérgica, esperta e engraçada que é e que tem muito a oferecer – mal participa do jogo. Houve, sim, um elemento sexual e ele não era imparcial em relação a isso. Tom disse: "ele está nessa pela recompensa". O que é triste nisso tudo – e Tom o colocou de uma forma muito bonita – é que "evidentemente, ele não ansiava pela interação humana que está no âmago de qualquer ligação verdadeiramente permanente de corações e mentes" (Tom não é adorável?). Transar nos primeiros encontros não tem que diminuir as chances de uma relação, mas pode – como aconteceu aqui – atrapalhar a visão do cara em relação à garota. "Acho que esse é um problema que as mulheres não têm", disse Tom, "me parece que você se sente vítima em relação ao Christian. E isso significa que você está melhor sem ele".

O que fazer se você encontra um Christian: seja muito, muito clara com você mesma de que será tudo parte de uma encenação: champanhe e bons jantares, sexo e carinhos que não significam nada (para ele). Se você se sente presa nessa teia – e somente uma mulher tipo Samantha Jones de *Sex and the City* poderia resistir –, caia fora antes que a dor e a frustração que Christian colocou em minha vida cheguem à sua. Ah, e peça sempre o prato mais caro do cardápio. Se ele vai custar uma taxa emocional muito alta pelos seus serviços, você pode custar muito para ele também. Peça champanhe *Möet*.

2
Por que ele fica estranho no dia seguinte, agindo como um adolescente?

Os arquivos de Jeremy

A fobia de compromisso atinge todos os tipos de homens de todas as maneiras, independentemente de haver uma real possibilidade de compromisso. Está bem, muitas vezes o sexto sentido masculino está certo quando ele sente que você quer alguma coisa mais séria. Quando ele fica estranho, você não tem opção a não ser continuar com seu jeito alegre ou fazer-se de desentendida.

Pode ser triste perceber o momento em que o homem esfria enquanto você está começando a esquentar. O que não é triste – só engraçado e desconcertante – é quando você recebe um banho de água fria do que parece uma fobia de compromisso, antes de qualquer tipo de relação acontecer. Repare que o antigo costume de o cara não falar com a garota que ele beijou no dia anterior acaba, para a maioria dos homens, antes mesmo de chegarem à faculdade.

Então imaginem a minha surpresa ao descobrir que o costume ainda sobrevive entre certos cavalheiros de 31 anos que realmente deveriam conhecer mais da vida. Nos dias de hoje, o que esse cara está pensando ao achar que um beijo e uma mão boba em uma noite de bebedeira significam que, na manhã seguinte, a beijada (e apalpada) presume que ela tem direitos sobre a vida dele pelos próximos dez anos?

O caso

Eu estava no casamento de uma amiga na França no começo do ano. Enquanto rolava a festa e a bebedeira aumentava, vários potenciais ficantes surgiam na minha frente. Eu estava quase ficando com Tim, um sexy amigo do noivo, que eu já havia visto algumas vezes antes, quando de repente, Jeremy surgiu do nada, me puxou para dançar e depois me levou para fora.

Bom, eu poderia ter resistido, é claro. Mas eu já tinha uma quedinha por ele, desde que nos encontramos em uma festa na casa de conhecidos, alguns anos antes. Ele é bonito e sexy na medida certa. Eu o conheci algum tempo atrás, mas, infelizmente, ele não pareceu interessado na época e eu me esqueci dele.

Então, eu me surpreendi quando ele me agarrou no casamento, e achei que fosse pelos velhos tempos. E apesar de não ter achado nada demais enquanto estava ali com ele. Depois de um tempo, me afastei, mas eu tinha me divertido. Mas tenho que ser sincera: eu teria dado uma chance, porque ele é um homem de qualidades. Só porque o cara está bêbado não significa que não tenha futuro.

Também não significa que tenha. No almoço do dia seguinte, com todo o peso da minha ressaca, a última coisa que eu estava pensando era em Jeremy e no que ele estava pensando de mim. Um beijo em uma festa de casamento é tão corriqueiro que você não fica especulando depois. Não tem novidade, é só uma experiência com outra pessoa, de quem você espera um sorrisinho cúmplice no dia seguinte. E não um "passar em branco". Assim que entrei no restaurante, vi Jeremy; sorri, pensando que ele fosse me dar uma risada tímida. Se a paquera continuasse nesse ritmo, bom, eu compraria a ideia em uma boa. Em vez disso, ele ficou vermelho e afastou o olhar. Ele estava embaraçado, sim, mas não de um jeito amigável, não do tipo "tenho uma queda". Conversar foi doloroso, então, eu só disse oi e me afastei o mais rápido possível.

Tentei ser simpática mais tarde, naquele mesmo dia, antes de todos nós irmos embora, achando que talvez a ressaca tivesse afetado suas habilidades sociais e ele tivesse regredido mentalmente aos tempos de escola. Mas não, ele estava frio e hostil, só que dessa vez não ficou vermelho. Mais tarde, naquele mesmo dia, ele me mandou uma mensagem de texto estranha, mas fofa, que dizia alguma coisa sobre ressaca e o cansaço de ter dançado muito.

Não que eu estivesse esperando alguma coisa, ou mesmo que quisesse alguma coisa, ao menos conscientemente. Eu me senti jogada para escanteio no dia seguinte, mesmo que tenha sido *dele* a iniciativa de ficarmos juntos. Ele é um cara sofisticado e extrovertido que já teve namoradas antes. O que aconteceu para ele agir como um adolescente nervoso? Eu tinha agido amigavelmente com a intenção de mostrar que estava tudo bem.

O que os caras pensam

Jake K, 34 anos, em um relacionamento longo
Jake é um cara calado e forte, mas ele pode dizer verdades cruéis a respeito do que os caras pensam. Ele não diz nada que já não ouvimos antes, mas ele o faz de modo convincente e com grande conhecimento. A grande sacada dele é sobre o homem e sua presa (você). Uma vez que eles conseguem o que querem, não há fim para sua grosseria, tédio e indiferença.

Ok, agora eu consegui

"É uma coisa de caça", começa Jake, de modo ligeiramente preocupante. Caça? Sério? Um cara legal como o Jeremy?

Aparentemente. "Uma vez que você alcança sua presa, você pensa, 'Ok, agora eu consegui'. Então, você parte para outra. Homens são muito competitivos – não importa de qual tipo de homem estejamos falando. Ele viu você dançando com outros caras e pensou 'Eu posso ter isso também'. Mas, em vez de demonstrar em público que ele gostou de você, ele a isolou e a levou para fora – ele não estava a fim de mais nada além de um rápido lance físico." Ai! Ele não quis ser visto comigo porque se os amigos deles nos vissem juntos, então, imediatamente o "incidente" se tornaria alguma coisa mais concreta.

Vergonha

"Por que o cara ficou frio? Vergonha pura e simples. Ele é um cara legal e quer se esconder dos seus erros – e tem plena consciência de que a abordou pelas razões mais erradas e egoístas. Quando ele a conheceu antes do casamento, não deu em cima de você e, então, voltou a ser ele mesmo." Ótimo! De novo, o cara vive um melodrama porque fez alguma coisa má/errada/sem intenção, enquanto tudo o que eu queria era dizer "oi" na manhã seguinte. (E, talvez, de novo na manhã seguinte.)

"O principal motivo para um cara evitar uma mulher é a culpa – ela o lembra dos erros dele. Isso era o que você representava na manhã seguinte. Mas o fato de que ele mandou uma mensagem para você mostra que ele é um cara legal."

Portanto...
Jeremy ficou motivado a me beijar por nada além de competitividade – ou algum outro motivo irrelevante – quando ele percebeu que eu estava disponível para qualquer coisa. Então, na manhã seguinte, ele percebeu o erro, visto que não sentia nada por mim. E, como ele já está na casa dos trinta e alguma coisa, provavelmente não se sentiu bem em se comportar dessa maneira. Homens têm dificuldade em encarar os próprios erros e, quando eles aparecem na forma de uma mulher e como Jeremy é um cara legal, provavelmente sentiu culpa quando me viu. Outro motivo para me evitar.

Mark M, 25 anos, em um relacionamento longo

Mark é o cara ideal para namorar: doce, adorável, tem consideração, é o tipo de cara que você nunca imagina que vá correr de uma mulher por qualquer motivo.

Medo

"Esse comportamento é sempre muito confuso para as mulheres. O que acontece é que mesmo os homens que não são sempre idiotas, às vezes, comportam-se dessa maneira sem perceber." Isso parece certo, mas o jeito *eu não tinha ideia de que estava sendo um idiota* é irritante e parece vindo de alguém sem consciência. O que eu quero dizer é que, nós mulheres, sabemos muito bem quando estamos sendo malvadas, não é mesmo, garotas?

"Isso tem a ver com medo." Medo! De novo! Aparentemente, os homens se assustam facilmente. Muito mais facilmente do que nós. Muito mais. "Neste caso, estamos falando de medo de confronto. Homens querem evitar discussões sobre o que aconteceu na noite anterior, ou qualquer outra situação complicada, a qualquer custo. Aquela conversa na manhã seguinte pode ter sido dolorosa para você, mas foi ainda mais para Jeremy. Homens ficam aterrorizados se alguém pede uma resposta direta para qualquer pergunta direta a respeito das suas intenções ou sentimentos, ou mesmo sobre a falta deles, a respeito das mulheres. Acho que isso explicaria o comportamento dele na manhã seguinte – ao mesmo tempo em que uma ressaca, com certeza, deixa qualquer um mais vulnerável." Ah, sim! O medo das respostas diretas. Ninguém gosta de colocar ninguém para baixo, mas homens – especialmente os legais – parecem ter pavor disso. Isso explicaria a atitude de alguns homens que preferem jogar um relacionamento da ponte a parar e descer antes que a situação fique insuportável. Mas por quê?

Instintos vagos

"A razão pela qual um cara não quer responder a nenhuma pergunta direta é que ele não tem nenhuma resposta. Homens são pouco claros quando o assunto é emoção. Então, vão simplesmente evitar a situação a todo e qualquer custo." Essa é a tática da escola-primária.

"Homens sempre agem primeiro pensando em sexo, e pensam depois. Antes de Jeremy beijar você, ele não ficou pensando por horas a fio se gostava de você, se só queria ficar com você, ou tentando imaginar o quanto gostava de você, ele tinha um único instinto em ação: ele queria sexo. E mesmo esse pensamento pode ser muita coisa. Homens geralmente agem sob influência de instintos muito vagos e raramente param para refletir o que pode estar por trás deles." Então, aparentemente, os homens não pensam em nada em um primeiro momento, depois tentam compensar pensando demais, sentindo medo e com melodrama. Nós mantemos um equilíbrio ainda mais equitativo entre pensamentos e ações como um todo. E agora a verdade nua e crua:

"Jeremy não passou a noite procurando dentro de si próprio o que ele queria de você, mas alguma coisa dizia que ele não queria nada entre vocês dois que tornasse a situação um pouco mais complicada." Aquele medo de novo, como se fosse, uma intricada equação matemática entre corpo e mente.

Nem tanto fobia de compromisso

Um pensamento final: "Isso cheira a fobia de compromisso, eu sei. Mas é mais como um elemento de dúvida que vem à sua cabeça e, apesar de pequeno, tudo o que você quer é sair dessa situação antes que qualquer coisa aconteça".

"É verdade que, em geral, os homens presumem que as mulheres estão atrás de compromisso; então, se envolver com alguém, ainda que casualmente, pode ser um pouco assustador."

Portanto...

Um sentimento não muito claro e definido levou ao impulso físico que motivou Jeremy a me levar para fora. Ele sabia desde o início que não queria nada além disso e também queria esconder sua atitude. E, para ter certeza de que entendi o recado, ele agiu da forma mais fria possível, aterrorizado com a possibilidade de se meter em problemas.

Conclusão
Jeremy reagiu com uma mistura de desconforto por ter cometido um erro e uma necessidade desesperada de me mostrar que nada além aconteceria, para evitar complicações. Ver nossa *ficada* como um erro só confirma a ideia de homem gentil e cavalheiro que ele faz de si próprio; além do fato de que homens sempre reagem de forma dramática a esse tipo de coisa. Sair correndo e gritando de situações potencialmente complexas ou desafiadoras com mulheres é um traço característico dos homens. O medo dele de enfrentar uma situação dessas comigo foi – como tantas outras com os homens – produto do seu instinto e da sua mente, e não das minhas ações.

O que fazer se você encontra um Jeremy: afaste-se dele. Caras que se comportam muito formalmente como Jeremy estão, de fato, em uma encenação sobre controle de danos. Ficar com você foi um dano. Não há sentimentos, somente um desejo desesperado de esclarecer as coisas. Portanto, a vibração *fique longe de mim* que ele lhe envia vai crescer histericamente se você colocar alguma pressão, e diminuir se você deixá-lo em paz. Na verdade, sua demonstração clara de desinteresse pode ficar rondando a cabeça dele: e você se torna uma vez mais a presa (como Jake esclareceu) e, talvez, ele vá atrás de você de novo; dessa vez, com verdadeiro interesse. Não fique nervosa, mas o que quer que você faça, essa aproximação vai funcionar melhor do que tentar encontrar-se com ele ou mostrar que está interessada.

No momento, ele não tem sentimentos por você. Você pode tentar fazer com que ele tenha sentimentos por você – ou, como eu queria na época, deixar uma porta aberta para experiências futuras –, o problema disso é saber o quanto ele se preocupa em perder o seu lisonjeiro interesse e o quanto ele acha sexy o seu esforço. Triste, mas verdadeiro. No entanto, o meu palpite é que se ele não a achava sexy o suficiente quando foi fisgado, então, vai ser difícil mudar o jogo. Como eu disse, afaste-se dele.

3
Por que ele fica estranho depois de um ano, mas não termina?

Os arquivos de Steve

É uma das histórias mais velhas no mundo dos relacionamentos: o cara fica tão distante, que cedo ou tarde a garota arrasada e confusa não tem escolha a não ser terminar. Que isso acontece muito e que os homens *não gostam de ver mulher chorar* também não são novidades para ninguém. Mas o mistério continua: por quê? Por que tantos homens adultos não conseguem terminar um relacionamento de forma madura e honesta? Por que o medo dele é tão grande, que o faz ficar em um relacionamento agonizante por um ano até que a garota finalmente rompe? Por que impor uma morte lenta quando o que eles querem é um rompimento rápido e certo? Lembro que meu primeiro namorado fez isso. Eu era totalmente inexperiente e apegada a algo que estava se tornando insuportável graças a ele (e provavelmente a mim, mas eu não fazia ideia). Ele agia como quem diz "se manda", mas ao mesmo tempo, permitia que nos víssemos e que eu fizesse planos como se estivéssemos juntos. Até que não aguentei sua inércia na relação e terminei. Eu, a dedicada que fazia de tudo para impressionar, que foi tratada como uma doença por semanas, terminei. Eu me perguntei na época por que aconteceu assim, e me faço essa mesma pergunta desde então – pensando bem, o Christian (caso número um) também colocou a Morte Lenta de Relacionamentos em prática, não?

O caso

Alice e Steve, ambos professores, faziam parte da mesma turma e tinham vários amigos em comum, e muitos desses amigos se relacionavam entre si. Os amigos começaram a dizer que eles formavam um ótimo casal, e uma noite – aconteceu. Eles ficaram juntos e em poucas semanas eram inseparáveis. Sempre que estava com amigos em um pub, Steve não perdia a oportunidade e alardeava sobre como estava apaixonado. Alice tinha um sorriso permanente no rosto. Eles conversavam sobre bebês; e Steve particularmente, parecia encantado com a ideia de ter uma família e queria isso o mais rápido possível.

A fase da lua-de-mel durou um ano – todas as noites passadas juntas, cada um deles trazendo livros e músicas que o outro poderia gostar, saindo para aventuras, e tudo mais. Mas um ano é muito para lua-de-mel de qualquer casal e, eventualmente, a mágica não acontece mais sozinha e você tem que começar a fazer um esforço. Em vez de se dedicar ao relacionamento, animado com a fase seguinte mais realista, Steve ficou estranho. Ele deixou de se importar tanto como fazia antes; e começaram pequenas coisas como irritabilidade e indiferença. Ele não ia mais ao pub com os amigos deles e, quando ia, ignorava Alice. Ele não queria nem mais fazer coisas que fazia antes. Alice lhe trazia livros e ele nem abria. Uma noite, quando eles tinham saído com amigos que estavam casados havia três anos, Alice presenciou atitudes de total adoração entre eles, quando a garota foi atrás do marido somente para lhe dar um abraço. Isso fez com que Alice se debulhasse em lágrimas; Steve não tinha encostado nela a noite toda.

Mas Alice estava apaixonada por Steve, então, apesar de se sentir péssima, ela queria que a coisa funcionasse. Ao mesmo tempo, não podia deixar de reagir a frieza e safadeza dele, assim, Alice parou de dormir com ele. Eles brigavam muito e eram desagradáveis um com o outro o tempo todo, e nem tinham uma vida sexual que compensasse isso.

Era óbvio que ele havia desenvolvido uma fobia em relação à Alice e ao relacionamento, mas não estava pronto para terminar. Finalmente, quando chegou a um ponto tão terrível que eles nem conversavam mais, Alice terminou.

Recentemente, ela descobriu que ele se separou da namorada seguinte, ao tornar-se frio e distante com um ano de relacionamento, até que ela finalmente terminou quando faziam dois anos de namoro. Então, perguntando por aí, ela descobriu que ele tinha feito a mesma coisa com a namorada anterior a ela. Depois de um ano, ele repentinamente parava de falar de bebês, e se tornava um tipo de namorado desagradável e terrível, que joga o relacionamento pelo ralo devagar e sempre.

O que acontece com Steve? Ele deu um gelo na Alice quando achou que ela tinha virado um estorvo, e fez a mesma coisa com outras duas namoradas? Se foi esse o caso, por que ele foi tão mau em vez de simplesmente terminar? Ou foi uma raiva infantil de encarar a realidade de estar em um relacionamento, ou seja, que dá trabalho? Ou esse é o tipo de cara que tem vontade de ser polígamo e se sente desconfortável em qualquer relacionamento depois de um tempo?

O que os caras pensam

Barry M, 26 anos, Rei da Fuga
Conheço Barry desde a escola. Ele é adorável enquanto você não for a namorada dele ou querer ser a namorada dele (eu nunca fui nem quis ser). Ele é o Rei da Fuga: tenho acompanhado suas fugas que acontecem sempre que os relacionamentos completam um ano. Ele é perfeito para analisar caras como Steve.

Faça deteriorar
"Obviamente se você está saindo com uma garota de quem gosta, você não quer dispensar nem fazer fazê-la sofrer. Então, faça o relacionamento se deteriorar, até ficar tão ruim que ela seja forçada a largar você. Desse jeito ninguém se machuca. Simples e direto, não?"

Sim, se você for um idiota – ou se você vê a vida da mesma forma que Barry e sua laia veem. Por que ser um pateta e fazer a garota terminar a machucaria menos do que ser direto? É a diferença entre um curativo pressionando um corte infectado e arrancar o curativo de uma vez.

Entediado
Agora Barry se torna sórdido. Mas se ele é capaz de pensar assim, estou inclinada a acreditar que é desse jeito que Steve e todos os outros que têm a mesma atitude pensam.

"Ele se cansou dela, entendeu que tudo o que estava acontecendo era que ele estava perdendo tempo com o relacionamento, queria passar mais tempo com os amigos e talvez com outras 20 mulheres e não tinha tempo a perder com coisas melosas como o lixo do 'clube do livro'."

Isso é quase imperdoavelmente cruel. E, ao mesmo tempo em que vai longe demais, receio dizer que existem elementos que provavelmente o tornam provável. Essa frieza (a habilidade de ver o relacionamento/namorada como tempo perdido) é algo que só um homem é capaz de fazer.

Portanto...
Steve se entediou e começou a detestar a situação em que se encontrava. Ele não conseguiu desenvolver um laço forte o bastante com Alice a ponto de afastar o tédio; mas, ao mesmo tempo, ele gostava dela, e a história que tiveram o impedia de machucar os sentimentos de Alice ao terminar tudo. Então, ele fez com que ela o fizesse.

Rob Q, 27 anos, monogâmico serial
Eu me lembro de Rob antes de estar no atual relacionamento de seis anos. E, apesar de ser um cavalheiro, ele deixava um rastro de destruição. Que significa tratar as meninas mal e de um jeito frio quando ele quer se livrar delas, só para fazer com que elas tenham um ataque e, assim, tudo termine em lágrimas.

Homens são covardes
"Primeiro, os homens são covardes. Se podemos evitar o confronto e deixar alguém mal, é isso que faremos. Por isso, Steve usou de ações e não de palavras com Alice. Basicamente, Steve se encontrou na fase pós-excitação de início de namoro, e não aceitou isso bem. Ele parece ter problemas em aceitar que as coisas mudam com o passar do tempo. Era cada vez mais óbvio que eles não estavam mais no auge da paixão dos primeiros tempos, e ele precisava decidir se o relacionamento valia ou não a dependência que ele pensava ter. Claro que eles já tinham dado tchau à liberdade quando começaram a se relacionar, mas eu aposto que ele tentou, conscientemente ou não, evitar pensar nisso."

Tenho que dizer uma coisa. A última coisa em que Steve parece ser bom é pensar de maneira inteligente sobre seus relacionamentos e suas emoções.

"Isso explica a esquisitice do Steve: quanto mais a Alice reage ao comportamento estranho, mas difícil fica para ele encarar a realidade que se aproxima. Pessoalmente, tendo a reagir de forma imprevisível e sem pensar quando uma situação que eu havia previsto (nesse caso, de que é um relacionamento novo e feliz) não é mais a realidade."

Esses são homens tentando fingir que a realidade não está acontecendo porque eles decidiram que ela é muito assustadora, indiferente ao que seja verdade.

Portanto...
Steve, sempre criança, quer que as coisas sejam fáceis e perfeitas todo o tempo. Ele pode lidar bem com o primeiro ano de um relacionamento porque é o período mais fácil, mais divertido e o mais perfeito. Saber que a realidade fica um pouquinho menos sexy quando as coisas ficam mais sérias, vira um bloqueio mental para ele. É aterrorizante e horrível e ele não quer isso, porque o faz lembrar de esforço, cilada e assim por diante. Então, ele tira o time de campo da única maneira que sabe fazer: envenenando o relacionamento, pegando todo o medo que ele tem e criando uma aversão à pobre Alice.

Conclusão

Aparentemente, Steve está apenas entediado com o relacionamento (e sempre fica entediante), o que, juntando com seu medo de confronto nato (como Rob disse covardemente), significa que ele adia o término do namoro. Esse tédio, porém, é parte de uma grande obsessão em conquistar garotas que se tornam dependentes dele, de modo que ele se sinta valorizado e um garanhão.

A covardia dele tem outra forma de se apresentar: o medo mórbido de enfrentar a realidade de relacionamentos de longo prazo. Passar da fase da lua-de--mel o aterroriza porque significa que Steve está a um passo de ter a liberdade reduzida, o que pode significar mais compromisso e menos excitação. *Oh, isso tem que acabar!*

Garotas, pensem nisso da seguinte maneira: quando ele começar a agir como um idiota, ele está tentando acabar com o relacionamento como quem arranca um *band-aid*, de uma vez só. Você deve fazer isso por si própria antes que infeccione ainda mais – e, pior ainda, que fique mais doloroso.

O que você deve fazer se ainda quiser salvar essa relação: Barry tem uma visão fatalista, mas Rob acha que tem solução. E como ele já fez isso antes (embora em menor escala), nós devemos dar ouvidos a ele. "Nesse tipo de situação", começa Rob, "uma namorada pode chegar até o bloqueio mental e tirá-lo de lá, fazendo com que ele se torne consciente do que está realmente incomodando. Uma vez que eles tenham discutido a situação (e ele tenha parado com os joguinhos), o casal tem uma boa chance de seguir em frente, pois ele vai perceber que as coisas não são tão terríveis assim como ele pensa. Ele provavelmente vai começar a conversa com uma postura defensiva (qualquer coisa para evitar o confronto), mas se você conseguir fazê-lo ir além, então, ainda haverá esperança."

4
Por que ele trai a mulher como se fosse a coisa mais natural do mundo?

Os arquivos de Darren

As pessoas nunca ficam do seu lado quando você reclama de ser a outra. Você mal começa a falar e é acusada de ser uma destruidora de lares (as pessoas parecem esquecer que é ele quem escolhe trair alguém). Essa é uma reação tipicamente machista: sem querer parecer vulgar ou feminista, mas um homem que está saindo com uma mulher casada é considerado um conquistador de primeira grandeza. Não há palavra masculina equivalente a *concubina*, então acho que devo chamar de *amante*. Porque *amo* ou *senhor* é que eu não vou chamar.

Não estou defendendo romances com homens casados, principalmente porque nada de bom pode sair daí (e também não é uma coisa legal, especialmente se tem criança envolvida). Dito isso, acredito que amor verdadeiro exista, e que há homens que largam das esposas por outras. Mas, geralmente, é brincar com fogo. Talvez isso não valha para casamentos que já acabaram, casamentos nos quais não há mais amor, nos quais as duas partes se sentem dessa mesma maneira. Pesquisas recentes sugerem que metade das pessoas casadas vai trair em algum momento, mesmo que tenham um casamento feliz. Mas, o que é estranho, é como muitos homens recém-casados estão por aí bagunçando, só por diversão. Eles não têm intenção de se separar, mas tampouco parecem ter a intenção de dar uma chance ao casamento. Em algum momento eles simplesmente chegaram à conclusão de que trair era um direito adquirido. O que diabos eles estão pensando? (Você deve querer dar uma olhada no Jogo Rápido na página 225 sobre por que os homens nos pedem em casamento. Não é por que eles querem muito *se enforcar*.)

O caso

Minha amiga Rosa é super doce e esperta. Os homens a adoram, mas eles não costumam ser correspondidos – ela também não namora ninguém até ter certeza de que a pessoa corresponda suas expectativas em vários níveis. Isso, além do fato de ter passado o ano todo concentrada (ela é médica residente), a puseram em abstinência.

Ainda assim, ela não se incomoda muito com isso – ela tem muito a fazer do que ficar pensando em homens ou na falta deles. Mas quando Darren começou a trabalhar no fim do corredor ela se pegou dispersa. A química entre eles era incrível. Ela sabia que ele era casado e não tentou uma paquera, só que gostava da companhia dele. Porém, com o confinamento do trabalho e a socialização com os colegas, Rosa passava cada vez mais tempo com Darren. Ele começou com pequenos gestos e atitudes – colocando a mão no joelho dela, por exemplo – quando todos se reuniam no pub. E ela sempre afastava a mão dele.

Nada aconteceu por muito tempo. Ela estava chocada com a persistência de Darren em dar em cima dela mesmo sendo casado. E Rosa percebia que não era a única a receber atenções apesar de ter certeza de ser o principal interesse.

Uma noite, ela estava tão bêbada e excitada que deixou Darren subir ao apartamento dela (ele havia mandado uma mensagem à esposa dizendo que ficaria bebendo com os colegas até tarde). Foi uma trepada deliciosa, porque era proibido e porque foi o resultado de meses de desejo reprimido. A partir desse momento, eles tiveram o caso ao qual Rosa tinha resistido tanto. Ela se sentia péssima, mas continuava mesmo assim. Logo, ele começou a dizer que ia largar a mulher. Nessa época, Rosa estava encantada por ele, mas não sabia se deveria acreditar nele.

Três meses se passaram e o caso estava cada vez mais intenso, mas também cada vez mais complicado de manter. Ela disse que queria terminar. Foi quando ele disse que deixaria a mulher naquela mesma noite.

No dia seguinte, Rosa não ouviu nada sobre ele. Ela tinha esperanças de que ele tivesse cumprido a promessa; mas, de alguma forma, não acreditava nisso. De fato, como ele mesmo disse naquela mesma noite, ele não largou a mulher dele porque ela estava gripada. Rosa viu, então, que ele não tinha a menor intenção de deixá-la. Ele teria mantido o romance e as promessas para sempre – esse provavelmente era o plano dele. Ela cortou contato e pediu que ele parasse de contatá-la, o que ele fez. Ela ouviu dizer que ele tem agora uma nova amante.

Por que os Darren do mundo se permitem trair, e por que eles ainda se incomodam em repetir a velha ladainha de largar a esposa? Eles amam as esposas, mas acham que são chatas? Eles amam as amantes, mas as veem sempre como uma segunda opção? É simplesmente o caso de a namorada se tornar menos atraente quando ela se transforma em esposa?

O que os caras pensam

Peter D, 29 anos, em um relacionamento
Peter tem uma imaginação bastante fértil que está preparada só para as coisas boas da vida. Mas ele também entende a imperfeição que motiva um homem a arriscar tudo, sem necessariamente arriscar alguma coisa, se é que você entende o que quero dizer. Em outras palavras, a emoção de uma nova conquista, de "traçar uma carne nova" (veja adiante os arquivos de Frank para saber mais sobre isso), uma mulher que não seja a esposa.

Prazer em transgredir
"Darren gosta de ter os dois – ter o dele e o dos outros também. Ele gosta da excitação de conquistar novas mulheres, da novidade, de analisá-la, do potencial, mas ele não quer destruir a vida dele a esse ponto."
Prestaram atenção no *ter o dele e o dos outros*? – os homens gostam mesmo disso.

"Às vezes, ele diz que quer e que realmente sente 'amor verdadeiro' pela Rosa, mas aquele 'amor verdadeiro', no contexto de ter um caso, tem de ser tão forte e tão profundo que, se algum dia Darren realmente largar a esposa, teria de ser por algo mais do que simplesmente atração por outra pessoa. O casamento em si teria de estar fundamentalmente quebrado e morto. Darren teria de ter sido pressionado até o limite tanto em casa, pela esposa, ou por Rosa. E a razão para isso não ele não amar Rosa ou não se ver com ela em um futuro, ele simplesmente gosta muito da transgressão, de ultrapassar limites. Isso lhe dá a sensação de que a vida vale a pena, de que há coisas e experiências que ele ainda não viveu. Ele sabe que se trocar a esposa pela Rosa, esta vai ser tornar outra esposa."

Portanto...
Por que você fugiria da esposa 1 pela esposa 2? Não, um homem com uma amante precisa das duas mulheres: uma para manter o lar, seu aconchego, seus

alicerces; e outra para proporcionar a emoção da novidade. Ele nunca trocaria uma pela outra. A não ser, claro, que seu amor pela amante seja uma coisa única, uma loucura completa que o consuma por inteiro, alguma coisa tão poderosa que lhe dá vontade de deixar sua fortaleza doméstica "fundamentalmente quebrada e morta".

Gary L, 28 anos, mora com a namorada
Gary explica tudo sobre as tentações de Darren (e de todo homem moderno) e suas consequências. Mas, no fim das contas, ele conclui que ou você é o tipo de cara que cai em tentação ou você não é. Casamento nada mais é do que um detalhe técnico quando se trata de trair, não somente o desejo de trair conta.

Casamento é dinheiro jogado fora (ou quase)
"A questão aqui não é tanto por que os homens traem mesmo sendo casados, mas por que os homens traem, afinal. O casamento tem sido tão desvalorizado nos dias de hoje que, pelo menos na cabeça do homem, é quase dinheiro jogado fora. Muitas pessoas moram juntas antes de se casarem, então, a pergunta é: esse homem trai você agora quando estão morando juntos? Se a resposta for sim, então nada vai mudar depois do casamento."

Moral versus pênis
"Uma das razões para que a traição seja tão comum hoje em dia é a amizade como a que existiu entre Darren e Rosa. Nos tempos antigos, quando os homens saíam para trabalhar e passavam o tempo quase que exclusivamente com cromossomos XY, e as mulheres ficavam em casa, não havia muita oportunidade para falsas amizades com o sexo oposto. E amizade – ou apenas conhecidos – tem um jeito de levar ao sexo. Mesmo que você sinta que está apaixonada por alguém, haverá sempre uma química com outras pessoas. É difícil adivinhar qual caminho o homem vai seguir: se quem ganha é sua moral, ou o seu pênis."
Então, basicamente, só de frequentar o local de trabalho e de estar em um mundo moderno significa que sempre terá uma química acontecendo com alguém em algum lugar. Grande coisa! Rola a maior química com o pedreiro que trabalha na construção pela qual passo todos os dias, e isso não é motivo para

eu trair alguém por essa aventura. Dizer *não* é tão difícil quanto dizer *não* para um pedaço de bolo de chocolate: difícil, mas não muito desafiador.

Quem sou eu?

"Eu falo como alguém que já passou pela mesma tentação que Darren. Apesar de não ser casado, estive em uma relação estável em que morávamos juntos por alguns anos, o que até onde me consta é considerado um compromisso sério. Como Darren, e também como muitos homens modernos, tenho amigas e conhecidas com quem socializo e rola uma química com algumas delas. A chance de traição está sob constante avaliação. E mesmo assim, até agora, eu resisti. Por quê? Honestamente, não sei. Posso fazer toda sorte de análise psicológica, mas a conclusão é esta: sou assim. E a conclusão para Darren (e para muitos outros homens modernos) é: eles são assim. Detesto parecer pedante, mas no mundo atual, para um homem ao menos apresentável, *não* trair pede uma certa disciplina."

"Homens não veem diferença entre uma namorada de muito tempo e uma esposa. Se você tem um parceiro que justifica (para si próprio, pelo menos) traí-la enquanto você for namorada dele, então você é uma tonta em pensar que ele vai mudar quando você se tornar mulher dele. Se vocês moram juntos (ou se estão simplesmente juntos há seis meses) e ele a trai, ele é um adúltero em essência. E é assim que Darren é."

Parem as máquinas. Isso me parece muito importante. Ou ele quer ser fiel a você ou não – desde o início. Não faz a menor diferença se vocês são casados ou não: um adúltero é sempre um adúltero. Nós pensamos duas vezes quando somos casadas. Muitos caras não fazem isso.

"E se ele tem uma parceira que tolera isso, então é claro, ele vai dizer à 'outra' que vai abandonar a mulher, mesmo não tendo a menor intenção de fazer isso: essa é a situação ideal para os homens. Porque, bem lá no fundo, as mulheres sabem. A esposa do Darren sabe, mas ela fecha os olhos. E essa é a mulher ideal para esse tipo de homem: ela tem um compromisso com você, você não tem nada com ela. Em última instância, essa é a parceira de vida que Darren (e todos os caras desse tipo) estão procurando: submissas e que se autoenganam. Não parece que Rosa seja esse tipo de mulher. Ela tem sorte de não estar mais nessa."

Putz!

Portanto...
Gary expôs, e de maneira pouco amável: um homem que trai, não importa o quão cedo ele faça isso, é adúltero de carteirinha. E só uma mulher submissa e resignada poderia concordar em ser a esposa de alguém que não vê razão alguma para não fazer isso – amante e esposa. *Mas e se ela não soubesse?*, você pergunta. Ela sabe. Só está fechando os olhos. Você quer ser essa pobre coitada? Vá para o inferno.

Conclusão

Esse não é um homem que, de repente, se viu tendo uma vida paralela sem saber direito como chegou lá. Não, um homem como Darren quer a esposa e a amante. A esposa representa o aconchego e transforma a casa em um lar, mas ela é entediante e está sempre disponível – não necessariamente disponível de qualquer maneira, mas, bom, ela é apenas a esposa. Como ele vai fazer para se sentir um homem de novo, para sentir a emoção, a conquista de uma mulher que não tem o que reclamar sobre ele? Fora do casamento. Mas as mulheres não têm valor se separadas. É um jogo eterno entre a deusa e a vagabunda. Só que a amante não é somente uma vagabunda. Ele pode até mesmo amá-la e gostar do seu charme intelectual. Mas é improvável que esses sentimentos cheguem ao ponto onde eles pedem que Darren tome uma atitude, por exemplo, largar a esposa. A vida dele está tão bem costurada que vai ser necessário muito para que ele saia dessa zona de conforto. Você já deve ter ouvido o ditado "pau que nasce torto nunca se endireita". Agora você sabe por que diabos isso é verdade.

O que fazer se você se envolver com um homem casado com as mesmas características do Darren: se ele prometer largar a mulher, não fique nervosa. Na verdade, você pode olhá-lo com muito desprezo diante dessa tentativa de querer fazê-la sofrer. Entenda isso: você está em uma posição comprometedora, assim como a esposa. Você provê o item "emoção" na lista das coisas de que ele *precisa* ter, e é só isso. Mas e a sua própria lista? Se na sua lista o nome dele fica na mesma coluna – por exemplo, você é casada ou tem um relacionamento estável, ou sua relação está sem graça, seu emprego, ou o que quer que seja – então, ao menos não é injusto. Mas se você está traindo uma parte importante de você, saiba que isso não faz de você um mártir. Sei que é difícil romper um relacionamento com um homem charmoso, com quem você fantasia, e com quem passou ótimos momentos e teve um ótimo sexo, mas se você deixa isso ir muito longe, verá que a vida está passando e você não tem nada, na área amorosa, para mostrar a ela. Se, por outro lado, uma relação leve e sacana é tudo o que você quer, e você não está desenvolvendo nenhuma falsa expectativa, então, você vai sair ilesa desse relacionamento e, no máximo terá de lidar com sua consciência. Vai ser uma história para se recordar, pelo menos.

Jogo Rápido 1

Qual é a pior coisa que uma garota pode fazer que vai assustá-los ou fazê-los perder o interesse?

Meninas, prestem atenção – esse é um tema recorrente. Vocês devem permanecer calmas. Se segurem em alguma coisa se for preciso. Nada é mais frustrante do que privá-lo de sua caçada. Verdade, o senso comum diz que: se você mostrar que tem muito que fazer e não precisa dele para ser feliz, ele vai querer ser sua única razão de felicidade. Por outro lado, não o sufoque: parece que a regra de não ligar por três dias é brochante.

Max P: "Ficar muito empolgada. A pior coisa que você pode fazer é ligar bêbada antes mesmo do seu primeiro encontro. Isso não é bom. Uma vez, conheci uma garota em uma festa, e combinamos de nos encontrar, mas aí ela me ligou às três da manhã três dias antes do encontro, e estava muito excitada. Eu sabia que era mau sinal. Quando nos encontramos no restaurante, já sabia que não estava a fim, e nem estaria de novo".

Allen P: "O que menos gosto é quando as garotas se tornam pegajosas além da razão e ficam apavoradas se acham que você vai largar delas, ainda que você tenha poucos motivos para fazê-lo. Uma pessoa com quem eu estava saindo ficou muito chateada porque eu não quis que ela fosse comigo ao cabelereiro. Ela não tinha outro motivo para me acompanhar a não ser 'ir juntos ao cabeleireiro'. Nunca haverá nada, mesmo no amor mais profundo e enlouquecedor, que me irrite mais que isso".

Marios T: "Provavelmente um superentusiasmo sobre a relação – planos para o futuro, bebês etc. É irônico porque se a relação vai bem e a garota está entusiasmada, o cara perde o interesse; mas, se ela demonstra indiferença, o homem fica doido para mudar isso. Talvez ligado a isso, quando alguém se torna dependente de você (um grude, na falta de uma palavra melhor) deixa de ser atraente, mas independência será sempre um atributo positivo".

Você costuma se preocupar se a garota vai ficar muito apegada?

Mark C: "Não muito. Acho que pode ser tanto positivo quanto negativo, dependendo do como você se sente em relação a ela. Se não tenho certeza de como me sinto e ela parece superempolgada, então, pode ser estranho e geralmente me sinto culpado. No entanto, se estou interessado, 'tudo fica super especial', na falta de uma frase melhor e mais masculina".

Jon D: "O problema com as mulheres é que se leva uma eternidade para conquistar e outra eternidade para se livrar delas. Uma vez que elas chegam à zona de conforto, não vão sair da relação sem uma boa briga. Então, é claro que me preocupo com mulheres que se apegam demais. As garotas querem se sentir especiais. Os caras também, mas não da mesma maneira. Mas, se eu quiser estar com ela, cada esforço vale a pena – cada corrida de táxi na madrugada só porque 'ela quis me ver', cada balada quando tudo o que você queria era ficar em casa. O que quero dizer é que as garotas legais fazem você não ligar para mais nada. Talvez o que eu esteja tentando dizer é que, às vezes, um cara tem você como 'coisa certa' quando você se mostra muito apegada".

Os caras me veem como *coisa certa*? Bom, agora que estou pensando sobre isso, fiquei conhecida pela minha fúria se um cara não entra no primeiro táxi para vir me encontrar em uma balada porque estou me sentindo excitada e o quero por perto, não importa se ele está de bobeira na casa de um amigo do outro lado da cidade.

O que você acha sobre demonstrações públicas de afeto e quando você se sente confortável com isso?

Kobi N: "Eu não tenho problemas com demonstrações públicas de afeto depois de um mês mais ou menos, mas somente se a relação for séria para mim".

Charles S: "Eu me divirto com isso (*demonstrações de afeto*), mas talvez eu só esteja sendo muito 'britânico'. Eu sou bem reservado e não gosto de ninguém especulando sobre minha vida. Mas uma vez que estou totalmente na relação e tenho orgulho disso, então eu acho que é bom que as coisas se tornem mais 'físicas' – as mulheres gostam, isso as faz se sentirem seguras, e também uma parte de você está orgulhoso e quer mostrar sua 'propriedade', na falta de uma expressão melhor".

O que o faz classificar uma mulher como "muito carente"?

Carência é uma grande questão para as mulheres se preocuparem e gastarem muita energia para não sucumbir a ela. No início, sou a pessoa mais independente, livre e sem necessidades, mas logo que sinto que ele é meu, lentamente a máscara cai e revela uma louca carente.

Theo H: "Uma pessoa que precisa de atenção constante, suporte emocional e de autoafirmação, que telefona mais de três vezes por dia para dar e receber atualizações detalhadas sobre o dia-a-dia, que precisa ser incluída em toda e qualquer decisão, e se ofende quando é 'deixada para escanteio' a respeito de qualquer coisa, assim como se ofende facilmente, é provável que seja altamente insegura, talvez seja ciumenta, e suspeita de todas as outras mulheres, incluindo amigas e familiares, e basicamente requer um 'alto custo de manutenção'. Isso é inaceitável porque (a) é cansativo e consome muito tempo e energia emocional sem necessidade; (b) preciso do espaço e do tempo que todo homem precisa para si próprio – 'Me deixe sozinho; eu tenho muitas coisas triviais para fazer!'; e (c) quem vai querer ficar com alguém tão inseguro? A pessoa com quem estou deve ser emocionalmente autossuficiente, ter vida e interesses próprios, e não depender de mim para tudo, algo como um adulto. Pessoas carentes fazem com que você se sinta obrigado a estar com elas – e elas ficam desesperadas porque, se você não está com elas, então, você pode estar com outra pessoa, o que por si só já é bem ofensivo. Mas não quero me sentir obrigado a ficar com alguém, quero sentir que escolhi ficar com essa pessoa".

Roger G: "Uma garota carente é uma garota burra porque ela está mais preocupada em ter um relacionamento do que em aproveitar o tempo que passa com a pessoa em si".

Qual a desculpa mais comum que os homens usam para deixar que as coisas continuem casuais se eles não estão muito interessados na garota?

Anthony A: "Digo que não tenho tempo para um relacionamento sério ou que acabei de sair de um relacionamento sério e só quero me divertir".

Steven O: "Estou muito ocupado no trabalho ou confuso emocionalmente".

Victor L: "Se você não está tão interessado nela, você diz: 'vou sair com meus amigos, venha se encontrar comigo mais tarde', melhor do que 'venha comigo'. É uma dica sutil, mas de grande valia. Se você está interessado nela, você vai tomar um drinque com ela primeiro. E se uma garota lhe telefonar e você mandar uma mensagem em vez de ligar de volta, também é sinal de falta de interesse. Por exemplo, se eu ligo para uma garota e ela me manda 'oi querido, desculpe, mas perdi sua ligação, alguma novidade?' eu não ligo. Se não for um mau sinal especificamente, então, ainda posso marcar um encontro".

Você já desejou estar em um relacionamento polígamo?

Mark L: "Não. Eu ficaria muito preocupado porque teria de ser justo com ambas as partes, e se ela fosse polígama também, eu não iria gostar. Não me imagino dividindo uma namorada com outra pessoa sob nenhuma circunstância. Seria horrível. Isso iria destruir qualquer tipo de intimidade que houvesse. E, para ser honesto, não gostaria de ter mais de uma namorada. Mas tirando o aspecto moral da questão, seria divertido ter diferentes garotas, algo como um harém e eu me fazendo de Príncipe da Pérsia".

Anthony S: "Não quero dividir minha garota com mais ninguém. E também não quero uma garota que ficaria feliz em ter outra pessoa na relação".

Como você reage quando um amigo diz que traiu a namorada dele?

Victor L: "Se fosse a namorada atual, eu diria 'meu, isso é sacanagem' (*com a garota*), mas também diria para não contar nada a ela. Eu diria que terminasse, mas que não contasse nada – isso só causaria dor desnecessária. Meus amigos são gente boa; se um deles traísse, cairia no meu conceito".

Maor E: "Isso depende. Seu eu conhecesse bem a garota, e soubesse que ela é um doce, uma pessoa legal e que gostasse muito dele, eu diria 'Cara, para com isso, o que você está fazendo?'. Caso contrário, não julgaria. Provavelmente, não me importaria muito.

Parte Dois

Dividindo o Espaço

Dividir o espaço é outra daquelas questões que, apesar de afetar ambas as partes da mesma forma, normalmente acabam com os homens assustados, pulando e agindo de maneira estranha, enquanto as mulheres ficam pensando o que realmente está acontecendo. Veja, é um paradoxo: se deixamos alguma coisa na casa deles, ou se queremos morar junto já que ele passa todas as noites na nossa casa, seria só uma forma de facilitar a vida; nós somos acusadas de nos meter na vida deles e de sermos intrometidas, e ultrajantes, e carentes. Mesmo assim, são os homens que fazem um estardalhaço por causa disso, não nós. São os homens que fazem do ato de morar junto uma grande coisa.

Realmente, quando o assunto é espaço e pertences, nós só queremos soluções práticas junto com um montão de afeto ("Querido, você pode colocar sua cueca em outro lugar que não na minha cadeira?"). Você já ouviu falar de alguma garota que surtou quando o namorado deixou o barbeador ou a escova de dentes na casa dela? Eu não.

Portanto, isso é para vocês, rapazes. O que afinal tem de tão sério com questões ligadas aos espaços? Nesta seção do livro, vamos ver três diferentes reações ao ato da mulher querer ficar um pouco mais confortável (ou, no caso de Justin, no simples fato de ela existir) no mesmo ambiente que o namorado.

Um deles (Martin) estava saindo com a "quase namorada" havia três meses quando, acidentalmente, ela esqueceu algumas joias na pia dele. Ele enlouqueceu. No começo, ela nem sabia do que ele estava falando. Outro cara, o Justin, agiu como um maluco: ele era um solteirão louco fora de controle que não conseguia lidar com o fato de que quando Lexie dormia na casa dele, ela realmente estaria lá, com ele, em carne e osso. E o fato de que ele tenha ficado tão puto quando ela pediu um carinho de manhã cedo foi tão extraordinário que eu tinha que contar o caso dele para os meninos explicarem (e mesmo eles ficaram surpresos).

E o Ben. Olha, essa é uma história em que muitas mulheres vão se reconhecer. Ele dorme todas as noites na casa da namorada, mas recusa-se a morar junto. A ideia de oficialmente morar junto com ela – apesar de já fazer isso extraoficialmente – é tão aterrorizante que ele não consegue pensar a respeito. Se isso não é uma grande neurose, então não sei o que é. Como morar com a namorada, com quem você já praticamente mora, pode ser tão ruim? De novo, há a análise dos homens, os quais, eu já dizia, têm medo de morar junto (e também sugestões de como você pode ajudar o seu companheiro a superar isso).

Na seção de perguntas Jogo Rápido, os caras revelam especificamente porque é tão terrível morar com a namorada (revelação: não são os absorventes), quem deveria cozinhar e também que ficar de conchinha na cama pode ser um pouco chato. A maioria das respostas não é tão ruim quanto você pode temer; muitas parecem realmente razoáveis. Elas são quase, eu até ousaria dizer, questões nas quais nós deveríamos ter pensado antes.

5
Por que ele é tão chato quando vocês dormem juntos se ainda estão na fase da lua-de-mel?

Os arquivos de Justin
Normalmente, a fase da lua-de-mel dura três meses; algumas vezes, dura mais. Essa é a fase do *vale tudo* – nenhuma briga por causa de coisa alguma é motivo de aborrecimento. Você quer que ele corra para a sua casa às duas da manhã porque está com vontade de um beijo? Oh, que fofo, ele estará lá. Ele quer admirar as estrelas durante uma noite toda no meio da semana? Que romântico! Você está com vontade de assistir à maratona de *Sex and The City* a dois? Feito.

Mas o que acontece quando a fase lua-de-mel vem junto com estranhas crises de raiva, do tipo que você espera ver depois de dois anos? Este caso é sobre um cara que demonstra ter todas as características de ser um futuro namorado, mas parecia que vivia o dilema de querer namorar e, ao mesmo tempo, não tolerar ter uma namorada. Nada o aborrecia mais do que a presença da namorada na casa dele para passar a noite.

Acho que essa raiva merece uma investigação porque raiva e irritabilidade são difíceis de reverter quando aparecem em relações que já duram certo tempo. E são particularmente um problema quando surgem com os homens, que reprimem mais os pensamentos e sentimentos do que nós. Isso torna o problema mais difícil – para nós mulheres – entendermos, trabalhar a questão e seguir em frente. Justin é um caso interessante porque sua raiva e irritabilidade são tão diretas e aparentemente surgem do nada. Se conseguirmos entender porque ele agiu da forma como agiu, poderemos esclarecer outras formas mais comuns de hostilidade. E mais, é uma boa desculpa para aprendermos o que os homens pensam sobre morar junto e aconchego.

O caso
Minha amiga Lexie, que mora em Los Angeles, estava muito empolgada por conhecer Justin, depois dos vários caras com quem ela vinha saindo. Ele era

perfeito: super afetuoso e muito caridoso (ele fazia caridade em uma instituição para órfãos). Tinha 34 anos e estava solteiro há algum tempo.

Quando eles estavam juntos, era ótimo, mas ele sempre ficava nervoso de ter que sacrificar os amigos e outros compromissos para ficar com ela, então, eles não se encontravam tanto quanto ela gostaria. Ainda assim, Lexie fez um grande esforço para respeitar a necessidade dele de espaço, visto que ele era ótimo e eles tinham muito em comum. Parecia que ela estava sendo recompensada pela sua paciência – o relacionamento estava se desenvolvendo e ele ficando mais apegado, querendo sair mais com ela.

A situação degringolou em um mês. Lexie morava no lado oposto da cidade em relação a Justin e precisou de abrigo para um compromisso de trabalho em uma noite e na manhã seguinte. Ela perguntou se poderiam se encontrar e sugeriu que ela pudesse passar a noite com ele. Ele disse que sim, que seria bom encontrar com ela.

Ela foi para casa dele onde tiveram uma noite ótima, incluindo uma boa sessão de sexo e, afinal, era hora de ir para cama. Lexie se aconchegou, mas Justin começou a tocar violão. Isso causou certa tensão quando ela sugeriu, da forma mais gentil possível, que era hora de dormir – ela adoraria ouvi-lo tocar, mas não naquela noite quando precisavam dormir para acordar cedo. Ele resmungou um pouco, mas foi para cama.

Então, ele tomou um *Ambien*, uma pílula muito popular nos Estados Unidos, que proporciona sete horas ininterruptas de sono. Levemente surpresa com a frieza de tomar remédio para dormir, foi só quando ele se recusou a dormir de conchinha que ela começou a desconfiar de que havia algo errado. Talvez eles não estivessem prontos para um pernoite improvisado, no fim das contas. Mas ela não conseguiria dormir com tanta hostilidade, e finalmente, as 6h30 da manhã, ela o acordou para dizer que não conseguia dormir esperando algum conforto.

Em vez de ganhar um "oh, pobrezinha, venha aqui comigo", ela ganhou uma raivosa reação dele. "Eu não acredito que você me acordou", ele rosnou parecendo realmente zangado. Lexie estava chocada e tentou se desculpar, mas ele não deu o braço a torcer. Ele pulou da cama, forçando Lexie a levantar também, e praticamente a empurrou para fora de casa às 7h30 da manhã, uma hora antes do que ela precisava sair. Enquanto eles se separavam, ele disse que sabia ter sido um erro deixá-la vir em uma noite de semana, e que ele não podia acreditar que ela tinha estragado o dia dele ao acordá-lo mais cedo, provavelmente antes do efeito da pílula ter acabado.

Uma hora depois, ele mandou um e-mail dizendo que como era óbvio que eles não podiam mais se encontrar durante a semana, só poderiam então se encontrar nos finais de semana; como ele teria vários eventos nos próximos finais de semana, então eles não poderiam se encontrar mais. Estava tudo acabado. Como Lexie pôde ter arruinado tudo com um simples despertar? Teria ele achado que ela estava pedindo alguma coisa mais do que ele estava pronto a oferecer? Lexie disse que sua reclamação pareceu vir da suposta interferência dela no trabalho dele. Mas o que o deixou tão possesso? É isso que ser um solteirão convicto significa?

O que os caras pensam

Tom L, 28 anos, solteiro recente
Tom é o cara mais legal do mundo, e teve um relacionamento invejável com a última namorada. O rompimento deles ainda me deixa triste. Eles moravam juntos e dormiam juntos em harmonia por muitos anos em um apartamento minúsculo. Mesmo assim, ele é sensível às coisas que podem atrapalhar o sono de um cara, e que podem irritar os mais impacientes, mais do que poderíamos imaginar. Homens e suas rotinas. Lembra-se do seu pai, do banheiro e do jornal? Todo dia depois do café? É a mesma ideia.

Rotina rígida
"Sim, ele parece um completo idiota. Mas pequenos rituais antes de dormir são extremamente pessoais. Não sei se é só uma mania dos homens, mas a menor mudança pode lhe tirar o sono, especialmente se você for um solteirão com hábitos arraigados. O Justin estava claramente tentando relaxar quando começou a tocar violão. Cada pessoa tem suas manias. O negócio da pílula pode também ser parte da rotina, ou ainda, ao quebrar a rotina e sentir que o sono não vinha, ele tenha tomado remédio para poder relaxar com a presença de Lexie, e não ter uma atitude agressiva que a chateasse."

Se isso foi uma tentativa de deixar Lexie à vontade, então uma coisa é certa: você nunca sabe o que vem por aí.

Dez maneiras erradas de ficar de conchinha

Tom dá explicações bem técnicas aqui. Não há nada como a verdade nua e crua. "Ficar de conchinha, abraçadinho, fazendo carinho, pode tirar o sono. Pode também ser bem relaxante, mas para isso acontecer, tem que ser feito do jeito certo – e para cada jeito certo tem dez maneiras erradas. Por exemplo, quando a garota está com o rosto no seu ombro, respirando no seu pescoço, com o tempo isso pode ficar 'pesado', irritar e, então, você não consegue dormir. É a mesma coisa quando é o cara que está agarradinho nela e fica com o braço dormente. Ou quando você está deitado de costas e ela abraçada com você apoiando a cabeça no seu peito e/ou ombro. Existem vários lugares que realmente incomodam bastante ao receber esse 'peso', essa pressão, e se torna extremamente desconfortável ter a cabeça da parceira ali, e isso interfere em ter uma boa noite de sono. Então, não leve para o lado pessoal se o cara não quiser dormir de conchinha. Apesar de ter sido decepcionante o fato de ele não ter nem ao menos tentado se explicar, posso entender como ele estava se sentindo."

Portanto...

Lexie forçou todas as barras possíveis com o solteirão. Ao atrapalhar o sono e a rotina dele, ela mostrou muito claramente a ele a realidade de se estar em um relacionamento – e ele não pôde aguentar tudo isso de uma vez. De repente, ele viu seu mundo tão bem construído acabar de uma hora para outra e a reação foi de pânico. Com solteirões convictos, sempre devemos dar mais tempo para se acostumarem.

Dave B, 27 anos, em um relacionamento sério

Dave teve muitas namoradas e tem uma cabeça muito boa quanto a relacionamentos. Ele tem pouco tempo para gente como Justin, solteiro ou não.

Não está feliz consigo mesmo

"O cara é estranho. Por isso, ele é bonito, bem sucedido, 34 anos e solteiro. Se você grita com alguém na primeira noite juntos, alguma coisa está muito errada. O fato de tomar remédio para dormir significa que ele não consegue deitar em um quarto sozinho sem ficar agitado, nervoso e cheio de pensamentos e remorsos. Ele não é feliz consigo mesmo."

O que ela deve fazer é, em primeiro lugar, ter certeza de que ela não é a culpada; parece que ela está se perguntando se fez alguma coisa errada, o que não é correto. Você tem que saber o que é certo e errado. É preciso prática em relacionamentos para saber quando virar e dizer: 'Isso foi um comportamento psicótico e não estou interessada nisso.' E é exatamente isso que precisa ser feito nessa situação."

Portanto...
Solteirão convicto ou não, esse temperamento do Justin já é motivo de "demissão" porque se ele age assim no princípio de uma relação, imagine o que vem por aí: um ataque histérico porque ela não cortou a cebola pequena o bastante, ou ele sai andando porque um dia ela volta tarde para casa.

Se ele tem tantos problemas para dormir mostra que ele tem uma mente agitada. Até que ele consiga resolver isso, ele não vai conseguir controlar o temperamento e, provavelmente, não será um candidato a namorado.

Conclusão

Se Lexie realmente queria dar uma chance, ela deveria pegar ainda mais leve com Justin, dando-lhe um tempo extra para se ajustar e para ser treinado a dividir coisas – como sua cama – com ela. Mas é coisa de longo prazo. O temperamento difícil pode indicar ser uma pessoa em quem não vale a pena investir e que já andou muito na estrada dos solteirões convictos e controladores. O acesso de raiva e as pílulas para dormir indicam que, ao contrário do que possa parecer, ele está em crise, e pode precisar de terapia para analisar isso a fundo. Pode precisar de muita terapia para resolver essa raiva e, mesmo assim, ele pode não ser o namorado perfeito para quem precisa de cafuné quando não consegue dormir.

O que fazer se, por uma razão muito estranha, você quer fazer a relação dar certo: fique em alerta e lhe dê tempo suficiente para se acostumar com novos rituais antes de ir para cama nas noites de sexta e sábado. "Homens são como cachorros que se pode treinar, mas eles não são tão espertos, e não aprendem novos truques muito rápido." Preste muita atenção aos rituais antes de dormir para o caso de eles não conseguirem explicar sua importância. Quem sabe, talvez ele tenha tomado pílula para dormir por sentir-se provocado pela falta de compreensão dela com o ritual de dedilhar um pouco o violão antes de dormir?

6
Por que ele passa todas as noites na sua casa, mas se recusa a se mudar?

❦

Os arquivos de Ben
Na escala de comprometimento, morar junto tem um conceito alto. Mesmo assim, esse contrato pode ser rescindido a qualquer momento, fácil, fácil. Não é nada tão assustador quanto casamento ou bebês.
Relacionamentos se desenvolvem, e se eles não vão para frente, você deve pensar porque isso te incomoda. Claro que, se uma pessoa não está a fim, se eles gostam de passar (ou precisam passar) algumas noites sozinhas, morar junto talvez não seja a coisa certa a fazer, e nem será no futuro. Mas o que acontece com os caras que passam todas as noites da semana na casa da namorada, mas fica todo esquisito quando o assunto é *morar junto*? (E por *esquisito*, quero dizer que ele se recusa a deixar isso acontecer).
Isso aconteceu com várias amigas minhas em relacionamentos longos. Eles passam todas as noites com suas namoradas, eles chegam aos 30 anos, e – quando morar junto fica tão óbvio que não podem mais fugir do assunto – os namorados ou vêm com uma desculpa ridícula ou fogem. Por quê?

O caso
Minha amiga Júlia, de 28 anos, estava saindo com Ben, também de 28 anos, por dois anos; ela estava no último ano de medicina (entrou tarde na faculdade) e ele trabalhava em uma instituição de caridade. O relacionamento logo ficou bastante intenso, e ele era o tipo de cara que manda flores de vez em quando, e planeja maneiras originais para surpreendê-la no Natal e no Dia dos Namorados.
O relacionamento progredia maravilhosamente: viajavam juntos nos feriados e visitam os pais um do outro. Eles se tornaram parte das famílias um do outro. Quando estavam quase completando um ano, apesar de terem vidas sociais movimentadas, eles estavam passando quase que todas as noites juntos,

tanto na casa dela quanto na dele – normalmente, na dele porque ela dividia um apartamento com outras três pessoas na zona oeste de Londres, enquanto ele morava sozinho no centro (o que era muito conveniente para ir trabalhar). Eles estavam juntos há 18 meses quando o proprietário decidiu vender o apartamento onde Júlia morava e ela e suas colegas tiveram que sair. Júlia estava quase feliz porque era o momento perfeito para o óbvio próximo passo de morar com Ben. Ela nem sentia necessidade de discutir o assunto a essa altura com ele, já que parecia tão natural. Ela ficou encucada quando ele disse "Claro, querida, more comigo **até que você encontre um novo apartamento**".

Mesmo assim, ela foi em frente, acreditando que ele havia dito isso porque não tinha tido tempo suficiente para pensar neles morando juntos, inércia sendo a força poderosa que é. Além disso, ela imaginou que se ele fosse um pouco cauteloso a esse respeito, seria um bom teste e oportunidade para ambos tentarem morar juntos. Então, ela se mudou "temporariamente". Estavam em êxtase; eles tinham o equilíbrio perfeito entre suas vidas sociais independentes e o tempo que passavam juntos. Nenhum era bagunceiro ou sem consideração. Era muito mais fácil do que ter algumas coisas aqui outras ali. A alegria de Júlia em ter acesso ao seu guarda-roupa (quase) completo pela manhã era considerável.

Mas ao fim de umas três semanas, Ben trouxe à tona o assunto "buscar apartamento". Ele ainda não queria morar com ela, e esperava que ela encontrasse outro lugar para morar. Ele disse algumas coisas sobre não estar pronto, e coisas sobre seu próprio espaço, mas tudo soou falso porque eles estavam se dando tão bem até ali. Claro que as coisas dela estavam mais *à vista* do que ele gostaria talvez, mas isso acontecia porque ela ainda não tinha desfeito as malas, já que não tinha sido convidada a ficar.

Então Júlia se mudou, e eles ficaram juntos por mais alguns meses. Mas Júlia não conseguia perdoá-lo ou entender sua relutância em morar com ela. O relacionamento se desfez. Desde então, ele sempre entra em contato para dizer que sente falta dela e que quer voltar –, mas ainda não explicou por que é tão contra morar junto. Júlia também não tinha muita vontade de casar e de ter filhos com Ben. Mas ela queria saber se existia a possibilidade. Além disso, morar junto naquele momento não só parecia o agradável próximo passo, como também faria a vida deles mais fácil, não mais difícil. Então, por que Ben resistiu tanto, mesmo tendo sido um namorado tão adorável até aquele momento?

Por que ele era tão feliz passando todas as noites com Júlia, mas tão resistente a morar junto ainda que por um período de experiência? Ele estava com medo de tudo isso se transformar em casamento em pouco tempo? Ele ainda tinha dúvidas em relação à Júlia? Ele estava fazendo um último apelo à independência e, se for isso, por que ele se incomodou em manter a relação tão forte?

O que os caras pensam

Johnnie M, 29 anos, em um relacionamento

Johnnie é um cara inteligente, romântico, e tende a ter relacionamentos intensos, mas gosta de diversidade. Ele é ainda muito apegado à ideia de liberdade e não teve vontade de morar com ninguém. Ele entende bem a posição do Ben.

O problema, do ponto de vista de Johnnie, é a sensação de estar sendo invadido, sufocado e condenado a esse destino para sempre. O sonho do apartamento de solteiro morto como um pássaro para sempre, o que para muitos homens é uma tragédia em si. Dito isso, um relacionamento pode ser tão legal se a ideia de morar junto é tão intragável? Johnnie sugere que talvez não.

Derrubando brechas

"Morar junto é uma ideia aterrorizante. É o fim da possibilidade de ter seu próprio espaço sem ter razão para isso, tanto quanto eu lamento o momento em que você precisa de um motivo para não ver a pessoa, em vez de precisar de uma desculpa para vê-la. Por isso, sempre fui meio nervoso quanto a estar o tempo todo junto."

Sim, mas presumo que você esteja com alguém que respeita o seu espaço. E, quando você mora junto, vocês podem sair à noite para fazer suas próprias coisas, e saber que quando voltar para casa poderá dar um beijo de boa noite, ou de bom dia. Isso não é a respeito de *estar o tempo todo junto*. Mas os homens, vocês sabem, são supersensíveis sobre qualquer coisa que possa significar restrição.

"Eu mesmo nunca morei com nenhuma namorada, mas a possibilidade surgiu duas vezes, e em ambas caí fora, não porque as perspectivas não eram boas, mas porque eu já podia sentir que as falhas da relação iriam virar grandes crateras. E acho que você pode namorar alguém sério e dizer "eu te amo" com verdade e ao mesmo tempo saber que morar junto é uma coisa bem diferente.

Não consigo tirar da minha cabeça a ideia de que, em algum momento, um de nós vai deixar o apartamento, e isso é muito ruim para ficar pensando nisso todos os dias."
Essa é a evidência de que o meu pressentimento de que existe muito de profundo por trás das atitudes masculinas estava certo. Eles veem potenciais problemas que podem acontecer em anos e somente quando se mora junto. Isso os preocupa porque eles não querem conflito, dor ou problema, especialmente quando podem evitar essa situação. E essa visão de *um de nós deixando o apartamento*, sobre a qual muitos rapazes falaram comigo, é outra coisa que pega você de surpresa. O drama dos nossos amigos *machos* pode deixá-la atordoada.

Portanto...
Quando um cara age de forma estranha, quando o assunto é morar junto é porque ele já imaginou que o fim do relacionamento está logo mais adiante. Isso não significa que a relação está no fim ou que ele não a ama, mas que a relação não é perfeita e que se você se fizer presente demais na vida dele, ele vai acabar se sufocando. Significa que você tem que esperar até que o medo de sufocar passe (se você se mexer) – até que ele entenda que você pode não ser perfeita, mas que ninguém é. Melhor ainda, mostre que ele está errado dizendo que você entende o problema e que não vai ficar sempre ao redor dele. Mais sobre esse tema em um próximo capítulo.

Andy B, 45 anos, casado
Eu pedi que Andy comentasse sobre isso depois que a esposa dele me disse durante um almoço que tinha sido quase impossível convencê-lo a morar com ela. Ela disse que todos os amigos dele falavam a mesma coisa sobre morar junto, mas que ele era o pior. Entretanto, no final das contas, obviamente ele foi. Viu? Pode funcionar.

Pulando de um precipício
"Reconheço a mim mesmo e a vários outros homens no Ben. Você pode se perguntar qual a real diferença entre morar junto e dormir junto todas as

noites. Psicologicamente para os homens tem muita diferença. Na cabeça do homem, um pequeno passo é um grande passo. Não só representa abrir mão da sua liberdade, representa abrir mão da usa juventude. Os caras pensam 'não interessa quantos anos eu tenho, mentalmente, minha juventude se foi'. Você não é mais um garotão. Claro que na realidade nada muda: você só desiste da sua liberdade se você quiser."

"Eu e meus amigos costumávamos falar sobre isso: e nós ilustrávamos essa ideia com pular de um precipício. Feche os olhos, prenda a respiração e pule. A verdade é que em vez de cair, cair e cair, você só pula uns poucos centímetros."

As mulheres fazem a vida muito fácil para os caras

Garotas, estamos ouvindo isso mais e mais vezes. Nós temos que endurecer o jogo. Ficamos muito dóceis.

"As mulheres têm facilitado muito a vida dos homens. Agora os homens podem deitar e rolar. As pessoas namoram por anos sem ter que passar para a próxima fase. Eles têm o conforto doméstico sem ser uma situação permanente. Não é seguro para as mulheres os homens não terem que prometer nada. Não é justo."

Está bem, isso está parecendo coisa da minha vó. "Nós não precisamos de promessas e de segurança!", você pode gritar. Mas, bem, nós queremos nos sentir seguras quando chega a hora. Basicamente, chega um ponto em que estamos cansadas de travar uma guerra com o medo de compromisso dos homens.

Andy fala sem rodeios: "As mulheres devem ser mais duras e dar mais ultimatos. Ben estaria afogando as mágoas em um copo de cerveja se Júlia tivesse dito 'você quer saber? Cansei, tô fora'. Se as mulheres fizessem mais isso, garanto a você que os homens mudariam o jeito deles. Mulheres se tornaram incrivelmente fáceis para nós. Conheço caras que têm saído com mulheres por sete, oito anos sem realmente terem se comprometido. Mulheres gostam de se acalmar, especialmente quando querem ter filhos. E os caras estão felizes só de enrolar."

Portanto...

Se você quer se estabelecer, você tem que ser dura com o cara e não se comprometer. Diga a ele que você vai embora se ele não jogar o jogo. Se Júlia tivesse usado essa tática com Ben, tenho quase certeza de que ele teria mudado o tom e eles estariam vivendo juntos em vez de passar meses com a relação no limbo.

Rob D, 29 anos, em um relacionamento
Rob é um cara muito sensível e maduro. Ele acaba de sair de um relacionamento longo e já morava com a namorada. Ele sabe tudo sobre os perigos de morar junto – e de separar-se. Como Johnnie, ele acha que o problema de Ben é que ele não tem certeza de que Júlia seja a mulher certa por quem ele queira pular do precipício.

Esperando por um sinal
"Ben resistiu o quanto pôde a morar junto com Júlia porque ele estava esperando um sinal de que ela era a pessoa certa. Apesar de todas as coisas estarem nos seus lugares e eles serem felizes como um casal perfeito, Ben não tinha certeza de que ela era a pessoa certa para que ele desistisse da própria liberdade. Ele adorava todas as noites passadas com Júlia, mas em segredo, quando eles estavam cada um na sua casa, ele respirava fundo e apreciava o fato de que estava livre, de que ainda tinha a 'carta de alforria'. Ben só esperava um sinal de que Júlia era *a* pessoa, mesmo que ele não soubesse que sinal era esse."
Que sinal ele esperava, um porco voador?

Encurralado
"O problema para Ben foi que as circunstâncias levaram Júlia a pressioná-lo onde ele não tinha controle da situação. A ideia de morar junto pode ser boa como uma perspectiva distante, mas na cabeça de Ben viria no momento que ele escolhesse, nos seus termos. Júlia tendo que sair do apartamento significava que, de repente, esperavam que ele tomasse uma atitude para uma situação que ele não tinha criado. Era uma coisa de controle."
Lá vem essa história de controle de novo. No instante em que o homem não está mandando, seja enviando mensagens nos primeiros encontros, ou escolhendo quando chamar o "lance" de relacionamento, ele começa a perder o controle.

Portanto...
De repente, a dinâmica de poder, estabelecida no início do relacionamento quando Ben conquistou a confiança de Júlia, estava abalada, portanto, colocando a base do relacionamento em perigo. Ben surtou assim que uma situação forçou a relação a uma realidade fora de seu controle. Talvez ele não tivesse se preocupado tanto com controle se ele não estivesse também preocupado se Júlia era ou não a garota certa. Onde está um sinal de Deus quando você precisa, não é?

Conclusão
De modo geral, os homens não gostam da perspectiva de morar com a namorada. Isso sinaliza o fim da liberdade e da juventude e destrói a ideia deles de poder. Isso também os faz sentir sufocados e sem esperança de algum dia ter seu próprio cantinho de novo. Tudo se resume a medo e entulho, mas certamente valem alguma coisa para eles. No entanto, um aviso: quando um cara está relutante em morar junto, não presuma que seja apenas uma questão de liberdade. De cada três homens, dois dizem que é sobre ter dúvidas. E se ele tem dúvidas sobre você, o relacionamento está precisando de uma longa conversa.

O que fazer se você ainda o ama e quer fazer isso dar certo: existem duas opções para mulheres que se veem em situações como a de Júlia. Uma opção é trazer os problemas à tona. Isso não é simples. "Se o relacionamento não está em um estágio em que a namorada possa entender a esquisitice e falar sobre isso com o namorado", diz um amigo, "então, há pouca esperança. Uma vez que ele reage a alguma coisa com um ataque histérico, ou ele precisa de uma aproximação cuidadosa para aceitar que alguma coisa está acontecendo e na qual ele não tenha pensado antes; ou ele vai ficar cada vez mais na defensiva e será impossível conversar enquanto ele se agarra à posição inicial, ainda que não faça sentido."

Se ela tiver sucesso, ele pode admitir que sente algum receio, eles vão conseguir seguir adiante, da mesma forma que uma espinha se cura depois que você aperta.

A outra opção é mais assustadora, mas também muito mais efetiva e admirável: o ultimato. Não quer morar comigo? Então esqueça tudo, amigão. Como diz o Andy, ele vai implorar por um compromisso.

7
Por que ele surta quando você esquece alguma coisa na casa dele?

Os arquivos de Martin

Com frequência, no início do namoro, os homens se mostram supersensíveis sobre grandes atitudes de compromisso, ainda não se sentem prontos para isso. Tudo bem, se essas sensibilidades fossem reais. Mostrar um livro sobre gravidez aos quatro meses de namoro "só por diversão" mandaria qualquer homem ao terror do *não estou pronto para isso*.

O que é mais estranho quando um cara pira por alguma invasão de espaço, ou alguma quebra de privacidade, é quando isso acontece com algo que você considere menor, sem grande importância. Por que deixar algumas bugigangas na casa dele o faz dar piruetas? Lembra daquele episódio de *Sex and the City*, quando Carrie fica toda alegre porque Big deixou que ela levasse a escova de dentes para casa dele depois de meses de namoro? Estranho. Por quê?

O caso

Minha amiga Mary conheceu o então namorado, Martin, em uma noite de jogo de perguntas em um pub. Ele era um cara sério, não muito à vontade com jogos e frivolidades, e isso refletiu em fascinação instantânea em Mary, que é muito direcionada e comprometida com seu trabalho em políticas educacionais e tem um gosto por suspenses pesados que Martin compartilhava.

Ele a cortejou, a levou para o teatro, cozinhou para ela, e tudo mais. Ele era ótimo, mas não era muito simples. Ele chegou a falar sobre um momento de dor que havia passado recentemente, mas não quis falar muito sobre isso, também tinha falado sobre ter sido noivo uma vez, mas que havia terminado. Eu me lembro da Mary falando que não podia sempre entender Martin e que às vezes ele tinha um lado obscuro que escondia dela.

Poucos meses nessa relação fluorescente e Mary entrou no jogo sem perceber. Como sempre ela ficava na casa dele, uma vez ela esqueceu pulseiras e relógio na pia do banheiro.

Quando ela voltou, dois dias depois, ele estava esquisito com ela. Então disse, com um sorriso sarcástico no rosto, que ela não podia deixar as coisas dela espalhadas pela casa; que não era justo com os colegas de apartamento. Ele parecia muito irritado e agitado. Ela se desculpou lhe dizendo a verdade, que havia feito sem pensar e que não entendia o porquê daquela confusão. Eles ficaram juntos mais dois meses, mas, então as coisas ficaram estranhas e ele disse que problemas de família o estavam distraindo. Ele fez de tudo para terminar sem realmente terminar (veja Os arquivos de Steve, no capítulo 3): ele era frio, mal-humorado e distante. Ela nunca o questionou diretamente sobre o incidente com as pulseiras, esqueceu-se disso no meio da confusão que veio depois. Mas depois que eles terminaram e ela pensou sobre a coisa toda, não pôde deixar de ver aquele incidente como o começo do fim. Foi a primeira vez que ele agiu de uma forma estranha sem lembrar em nada o dedicado pretendente. Só ficou ruim a partir daquele momento.

O que acontece quando juntamos homens, nossas coisas e eles agindo de forma estranha? Aparentemente, Mary ultrapassou alguns limites ao deixar suas pulseiras na pia do banheiro, mesmo estando juntos havia três meses quando aconteceu. Do que Martin tinha medo – dos colegas de apartamento pensar que Mary ia morar lá com eles? Mary se tornar uma parte importante da vida dele? Por que os homens dão tanta importância às nossas coisas?

O que os caras pensam

Jarl L, 31 anos, em um relacionamento longo

Jarl sempre foi muito racional e não consigo imaginá-lo, nem por um minuto, fazendo confusão por causa de uma pulseira aqui ou ali. Mas o que ele reconhece no comportamento de Martin não é apenas medo de objetos. Jarl acha que é uma maneira (ainda que infantil) de dizer *vamos dar um tempo* no relacionamento.

Não quer mostrar às outras pessoas

"Ele não estava interessado nela seriamente. Ele sentia alguma coisa, e pode ser ou que ele não a via como namorada ou que ele tem fobia de relacionamentos sérios."

Bom, vamos lá, vocês viram o que ele disse, *não a vê como namorada?* Isso é um grande assunto para os caras e, com frequência, determina se alguma coisa vai além de ser um encontro casual e até mesmo uma amiga só para sexo. Eles têm que prever como seríamos como namoradas nos primeiros dias, antes de sermos namoradas. Eles têm ideia de como as namoradas deles devem ser, no pensamento deles. Se eles não nos veem dessa maneira, não temos chance. É uma visão restrita, mas que vem à tona de tempos em tempos. De qualquer forma, vamos voltar ao Jarl.

"A primeira alternativa é a mais provável (ele não a vê como namorada) e sua atitude em relação às pulseiras é um sinal de que ele não quer mostrar às outras pessoas de que é sério. Quando uma mulher deixa suas coisas na sua casa é um sinal de que ela se sente confortável no seu espaço."

E que vai ser difícil dela se livrar – assim como com ratos.

"Se você não quer que isso aconteça, você deve agir como Martin. Pareceu-me que ele não se sentiu capaz de conversar com ela a respeito da reação que ele teve, ele só agiu em vez de conversar com ela sobre o caminho que a relação estava tomando."

Portanto...
Como Martin não era tão sério a respeito de um relacionamento com Mary, ele estava sempre alerta a qualquer sinal de que ela poderia estar querendo algo diferente. Nós todos sabemos como os homens se sentem culpados por iludir as mulheres e como eles lidam com isso de maneira infantil (lembre-se de Jeremy, do capítulo 2). Adicione a isso um medo desproporcional do que pode acontecer se uma mulher for morar na casa dele (mesmo que esteja longe de casamento), e o que você tem é Martin surtando por conta de algumas pulseiras esquecidas no banheiro.

Idult L, 29 anos, solteiro
Idult é francês e tem sempre uma opinião interessante para dar às mulheres. Ele tem sensibilidade para saber quando a pessoa está ou não a fim. Como outros caras, acha que sinais de que a mulher de quem você gosta está se apegando são ótimos, mas ver esses mesmos sinais na mulher *errada*, aterroriza.

Precursores de muito mais

"Eu não ia me importar se a minha namorada, que costuma dormir na minha casa, deixasse uma escova de dentes, soro para lentes de contato ou mesmo uma calça extra (a garota ficaria muito mais à vontade com o mínimo de conforto). Mas esses são itens funcionais. Deixar pulseiras e outras coisas do tipo não tem o propósito da praticidade, então, posso entender como Martin pode ter visto isso como o começo de deixar muito mais coisas até que, finalmente, ela se muda. É claro que ele não estava pensando em nada sério com Mary, uma vez que a simples ideia de ela morar com ele já o deixou fora de controle. Eu também ficaria – já é bem significativo quando uma garota deixa suas lentes. Deixar as joias é outra questão porque elas pertencem ao porta-joias que fica na casa dela. É dessa forma que um homem vê a situação, mesmo que, pela perspectiva da Mary, tenha sido apenas um ato impensado.

Portanto...

Homens têm ideias determinadas sobre o que é razoável ou apropriado de se deixar na casa deles: escova de dentes, coisas para lentes e calças são ok. Qualquer coisa mais do que o estritamente necessário faz com que eles pensem em um futuro que ainda não querem e talvez nunca queiram – com você. Então, eles surtam. Ah!

Conclusão

Homens dão importância aos seus objetos pessoais só quando eles não lidam muito bem com relacionamentos sérios. Essa ansiedade cresce porque ou eles não estão tão a fim ou eles normalmente entram em pânico com a ideia de compromisso, então, isso se torna um comportamento padrão. Acima de tudo, é um sinal de que você está ficando confortável no espaço dele, muito possivelmente isso está acontecendo antes do que ele queria. Apesar do aparente interesse de Martin, é óbvio que ele queria que as coisas andassem em ritmo de lesma e sob os termos dele.

O que fazer se você quer salvar a relação: outro amigo para quem eu perguntei a respeito desse caso colocou muito bem a questão: "o que você tem a fazer é regredir. Espere que ele a chame para dormir na casa dele; não fique rodeando e achando que está tudo bem. Como um homem, você não quer uma mulher se convidando para ficar, você quer que isso aconteça pelo caminho inverso, que ela seja premiada por ter se comportado bem".

Garotas, podemos pensar nisso diferente: ele sendo premiado por ter se comportado bem. De qualquer maneira, com um cara como Martin, fazemos joguinhos e, se você não jogar direito, *game over*.

Jogo Rápido 2

O que é tão assustador em morar junto?

Entenda: a maioria dos homens vê o morar junto como a perda da liberdade. Aconchego, conveniência doméstica – o que nós gostamos de apreciar – é algo que eles querem ter muito mais tarde na vida.

James E: "Morar junto é um grande passo. Se alguma vez você já teve de ser mudar de um apartamento que dividia com sua namorada, você sabe que nos sentimos como 'meu pequeno divórcio'. Morar junto é uma grande mudança. Significa que só tem duas opções para o relacionamento: ou acaba feliz com casamento ou um compromisso longo ou vai ser difícil para um se livrar do outro".

Alek B: "O maior medo é acabar com alguém que precisa de companhia todo o tempo e isso faz de você um miserável sem liberdade. Já cometi esse erro antes, quando era casado, e agora tomo o cuidado de não me relacionar com alguém que não se sinta confortável sozinho. Saber quando dar espaço para a outra pessoa e como fazer isso é premissa para morar junto, do contrário, é horrível. Acho que a maioria dos caras tem medo de que as namoradas possam ser mais carentes e exigentes do que o saudável".

Incomoda você quando uma garota deixa objetos pessoais na sua casa?

Mark M: "Não me incomodo quando uma garota deixa coisas em minha casa, mas isso depende, é claro, de como eu me sinto em relação a ela, e o que ela deixou. Um dos meus criados-mudos está sempre livre para uma garota deixar alguma coisa dela lá".

Ed H: "Acho que demonstra certa maturidade e confiança na relação se você pode deixar um pijama, uma camisa limpa, escova de dentes ou desodorante. Mas não tem necessidade de vir carregado".

Nick H: "Pequenas coisas, como pequena desordem feminina, são sinais de coisas muito maiores. Se uma garota deixa objetos pessoais na minha casa e o menor sinal da existência dela me irrita, então pode haver um problema um pouco maior do que manter meu quarto arrumado (o que nunca é uma prioridade). O primeiro poema que escrevi foi sobre a parafernália de uma garota da universidade e como cada anel ou presilha de cabelo me deixava doente de amor e reverência – mas isso porque eu a amava".

Tem alguma coisa que lhe dê nojo como absorventes ou calcinhas sujas?

Kobi N: "Não, não fico enojado fácil, mas preferiria não ser exposto a absorventes, se fosse possível".

Scott M: "Na verdade não, sou bem tolerante quando se trata de fluidos corporais e de roupa suja. É só um fato da vida, e as pessoas deveriam tomar cuidado para não sair julgando tudo, para que os seus próprios hábitos não se tornem intoleráveis. E sei que há muitos desses hábitos por aí. Entretanto, a maioria das pessoas mantém essas coisas sob controle".

Você dorme melhor quando divide a cama com uma mulher?

Chris R: "Sem dúvida que é mais confortável quando se tem mais espaço na cama. Às vezes, tenho trabalho em outro lugar ou em outro país, e fico em hotéis. Frequentemente, as camas são grandes, confortáveis e cheias de travesseiros. Tenho que admitir que durmo muito bem, e é bom se espreguiçar, mas, naqueles momentos quando você está quase dormindo ou acordando de manhã, é da minha mulher que sinto falta.

Nick H: "Durmo melhor depois do sexo, o que geralmente envolve uma garota, mas também durmo melhor depois de um dia andando de bicicleta, então acho que devo isso à endorfina. Se você está apaixonado por sua colega de cama, parece que seus corpos querem se entrelaçar e eles se encaixam como luvas, e acordar assim pode ser sensacional".

Você alguma vez já achou irritante a vontade dela dormir de conchinha?

Peter R: "Sim. Existem dois exemplos de quando isso me irrita. Um: estou cansado e quero dormir. Não consigo dormir com o braço dela sobre meu rosto, porque: a) fica muito quente e suado, e b) o ar está circulando da minha boca para o braço dela e de volta para meu nariz. Não fico confortável fisicamente em dormir com outras pessoas. Dois: às vezes (não sempre) depois do sexo, principalmente de manhã, isso pode ser ruim, mas frequentemente, quero beber um copo de água ou andar um pouco para esticar as pernas – sim, parece horrível – mas em vez disso, estou preso ali por 20 minutos".

Qual sua atitude em relação à comida quando você está morando com alguém – vocês se revezam ou é trabalho da mulher?

Moshe B: "Eu cozinho bastante, mas gosto da minha comida. A gente não se reveza; é mais quem está com vontade, faz. Mas, no mundo de fantasia, adoro a ideia de alguém cozinhar para mim e tomar conta de mim. Acho que a maioria dos homens quando se casa, lembra da primeira relação com mulheres – suas mães –, então, você quer alguém que se preocupe, você quer que sua mulher seja sua mãe. Homens adoram mulheres que cozinhem para eles. Mas, atualmente, faz quem estiver a fim".

Subo W: "Normalmente cozinho muito melhor do que minhas namoradas, portanto, quase sempre sou eu quem cozinha".

Lou A: "Amo cozinhar, então fico feliz em fazer isso. Não vejo isso como 'trabalho da mulher' e, na verdade, a maioria dos homens que conheço (na faixa dos 20, 30 anos) gostam de cozinhar e ficam orgulhosos em fazer alguma coisa para seus amigos e suas namoradas. Isso é, de alguma forma, meio enjoativo porque significa que, conforme ficamos mais velhos, nos aproximamos daquelas cenas água-com-açúcar que vemos na televisão em programas como *Naked Chef*, em que o Jamie encontra os amigos para um tipo de 'encontro para jantar com amigos' de classe média".

Quão importante é a questão da limpeza para você? Você perderia o interesse se ela fosse desleixada?

Mark F: "Sim, eu perderia o interesse em uma pessoa desleixada. Até porque sempre sinto necessidade de me arrumar depois delas".

Will S: "Eu me lembro de uma garota da época da faculdade com quem dividi apartamento. Um dia fui ao seu quarto, e depois de lutar para abrir a porta, fomos recebidos por tantas calcinhas sujas espalhadas que parecia que alguém tinha sacudido uma árvore de calcinhas, além de absorventes, fone de ouvido, sutiãs, papéis, vários pratos e copos usados... tudo o que você pode imaginar. Você não podia ver o carpete. Francamente, foi muito nojento e ela deveria ter vergonha de si mesma. Longe dos pais dela, trancada atrás da porta, ela virou uma selvagem. Não é legal. Se você não for assim, então por mim tudo bem".

Parte Três
Sinais Confusos

Isso costumava me deixar maluca. Por muito tempo, toda vez que eu costumava sair com um cara, era só questão de tempo até que ele mudasse o rumo da relação. Ele se mostrava super a fim e empolgado nas primeiras vezes, ele ficava incomunicável, e voltava como se nada tivesse acontecido. Ou ele deixava bastante óbvio que gostava tanto quanto eu quando estávamos juntos (às vezes até mais, quando ele vinha com tentativas vigorosas e prematuras de aproximação) e, depois, ele sumia entre um encontro e outro, e deixava-me esperando. Ou, melhor ainda, ele me dizia que não estava muito a fim, mas continuava ligando para conversar ou para encontros como amigos.

Fiquei confusa tentando entender o que esses caras estavam pensando, o que esses sinais significavam, e se eu deveria persistir ou esperar até que caísse a ficha do quanto eles me queriam. (Sou uma dessas garotas que não conseguem deixar as coisas seguirem insatisfatoriamente, mesmo que eu não receba nada além de lixo.)

São os *sinais confusos* que nos fazem ficar sentadas por horas com nossas amigas bebendo vinho ou *mojitos* e tentando entender o que diabos está acontecendo. Como quando, depois do sexo, ele fica agarrado ao seu pescoço, dizendo como ele se sente maravilhosamente bem quando está com você – e, ainda assim, fica três dias sem ligar. Ou, então, diz que não está interessado, mas quando você passa por ele em um bar, ele tenta segurar sua mão.

Poucos homens dão tiros certeiros, ou seja, miram em uma mulher e investem nela. Eles costumam atirar para todos os lados. E, muitas vezes, eles abordam alguma mulher por uma razão (a chance de transar), mas entram em pânico quando aparentemente visualizam a transa em si. Essa é uma resposta; podem existir inúmeras outras. E é por isso que namorar pode parecer estar em um labirinto impossível.

Tive que escolher algumas histórias específicas sobre sinais confusos, então, fui fundo em meu coração e nos das minhas amigas. Alan é um bom exemplo: ele fez tudo direitinho e agia como se fosse namorado (até vinho tinto e DVDs no meu sofá em uma noite de sexta eu tive!), mas ele estava mesmo a fim de ser meu namorado? Não parecia – e todos os caras a quem perguntei sobre isso disseram *de forma alguma*, das maneiras mais dolorosas e variadas.

Jim é outro clássico. Ele personifica aquela coisa que os caras fazem quando a dispensam como namorada, mas a mantêm como amiga, mesmo que esteja claro que nenhum de vocês dois procuram por isso. Que tipo de amiga você deve ser? Uma possível amizade colorida – só para sexo, ou a possível futura namorada ou ainda uma admiradora apaixonada que ele mantém por perto para satisfazer o ego?

Então, tem o Frank: um galanteador extravagante e com grandes atitudes – atitudes essas de um homem apaixonado – até desaparecer da face da terra.

E Mark, que continua em um relacionamento do qual não gosta, já envenenado, é óbvio que ele quer terminar.

O assunto não tem fim, mas deve parecer menos assustador e incompreensível depois de você ter lido o que os meus homens têm a dizer. Talvez mais do que qualquer outro capítulo, vemos as razões pelas quais os homens nos mantêm por perto mesmo quando não têm certeza de que somos as mulheres certas para eles, e também quando têm certeza de que não somos. Na seção Jogo Rápido, você vai entender claramente porque os caras nos mantêm por perto, bem como se eles também sofrem quando mandam mensagens. Às vezes, no final das contas, mandar sinais confusos também é uma forma de jogar limpo. O que é uma maneira de mostrar que se importam. Argh!

8
Por que ele age como um namorado quando vocês estão fisicamente juntos, mas some quando não estão?

Os arquivos de Alan

Como qualquer outra garota descompromissada que viva em uma cidade grande por um tempo, não espero que todo namorico vire compromisso sério. Quem gostaria disso, afinal? O melhor é tentar e tentar sem parar – por um tempo, pelo menos – até que você encontre alguém realmente especial. Forçar a barra para as coisas serem diferentes do que são, ou do que deveriam ser, é exaustivo e nunca funciona.

Claro que encontros casuais também não são fáceis. É a arte de ser feliz estando no limbo, em um confinamento estranho.

A resposta para isso é identificar que tipo de relação vocês têm, ajustar suas expectativas e comportar-se de acordo. Se não é nada sério – por exemplo, se vocês se encontram esporadicamente e os momentos íntimos são raros e circunstanciais, reconheça isso, e tome sua decisão: é pegar ou largar. E era exatamente isso que eu estava tentando fazer quando me encontrava com o Alan, o tipo de músico que estava *a fim*.

O caso

Foi assim que tudo começou. Gostei dele desde o primeiro momento em que o vi. Nós nos conhecíamos de longe porque ele estudava cinema no mesmo lugar onde eu tinha aulas de idioma – a onda dele era filme. Alan tinha todos os atributos: atraente, amigo, tranquilo, misterioso, com um corpão, mas sem parecer "inacessível".

Então, eu o convidei para um encontro pelo Facebook. Tive que fazer vários convites, mas a persistência ganhou. Ele, enfim, concordou em tomar um drinque e eu tive a chance de deixá-lo tonto com a maquiagem nos olhos e meu decote. Eu acho que a produção valeu a pena: depois de dois drinques ele me beijou, levou-me para casa e entrou.

Confesso que gostei muito do beijo e do *rompante* que veio depois, mas eu não estava pegando fogo. Estava faltando alguma coisa. Acho que estava tão feliz pelo triunfo de conquistá-lo que isso deve ter mascarado meus reais sentimentos.

Por isso, quando não tive notícias dele, não fiquei devastada. Entendi que tipo de relação seria essa e estava tudo bem. Nós nos víamos apenas quando eu tomava a iniciativa de chamá-lo. Ele sempre estava a fim de sair, mas nunca o suficiente para me chamar.

A princípio, eu me senti péssima por ter sido eu que entrei em contato depois do encontro. Mas, quatro dias depois, fiquei bêbada e mandei uma mensagem de texto. Ele respondeu todo fofo e perguntou: "Você está livre na sexta?" De fato, eu estava e, novamente, a ida ao barzinho foi ótima e acabou com mais do que um beijo.

Geralmente, por eu mandar mensagens enquanto estava bêbada, nós continuamos nos encontrando uma vez por semana mais ou menos – afinal, somos gente ocupada. Somente os encontros 1 e 2 foram drinques em um bar. Muito rapidamente, nossos encontros se tornaram mais longos: ele sugeriu DVDs (do gosto dele, filmes de arte, o que acho meio chato) e jantar com vinho tinto na minha casa, e passou a acontecer nos finais de semana também. Isso era estranho porque nem a frequência nem a intensidade dos encontros aumentavam. Nós ainda éramos virtualmente estranhos e não falávamos de sentimentos (uma marca dos encontros casuais). Eu ainda não me sentia enfeitiçada por ele fisicamente, apesar de estar, ou pensar que estivesse fisicamente atraída por ele.

Aquele que seria nosso último encontro não tinha sido combinado até o início daquela noite, quando o Alan agiu de forma totalmente *não temos compromisso*. Ele tinha mencionado alguma coisa sobre nos encontrarmos na sexta à noite alguns dias antes, e eu esperava ouvir dele o que ele queria fazer, presumindo que mesmo ele sendo o *amigo para transar* tivesse a cortesia de confirmar e sugerir alguma coisa antecipadamente. Enfim, às seis da tarde, ele se dignou a entrar em contato, declarando (não perguntando) que estaria em breve na minha casa com uma massa, vinho tinto e filme.

Quando apareceu, ele me cumprimentou com um beijo demorado, como se fôssemos um casal que há muito tempo não se via. Na cozinha, ele começou a preparar a massa. Eu fazia os drinques, e ele, de vez em quando vinha ter comigo, pegava-me pela cintura e beijava-me longamente. O que diabos estava acontecendo? Eu era dele quando queria brincar de casinha, quando encenávamos nossa vida doméstica à noite? Eu sentia que era muito errado o cara com quem eu não conseguia falar nem no dia em que tínhamos um encontro estar ali me tratando com a intimidade de uma namorada de muito tempo.

Esse sentimento só se intensificou quando fomos para a sala assistir ao filme. Ele quis ficar abraçado, como um casal (ele não queria fazer isso pouco tempo antes), e entrei no jogo, minhas pernas em volta dele, ele me abraçando e a minha cabeça no ombro dele. Então fomos para cama.

Então, soube que ele não estava apenas de passagem: o que aconteceu no quarto me deixou louca. De manhã, ele quis ficar um pouco mais na cama, mas eu disse que tinha que visitar meus avós com urgência.

O que me deixou de queixo caído foi a presunção dele em achar que podia agir como um namorado – todo carinho, filminhos e ficar na cama no sábado de manhã – quando ele tinha sido tão *não* namorado em relação à confiança, comunicação e mostrar que estava pelo menos um pouquinho a fim de me ver. Apenas quinze horas antes, eu estava estressada porque não sabia quando iríamos nos ver de novo, se é que iríamos nos ver de novo. Agora, ele esperava que eu praticamente lhe trouxesse o café da manhã na cama?

O que ele estava pensando? Essas noites de aconchego eram armadilhas disfarçadas de romance? Ou ele me queria como a *amiga de sexta à noite com quem vejo filme e divido a cama* porque realmente gostava de mim? Essa era a maneira dele mostrar que cultivava nossa relação porque era muito discreto para fazer isso de outra maneira?

O que os caras pensam

Adam L, 31 anos, em uma relação séria

Adam, já conhecido de todas, imediatamente identifica um cara que quer transar, e que está tentando agir como um jogador para atingir esse objetivo. Alan não é tão legal quanto pensa, mas está nos ajudando.

Primeiro objetivo: transar

"O primeiro objetivo dele é transar. Tudo é a respeito disso para esse cara. Se um cara está tentando transar, ele não se esforça muito. Nesse caso, ele pensou 'Ah, tá fácil, porque ela está a fim. Viu, ela está me ligando, eu vou transar'. Mas quando ele está com você é mais do que isso: essa é a marca de alguém que está tentando ser um jogador, mas que não sabe direito o que está fazendo. Ele pensa mais ou menos assim: 'quando estamos juntos tudo é perfeito e você fica em minhas mãos'.

Mas um jogador experiente saberia dar um toque extra. Massa na sexta? De jeito nenhum, ele teria ido mais longe. Pense nisso dessa maneira: se alguém oferece um almoço grátis para um cara em um restaurante, ele não dará importância, ele vai aparecer se não tiver nada mais importante para fazer. Mas se for no restaurante preferido dele, ele não vai perder essa chance. Ele vai colocar roupa nova e vai encaixar na agenda, qualquer que seja o dia oferecido."

Mas isso não é só sobre ele e sobre sua atitude *blasé*. Ele tinha sorte de estar lá comigo e, no fundo, ele sabia disso.

"É óbvio que um cara como esse não tem uma quantidade enorme de opções", afirma o *detetive* Adam. Por que isso? "Você pode avaliar a proeza do cara com as mulheres pelas habilidades culinárias: macarrão é o básico. Se você está no nível básico do macarrão, você é muito inexperiente. Você não está se dedicando o bastante. O cara que se vende como o garanhão, na verdade, é um iniciante."

Portanto...

Claro que Alan gostava de mim como gostava de todas as outras, mas ele estava motivado por duas coisas: praticar seu joguinho e transar. Ele estava tão preocupado com isso que nunca pensou em se apegar realmente. E lembre-se: a preocupação dele evidencia sua inexperiência. Ele bancava o tipo *venha me pegar*, quando, na verdade, deve ter dormido com algumas poucas garotas.

Brandon L, 28 anos, mora com a namorada

Brandon é o demônio usando roupas de homem. Ele não é nem de perto cínico como Adam L, mas reconhece os motivos de caras como Alan. Ele também é simpático às armadilhas românticas nas quais os homens frequentemente caem.

Nós sabemos do que as mulheres gostam

"A verdade é que os homens não têm essa empatia natural que as mulheres têm. Estou vivendo com minha namorada há três anos e eu ainda me surpreendo como sou ruim em prever suas mudanças de humor, e no que pode deixá-la feliz e o que não a faz feliz.

É óbvio que melhoramos com o tempo, mas, no início das relações, nós só temos um exemplo a seguir: os clichês. O que eu quero dizer com isso? Bom, todos nós assistimos muito aos filmes da Bridget Jones e lemos muito as revistas *Cosmopolitan* das nossas irmãs para sabermos do que as mulheres gostam: elas gostam de coisas românticas, certo? E o que elas pensam que é romântico? Bom, jantar à luz de velas... ou banhos demorados com massagens... ou levá-las à ópera... ou passar um final de semana em uma praia da moda.

Tudo isso é caro ou cansativo. E também, para os primeiros tempos de relação, algumas dessas coisas podem ser um pouco 'muito' íntimas. Então, o que podemos fazer? Ainda bem, que uma coisa simples e romântica é o 'jantar com o namorado cozinhando'. Perfeito. É barato. É confortável. Envolve bebidas alcóolicas. E, o melhor de tudo, é um jeito ótimo de parecer carinhoso, atencioso e fazer o tipo 'namorandinho'."

A verdade é que todos os homens sabem cozinhar

"A verdade é que todos os homens sabem cozinhar. Especialmente macarrão. É a comida perfeita para namoros: muito fácil de fazer, muito saboroso e impressiona mais do que devia. E tem vinho – normalmente o vinho tinto, a bebida mais sexy do mundo. É astuto, sedutor e diz sem ambiguidades 'Está esquentando!' e, ao mesmo tempo, tem um toque do 'novo homem'.

Então, esse é um ponto de vista. O lance romântico da pasta é incrivelmente fácil, perfeito para homens sem imaginação. 'A esperança é que se agradarmos com gestos românticos, ela vai gostar mais de nós e, portanto, ter mais vontade de dormir conosco'.

Basicamente é assim, eu faço pasta para você e você dorme comigo. Brandon traz um ponto de vista diferente do Adam (Brandon pensa que massa impressiona), mas ambos concordam em um ponto: os gestos tipo *namorandinho* muito precoces do Alan tinham um único objetivo: transar.

Mas.... bom, é legal termos uma companhia de vez em quando, não é?

O que os olhos não veem o coração não sente
"A verdade é que esses clichês românticos são muito bons. É melhor assistir a um filme com outra pessoa... melhor ainda se existe a chance dessa pessoa terminar na sua cama. É confortável e reconfortante passar pelo ritual do jantar. E alguns caras, às vezes, se sentem mais românticos fazendo esse tipo de coisa... mas então, depois de um tempo, bom, o velho ditado 'o que os olhos não veem o coração não sente' começa a fazer sentido."

Isso é horrível: o cara romântico que apareceu com vinho tinto e DVD, que ficou de chamego com você no sofá antes de uma noite de sexo, é capaz de esquecer você no minuto em que ele sai – isso, claro, se ele estava interessado somente em uma coisa. Eu não me surpreendo de ficar confusa. Quando faço um jantar romântico para alguém não me esqueço dele assim que vou embora.

Então, eles se sentem divididos: parte deles gosta do programa *jantar/filme*, enquanto a outra parte acha isso tudo muito chato.

Conclusão

Às vezes, esses caras só precisam amadurecer e você pode se divertir com eles enquanto eles *brincam* de namorados, enquanto eles se fazem de vítimas por estarem *presos* a vocês. Nesse caso, no entanto, vale lembrar-se das palavras do Brandon: "é melhor se livrar dele. Caras que curtem filmes, normalmente só querem ser admirados pelo gosto 'refinado'. Esse pode ser o motivo pelo qual ele empurra *Hiroshima meu amor* e *Ano Passado em Marienbad*. Se ele gosta de filmes, melhor 'tirá-lo de cena'." Sim, eu acho que essa é uma boa dica. (Eu pessoalmente levaria isso em consideração em relação a todos os homens metidos a intelectuais. Acho ótimo ele gostar de instalações e vídeoarte. Mas não precisa me torturar com isso, precisa?)

O que fazer se você quer que o relacionamento cresça: uma vez que parei de ligar para o Alan, ele começou a telefonar me chamando para sair. Eu estava muito ocupada. Então, ele ficou insistente. Uma vez que deixei de estar disponível, ele não parou de ligar. Tenho que dizer que acho que ele estava começando a gostar dos nossos encontros e queria fazer isso mais vezes. Se você gosta de um cara como Alan, que um dia está a fim e no outro lhe dá um gelo, você tem duas opções: seja tão fria a ponto de ele pensar que pode perdê-la, ou então apenas relaxe e faça outras coisas enquanto espera que ele se apegue a você. Mas não espere mais do que quatro meses.

9
Por que ele diz que não quer nada sério, mas continua ligando?

Os arquivos de Jim

Os homens muitas vezes agem de maneira misteriosa. Mas um dos maiores mistérios acontece quando ele diz que não quer nada sério, mas, então, demonstra querer alguma coisa, só que não o que foi oferecido. Ele pode passar a noite vendo estrelas cadentes com você, mas não a beija. Ele pode dizer que está confuso e, depois, fica de mãos dadas. Ele pode dizer que não a quer, para, de uma maneira estranha, ele a querer – de um jeito diferente. O que é isso? Eu nunca poderia agir dessa maneira com um homem sem me sentir um lixo. E se não quero beijá-lo, juro que tampouco não vou querer ficar de mãos dadas com ele. Como os homens conseguem manter esse tipo de comportamento por tanto tempo? Eles não se cansam? Eles por acaso percebem o que estão fazendo isso?

O caso

Fui apresentada ao Jim por alguém que deveria saber disso muito bem: uma ex-terapeuta. Eu deveria ter adivinhado. Ela me falou dele como um homem de 40 anos, bem-sucedido, louco para casar e ter filhos. Bom, eu não estava procurando um homem ansioso em constituir família, mas estava tão aborrecida e frustrada pela falta de encontros que decidi dar uma chance e aceitei jantar com ele. (Só mesmo um homem buscando uma esposa a chama para jantar em um encontro às escuras.)

Jim era bonitão (mesmo com a barriguinha de cerveja) e vi que poderia me sentir atraída por ele. Ele trabalhava com Tecnologia da Informação e tenho uma queda pelos *nerds*. Mas saber que ele estava desesperado para casar não me empolgava. Logo que nos sentamos, pensei que aquele seria o primeiro e último encontro, ele ficaria pensando o que tinha feito de errado e eu pensando o que tinha na cabeça para ter aceitado sair com ele.

Mas, no final do jantar, ele tinha me conquistado. Nós nos divertimos, eu estava tranquila e ele não parecia muito ansioso. Eu não estava entregue, mas sairia com ele de novo se ele quisesse. Nós nos despedimos com um beijo e nada mais. Poucos dias depois, ele me convidou para sair e de novo foi muito bom. Dessa vez, eu o convidei para ir à minha casa e, apesar da impressão de que o sexo seria ótimo, ele demorou muito para gozar e depois de um tempo aquilo ficou chato. Fiquei me perguntando por que ele demorou tanto. Será que ele não se sentia tão atraído por mim? Não rolou química? (Veja o Jogo Rápido na página 221.)

Nós saímos mais algumas vezes e, apesar do sexo ter sido meio chato, eu estava começando a gostar dele, e ele de mim. Na vez seguinte, nós dormimos juntos, e tudo acontecia tão rápido que eu mal conseguia acompanhar. Isso me deixava meio triste, mas ainda assim achei que era um bom sinal.

Jim era confiável, estava sempre em contato e as coisas pareciam estar indo bem, mas foi por volta da terceira semana que comecei a perceber que a relação estava *patinando*. Ele ficou meio vago quanto a planejar coisas, telefonava menos e, quando ligava, era distante. Eu o confrontei e eis que ele confessou se sentir *ambivalente* comigo. Ele tinha visto a terapeuta naquela semana e tinham falado sobre coisas *profundas*; o resultado foi que eu causava sentimentos *desconfortáveis* nele. Pensei comigo mesma: *que monte de baboseira*. Você não me atrai mais.

Claro que isso fez com que eu fosse da calma para a obsessão. Era ele que devia ficar desesperado e carente. Só que naquele momento era eu que estava desesperada por outra chance. Qualquer coisa que o levasse a mais algumas noites de sexo o traria de volta. Mas tudo o que consegui dele pelo telefone e em um depressivo encontro em um café foi mais bobagens do tipo *sentimento desconfortável* e como ele estava *confuso*.

Então, eu o deixei e não ouvi falar dele por alguns dias. Eu não pensava nele durante o dia, mas à noite quando bebia, sentia angústia e desejo de ligar e mandar mensagens. No entanto, eu me segurei. Uma noite, uma semana depois de ter falado com ele pela última vez, Jim ligou. Nós conversamos por 45 minutos, mas nenhum de nós disse nada sobre *nós* ou sobre sairmos juntos. Parecíamos amigos, só que de fato não éramos.

Mais uma semana se passou e ele reapareceu, aparentemente querendo conversar como amigos de novo. Pelo menos, dessa vez, ele disse que tinha alguns filmes franceses antigos muito bons e que *nós* deveríamos assistir juntos *algum dia*.

Estranho. Mas não pude deixar de me sentir encorajada e, algumas noites depois disso, estava em um bar com uma amiga e mandei uma mensagem dizendo que estava pensando nele, queria dizer *oi* e que esperava que ele estivesse bem e abrigado da chuva torrencial que caía.

Ele respondeu na mesma hora dizendo alguma coisa fofa e me perguntando sobre o trabalho (eu estava escrava de um grande projeto). Não respondi aquilo porque não queria falar de trabalho e também porque queria ver no que ia dar. Cinco minutos depois ele ligou e ficou me paquerando. Conversamos por dez minutos até eu dizer que tinha que ir. Então, ele mandou uma mensagem para dizer que tinha sido bom conversar comigo. Eu não consegui me segurar e perguntei se ele queria beber alguma coisa comigo e com minha amiga. Ele disse que não, e eu fiquei chateada e envergonhada.

Depois de um tempo, ele começou a ligar de novo, dessa vez com convites. Tentei me fazer de difícil, mas ele insistia; então, combinamos de ir a uma exposição e depois assistir a filme na casa dele. Foi muito divertido e ele passou a noite brincando e segurando minhas mãos. Mas não me beijou.

Era um mistério. Porque ele me disse claramente que não estava a fim (e todas aquelas bobagens *terapêuticas*) e ainda continuava em contato? Se eu não era especial para ele, porque ele se importava? E se ele estava se importando, porque não queria transar?

O que os caras pensam

Paul M, 31 anos, solteiro
Paul não é romântico. Ele acredita na teoria de que *os homens são primatas e só querem espalhar suas sementes o máximo possível*. Essa teoria afirma que as mulheres são como sapatos novos que perdem o brilho depois de algum uso. Às vezes, basta usar uma vez. Eca.

Menos excitação
"É muito comum que os homens percam o interesse depois de transarem com mulheres pelas quais eles não têm um desejo obsessivo. Isso tem um nome:

SSMCDT (Síndrome Saia da Minha Casa Depois da Transa). Transar regularmente com a mulher mais atraente do planeta vai ser tornar, cedo ou tarde, menos excitante e menos interessante. Já perdi as contas de quantas vezes meus amigos, todos com namoradas muito atraentes, me disseram que o sexo havia se tornado mais uma obrigação do que realmente um prazer."

Outra coisa mais

"Acho que isso acontece porque o que desperta o desejo sexual nos homens é querer uma coisa que eles não podem ter. Uma vez que ela vira sua namorada, acaba o desafio, a emoção da caçada. Quando ele tem uma namorada, a ideia de dormir com outras mulheres o excita porque ele não pode, ou não deveria fazer isso. Então, para fazer um cara continuar em uma relação depois de algumas transas, ele tem que pensar que tem alguma coisa ali que ele ainda não teve. Aí, ele decide se aquela mulher faz o tipo 'mãe dos meus filhos' ou, ainda mais importante, se ela faz o tipo 'mãe' para ele."

Portanto...

Jim se cansou. Sem falar da sua própria performance sexual, até onde ele entende, ele me seduziu e entreguei os pontos muito facilmente. Eu o deixei sem nada mais o que querer ou pelo que lutar. E como não sou o tipo *mãe dos filhos dele* (ou mesmo o tipo de namorada que ele procura), ele me largou, deixando-me com mensagens que mostravam total *não compromisso*.

Nick L, 29 anos, casado

Nick é completamente racional – com computadores (ele é engenheiro de software), com matemática e com mulheres. Seu ponto de vista é de que nós complicamos as coisas demais.

Verdadeiro estilo masculino

"Homens tendem a ser muito diretos, e eles presumem que todo mundo se comporta da mesma maneira. Assim, a melhor forma de lidar com Jim é estudar seu comportamento e entender suas reais intenções. Quando ele a conheceu, pareceu bastante interessado. Ele provavelmente estava solteiro tinha um tempo, você é atraente, então foi bastante natural que ele flertasse com você e quisesse algum tipo de relacionamento.

Depois de um tempo, ele esfriou com você. Isso pode ter acontecido porque ele conheceu outra mulher e achou que ela era melhor que você; ou simplesmente porque depois da emoção da conquista, ele entendeu que vocês não tinham tanto em comum; ou porque você não é tão bonita quanto ele pensava; ou ainda porque você tem personalidade forte."

Não importa o que seja, quando ele age friamente é porque os sentimentos dele esfriaram. Não faça o que eu faço sempre: tentar explicar a reação dele dando todas as desculpas do mundo, menos a verdade sobre os sentimentos dele em relação a você. Ele não a quer mais.

"Talvez ele tenha tido a impressão de que você estava julgando sua performance sexual. Não é todo mundo que gosta disso. Não interessa o fato de ele ser ruim na cama – como podemos culpá-lo? Descobri que as mulheres dão o benefício da dúvida para uma falha."

De qualquer forma, o verdadeiro estilo do homem é vir até você e dizer que tem sentimentos "ambivalentes". A palavra "ambivalente" não é um código para alguma outra coisa, não é uma pista criptografada que precisa ser decifrada. O bom dos homens é que eles não sabem jogar; eles simplesmente vêm e dizem o que estão sentindo."

Um argumento controverso, mas estranhamente convincente.

Amizade
"Mais tarde, Jim sentiu vontade de ligar para você. Está claro que ele não ligou para reatar. Se não ele teria dito: 'vamos reatar?' Se ele fosse tímido ou estivesse com vergonha, ele tentaria encontrá-la pessoalmente. Ele não quer nada disso. Ele foi legal porque quer ser seu amigo."

Mas ele não tem amigos o suficiente? Por que ele ficaria amigo de uma pessoa, com quem a única coisa em comum é sexual, se isso só tornaria as coisas mais difíceis?

"Existem algumas razões para isso. Ele pode estar se sentindo culpado de ter largado você. Ele pode estar em dúvida sobre a decisão (por ter ficado uns dias longe, sentiu sua falta); ele pode estar tentando, agora que você relaxou, ser seu amigo, assim ele não tem que aguentar outra ex-louca e ter que atravessar a rua para evitá-la."

Homens gostam de paquerar, como todo mundo

"Você disse que o Jim ficou paquerando você. Isso acontece porque a paquera é legal, homens e mulheres vão sempre fazer isso com pessoas com as quais não querem realmente algum envolvimento. Principalmente se estiverem bêbados".

"Jim se comporta como alguém que não está realmente a fim de você, mas gosta o bastante para querer conversar ou passar algum tempo juntos, como amigos, mesmo que às vezes fique de paquerinha por causa do passado de vocês."

Portanto...

Jim, como todos os outros homens, está falando e agindo de acordo com seus sentimentos e pensamentos. Ele agia de forma estranha porque tinha dúvidas. O que eu entendi como um *não fique muito longe* foi causado porque: a) flertar é legal; b) ele queria ser meu amigo – por várias razões, uma delas é porque ele se sente culpado. (Mas homens sempre gostam de manter as garotas por perto. Veja o Jogo Rápido na página 127 para saber quando, por que e como eles fazem isso. E eles não falam diretamente sobre o que sentem: veja o Jogo Rápido da página 47 sobre as maiores desculpas que os homens dão quando eles não estão tão interessados. Raramente eles dizem *é porque eu não estou tão interessado*.)

Conclusão

Ele me deu o fora. Ele decidiu que eu não seria uma boa esposa, que não merecia o esforço (ou aguentar a chatice) do sexo fácil. O que quer que tenha deixado ele sem vontade de tentar um relacionamento comigo, quando ele disse que se sentia *ambivalente*, era exatamente isso que ele queria dizer.

Ele continuou mantendo contato porque: queria manter opções; queria manter amizade; tinha outras intenções. Uma coisa é certa, Jim não ia me dar nada sério espontaneamente, e eu deveria ter sido mais direta sobre o que eu queria em vez de ficar com joguinho. Se eu não estava tão a fim, deveria ter parado de atender suas ligações. Se eu quisesse alguma coisa a mais, deveria ter dito e, então, continuar com a vida se, e quando, ele não quisesse nada sério. Mais do que tudo, eu queria ter controlado mais minhas expectativas e parado de ficar pensando o que as atitudes *ambivalentes* dele realmente queriam dizer. Porque, na maioria das vezes, o motivo está no pudim e, neste caso o pudim estava mal cozido e sem gosto.*

O que fazer se você estiver a fim de um Jim: quero primeiro dizer-lhe que mantenha sua dignidade porque, ao jogar esse jogo, você deve abrir mão das esperanças e gastar sua energia. Você vai sofrer desapontamentos e ilusões enquanto ele tem o controle. Fraco, especialmente quando sua nobreza poderia e deveria conseguir um pouco de amor em outro lugar.

Por outro lado, é muito difícil sair andando e ignorar quando o cara que a gente gosta continua ligando e mandando sinais confusos. Eu diria: seja clara. Se você quer um relacionamento, diga a ele, claramente. Se ele for forçado a esclarecer que ele não vai lhe dar isso, será mais fácil para você esquecê-lo. E talvez um ultimato do tipo *ou me dá um relacionamento ou eu vou embora* vai forçá-lo a ter uma atitude. Nada é mais sexy do que uma mulher que resolve sair andando.

Nota: a regra geral é que quando você acha que está recebendo sinais confusos, na verdade, não está. É que o cara está enrolando você enquanto aproveita o que gosta antes de desaparecer da sua vida. Cínico, mas em casos como os de Jim, verdadeiro.

---

* Em inglês, *pudding* pode significar pênis. (N.T.)

10
Por que ele se importa com grandes atitudes se falha em levar adiante?

Os arquivos de Frank

Toda garota, não importa quanto independente e cética ela seja, quer ser arrebatada por uma paixão. Querido Deus, estou presa nas mãos de um homem que me compra flores e champanhe. Pode haver confissão mais triste e clichê vinda de alguém que se diz feminista?

Mas mesmo a mais sensata de nós tem uma grande capacidade de gestos românticos porque eles nos fazem nos sentir amadas e todas nós queremos – e pensamos que devemos – nos sentir amadas. Ah, o que que há? Claro que queremos. Minha amiga Jo resumiu tudo isso em uma frase: ela me preveniu em não ser muito *me ame* ao telefone com um cara. Ela acredita que as mulheres não estão longe de usar placas com essas duas palavras em diversos tons de rosa. Acho que devo concordar.

Essa equação *grandes gestos significam amor* é difícil de estabelecer, mesmo que devêssemos saber fazer isso. O que quero dizer é que, antigamente, cavalheirismo e galanteios eram a regra mesmo que você não fosse se deitar com ele. Agora, que estamos em uma época pós-romântica tudo é sutil e sem grandes gestos, grandes enganos que crescem e viram uma bola de neve (nada legal ou assustador, entenda isso. A diferença pode ser bem sutil.)

Não há problema algum em o cara ter atitudes românticas no tempo certo. Mas o que nunca entendi é porque eles fazem isso quando estão a ponto de cair fora. Não estou falando sobre óbvias cretinices, ou um artista da conquista. Estou falando de situações como as que minha amiga Marissa passou no ano passado – quando o cara realmente parece estar a fim, quer estar a fim, não tem nenhuma razão para não estar, visto que foi ele quem tomou a iniciativa, mas, então, cai fora do mesmo jeito.

O caso

Minha amiga Marissa (29 anos e abençoada com um volumoso e comprido cabelo loiro) estava no aniversário de casamento de 30 anos dos pais, em Edimburgo. Ela estava cuidando da própria vida e dançando com amigos quando, de repente, Frank – um homem mais velho com leves rugas em torno dos olhos verdes – apareceu. Ela não se incomodou com as tentativas de aproximação daquele homem, mas ele tinha a maturidade ao seu lado, o que, para alguém como Marissa que já havia tido sua dose de desapontamentos com os de 20 e poucos, era um a mais.

Ele ficou a observando pelo salão (é difícil resistir àquele cabelo) e a admirava. Ela não resistiu muito – não gosta muito dos joguinhos de sedução – e foi com ele ao seu quarto de hotel. Ela estava em busca de diversão e se sentia sacana fazendo um pós-festa. Nada além disso.

Então, quando ela deixou o quarto na manhã seguinte entre promessas dele ligar, ela estava tranquila (ou talvez só um pouco agitada), mas não esperava mais nada. Ela mal teve tempo de voltar para Londres quando um bilhete escrito à mão chegou à sua caixa de correio a convidando para jantar na noite seguinte. Eles tomaram vinho, jantaram e tiveram uma noite adorável, embora ela continuasse em alerta: caras desse tipo normalmente querem algo mais.

Dois dias depois, quando uma passagem de primeira classe para Moscou (sim, primeira classe e, sim, Moscou) chegou em sua caixa de correio – ele estava indo para lá no dia seguinte, ela respirou fundo e viajou com ele. Quem não iria? Ele a encontrou no aeroporto com flores e vodka especial e a levou direto para o hotel. Eles tiveram dias mágicos (e como não teriam?) e ela começou a achar que todas essas atitudes eram fruto da paixão profunda e verdadeira que ele sentia por ela.

Claro que parte dela permanecia forte, com a frase "muito bom para ser verdade" pulsando em sua mente. Quando a deixou no aeroporto, ele falou sobre como queria continuar nisso, achar espaço em sua agenda cheia de compromissos internacionais para encontrá-la e tudo mais.

Quando ela não teve notícias dele no dia seguinte, farejou problema. Quando o silêncio continuou por mais três dias, ela sabia que era questão de tempo para descobrir que Frank era, realmente, muito bom para ser verdade. O e-mail (!) dele chegou uma semana depois de ela ter voltado de Moscou. Frank dizia que estava trabalhando como louco e que, apesar de ele achar que Marissa era uma ótima garota, ele não conseguia ver como aquilo poderia dar certo naquele período de muitas viagens e pesquisa para o novo projeto. Marissa riu um pouco, ficou um pouco chateada por ter caído nos truques dele, mas feliz por ele não ter levado aquilo por muito tempo.

Mas por que ele fez todo aquele jogo? Ele poderia ter tido as mesmas atitudes e ter deixado claro que era tudo coisa de momento. Em vez disso, ele dizia como ela era maravilhosa e como ele conseguia vê-los juntos. A combinação jantar, um voo e toda aquela conversa de compromisso fez com que a súbita frieza dele parecesse muito estranha. Ele era um romântico patológico? Um manipulador perverso? Ou ele simplesmente a abandonou?

O que os caras pensam

Peter W, 51 anos, casado duas vezes

Peter é o mais velho dos entrevistados. Mas fica longe de me fazer lembrar do meu pai, ele é ainda pior que os jovens, pelo menos quando o assunto é identificar (e posso apostar com você, é identificar-se) as razões masculinas para uma paixão febril seguida de rejeição súbita. Vamos dizer apenas que começa com s e termina com o. Perceba que ele usa de metáforas esportivas: você nunca diria que ele é americano, diria?

Senhor Virilidade

"É óbvio que o cara é um solteirão convicto. Totalmente focado em levar a mulher para cama. Uma vez conquistada – gol! – ele fica entediado e parte para o próximo alvo."

Simples assim! Como alguém pode ser tão vazio? De novo, como o Victor (namorado da minha colega de quarto) disse, homens foram feitos para "distribuir suas sementes", enquanto as mulheres são motivadas por fatores mais complexos e menos biológicos. Acho que ele está certo. Isso dito, não vou aceitar a desculpa de que os homens podem sair por aí se comportando como ogros porque foram *feitos* assim. Só para deixar claro.

"Ele partiu para uma próxima... e para outra próxima", explicou Peter. "Ele é rico, atraente, está sempre solteiro e adora transar com novas mulheres. É o

Senhor Virilidade. Quanto mais, melhor. Mas é a novidade que atrai (não a conquista, como vocês podem achar). Outra conquista! Outra para entrar na lista de 'fazer eu me sentir bem comigo mesmo'. Agora é hora de cortar esse laço que nos une e conferir aquela nova garota ali."

Portanto...
Novidade, novidade, novidade. Marcar um gol. Ei, sou um cara! Ele é levado pelo sexo e pela novidade. Será possível? Mesmo um cara tão civilizado como Frank? Isso acontece com um cara que sabe o que é uma vodka especial? Aparentemente, sim.

Victor L, 28 anos, em um relacionamento sério
Lendo o que ele já disse por aqui, Victor sorriu de satisfação. "Isso é muito verdadeiro. Muito, muito." Victor é tradicionalista e exagera nas necessidades do ego masculino. Acho que você vai descobrir que ele sabe das coisas. Acho suas palavras sempre muito úteis.

Quer que ela pense como ele é ótimo
"Não há dúvida de que um cara quer sempre se livrar de uma garota o mais rápido possível. Isso é um fato. Os caras fazem isso, querem as mulheres pensando neles e no quanto eles são incríveis. Quanto mais rápido ela se apaixona por ele, mais seguro ele se sente, ele poderá se sentar, respirar fundo e conferir a garota. Uma vez que ele se sinta na zona de conforto, ele vai pensar sobre o quanto ele realmente quer essa garota agora que a caçada foi bem-sucedida.

Ele pode, na verdade, ter decidido muito antes que ela não era para ele, mas ele quis continuar se encontrando com ela, por diferentes razões, como esquecer a anterior, sexo ou ainda só por diversão, o que é bem cruel. Quando ele viu que estava ficando sério (que era o que ele estava fazendo, a princípio), correu."

A princípio, direto
"Muitos caras são, a princípio, diretos com as garotas, então, eles param de agir assim repentinamente. Um dos meus melhores amigos parece fazer isso, só depois de tentar conquistar a garota de todas as maneiras ele percebe que está entediado. Acho que ele faz isso porque é inseguro, gosta de ser amado e

quer que ela se apaixone por ele o mais rápido possível. Uma garota que mostra interesse, mas não se apaixona por ele, machuca seu ego.

Depois que ela se apaixona, ele pode decidir o que fazer sabendo que o próprio ego ficará satisfeito qualquer que seja a decisão."

Portanto...

Frank precisa ser amado – repetidamente – mas não precisa amar e, uma vez que Marissa mostrou sinais de que estava se apaixonando, ele ficou entediado.

Conclusão

Esse tipo de homem tem o ego permanentemente inflado e você vai acabar se envolvendo, a menos que mantenha distância. A única esperança de Marissa era manter-se distante – talvez para sempre. Vale a pena se você gosta da vida e tem confiança e autoestima para levar isso com maior tranquilidade do que o resto de nós é capaz de fazer.

O que fazer se você gosta dele mesmo assim: seja disciplinada sobre ter um pé atrás. Não aceite todas as propostas, todos os jantares, tão rápido; não acredite em todas cantadas. Isso pode dar espaço suficiente para que ele entenda que quer você, mais do que a satisfação de ser procurado por você. (Mas não fique nervosa.) Seja firme contra as tentações de dinheiro e glamour. E pergunte em voz alta para você mesma se essas atitudes românticas extravagantes em curto prazo valem a frieza que virá logo mais e que é a marca registrada desse particular tipo de homem. Pode não ser um problema para você: se, por exemplo, você estiver em recuperação emocional, isso pode ser exatamente o que precisa. Ou talvez você goste de contar para suas amigas, em uma noite no bar, casos e situações que vocês passaram juntos (essa seria eu). Mas se você tem histórico de se entregar e não sabe lidar bem com joguinhos e banhos de água fria, evite, evite e evite (de novo) esse cara.

11
Por que ele não termina se é claro que está infeliz?

Os arquivos de Mark

Nada parte mais meu coração do que ver uma amiga tentando agradar um homem mal-humorado e distante, inventando desculpas para ter passado dias sem vê-lo e para ele tê-la tratado tão mal na noite em que saíram juntos. Enfim, o cara a faz sentir-se tão mal, é tão estúpido com ela que não lhe resta alternativa se não terminar tudo. Conhece o tipo? Já vi milhões de vezes.

Mas nunca entendi por que os caras deixam tudo tão azedo por tanto tempo, forçando, de fato, a garota a terminar. E vou ser honesta: às vezes, não entendo nem mesmo por que alguma coisa azeda quando parecia tão perfeita. Por que os homens nos provocam e depois ficam se lamuriando sobre como somos malvadas e horríveis enquanto o amor acaba lenta e dolorosamente? Lembram d'*Os arquivos de Steve*, no capítulo 3? Era uma agonia ver Steve ser frio – e depois, mau – com a Alice após um ano.

O caso

Vicky estava sendo o cupido entre Mark e sua amiga Anna quando eles, acidentalmente, ficaram juntos em Birmingham ano passado. Vicky apareceu usando minissaia e salto alto, ficou bêbada e, com todas as idas e vindas entre Mark e Anna, ela mesma acabou na cama com Mark.

Passaram um final de semana juntos com banhos, DVDs e todo um *puxa, como a gente combina!*

Eles eram um desses casais tão legais que simplesmente ficam juntos sem grandes estardalhaços; antes de a gente perceber, quando perguntada sobre o que ia fazer à noite, Vicky respondia "Mark vem para minha casa". Ela se apaixonou por ele, e muito.

Mas depois de mais ou menos quatro meses, Mark começou a parecer inquieto: com menos vontade de passar um tempo com Vicky, e cada vez com mais intenção de cuidar da própria vida. Ele a fazia sentir-se mal, ela tentava entender o que estava errado e como contornar a situação. Como acontece muitas vezes, parecia um caso de fobia de compromisso. Em resposta, Vicky tentou baixar o nível de tudo o que poderia parecer carência. Ela tentava adivinhar qual era o problema e arrumar desculpas para o comportamento dele: talvez Mark não estivesse pronto para um relacionamento por causa disso ou daquilo; talvez ela fosse muito mandona e tivesse muita expectativa. Eles certamente não pareciam estar em um relacionamento, parecia mais o purgatório.

A verdade óbvia era que ele tinha perdido o interesse, ou qualquer que fosse a razão, só não estava mais interessado. Todos nós esperamos que ele fosse terminar por que ela estava muito apaixonada para fazer isso. Ele ficou cada vez mais rabugento perto dela; era quase como se ela o aborrecesse.

E, assim, os meses se passaram com algum resquício do que seria um relacionamento. Poucas vezes por semana Vicky recebia Mark em sua casa, não importando como estivesse o humor dele, e ela ainda dizia que estavam juntos. Normalmente, o humor dele estava entre o mal e o inacessível.

Finalmente, depois de oito meses, as coisas tiveram um fim. A falta de interesse dele e todas as outras falhas dos últimos meses chegaram a um ponto crítico, e até mesmo a apaixonada Vicky teve que deixá-lo ir embora. Eles conversaram – ela começou a conversa – e eles terminaram.

Bom, é sabido que homens vão além da conta para evitar drama e choradeira, mesmo que isso signifique não terminar o namoro com alguém de quem eles não gostam mais. Mas quatro meses? Qual motivo poderia manter ele e Vicky no purgatório por tanto tempo? Ele dava todos os sinais de alguém que não queria continuar o relacionamento, então por que ele fez isso? Não poderia ser só por causa do sexo e do drama. Mark é conhecido por ser um cara sexy, não é difícil achar uma mulher que quisesse ir para cama com ele. Mais do que isso, ele é o tipo que namora e baseia sua vida sexual nisso; isso significa que ele sabe como terminar relacionamentos. Ele enrolou só pela inércia? Ou pelo sexo?

O que os caras pensam

Maor E, 30 anos, em um relacionamento

Monogâmico convicto, Maor tem um lema: nosso sofrimento é nossa culpa;

por exemplo, a gente não sai andando quando um cara não dá o que a gente quer, então, não podemos nos surpreender quando nos sentimos péssimas. Ele é irredutível quanto à regra de que devemos nos perguntar o que queremos e merecemos; se não é isso que temos, então, o melhor é sairmos. (Imagine: ele não tem paciência com mulheres que se sentem mal esperando que ele lhes dê algo que ele não vai dar.) Mais fácil falar que fazer, claro. Por outro lado, não é nada impossível. Mas primeiro lembre-se que homens não se apegam tão fácil quanto nós.

Não é namorada dele

"Ela o chamava de namorado, mas eu calculo que ele não pensava nela como namorada. Basicamente, ela estava no limbo. Existe uma categoria que os homens reservam para as mulheres que não são só para sexo, mas tampouco são suas namoradas."

Mulheres não têm essa categoria. Por isso a confusão. Deus, como os homens podem ter um coração tão frio?

"O homem pode estar em uma fase em que ele gosta de estar com alguém porque gosta de dormir com ela e a garota está disponível e não vai criar problemas. É fácil. E os homens podem continuar nessa situação – sexo com alguém legal, quente e complacente – por tempo indeterminado."

E por que não? Mas para todas as outras que não são como Samantha Jones (personagem do seriado *Sex and the City*), essa relação agradável com sexo fácil é uma via de mão única para a satisfação. Do homem.

"Se Vicky tivesse consciência de que ela realmente gostava do Mark, e queria mais dele, ela deveria ter exigido isso. Se não funcionasse, não haveria futuro para eles como namorados."

Não é culpa dele

"Ela deveria ter lhe dado um ultimato. Esse é um problema para as mulheres, às vezes, elas não têm coragem de terminar. Não é culpa dos homens, mas das mulheres; depois de quatro meses, vocês deveriam saber o que estava acontecendo e se você estava gostando. Mulheres devem ter mais responsabilidade; se ela quer algo e não está conseguindo, ela deve falar com ele a respeito. As chances são de que, se ele estiver a fim dela, eles não vão chegar a esse ponto."

Mulheres devem ter mais responsabilidade. Poucas vezes essa vai ser a sugestão que vocês esperam ouvir quando ele está agindo como um idiota. Mas, apesar de não parecer, esse é, de fato, um comentário pró-mulheres. Nós precisamos ser fortes e ter coragem de cair fora. Se nós nos prendemos a pessoas que nos tratam mal, é nossa culpa quando isso é tudo que conseguimos. Não sei você, mas parte de mim, quando saio de um relacionamento, tem medo de não encontrar mais ninguém. Isso é horrível, mas verdadeiro.

"Talvez ele não conseguisse dar o fora nela porque ele recebia atenção, apesar de não ter certeza de que queria isso, então, ele não ia a lugar algum saindo dessa relação. Não é verdade que se o cara é sexy ele consegue sexo fácil – mesmo Mark pode ter sentido que ele precisava ficar com Vicky só pelo sexo. E uma vez que você tem um lance com alguém, não é fácil abrir mão disso.

Ele agiu como homem, não o culpe. A mulher deve poder exigir o que ela quer e merece e, se não é o que ela tem, ela deve cair fora e pronto."

Portanto...

Mark teve uma boa razão para prolongar as coisas: ele tinha sexo com alguém de quem ele gostava e que não exigia nada em troca. Mas ele não a via como namorada; se ele a visse, as coisas não teriam chegado a esse ponto. Nesses casos, a mulher deve deixar claro seus sentimentos e suas expectativas e ir embora se não for recíproco. Como ela não o enfrentou, é culpa dela se eles continuaram de forma insatisfatória. A moral dessa história é forte: mulheres lembrem-se de que vocês são ótimas e que merecem ter o que querem. Não abaixe o nível de necessidades e expectativas para encaixar no perfil de um homem que a faz sentir-se solitária, desesperada e como lixo.

Jeremy A, 40 anos, noivo

Jeremy é um homem sábio que passou por toda série de relacionamentos. Apesar de parecer classificar os homens como *ou são bananas ou são covardes*, as coisas não são assim tão fáceis.

Não teve coragem

"Eu bem que gostaria de ficar do lado dele, mas não posso. Gostaria de pensar que ele estava em uma situação confortável – ela é uma ótima companhia, é carinhosa, o sexo é bom, e nesse estágio da vida ele não quer mais nada. Mas o mal-humor e a falta de confiança sugerem que ele queria mesmo ir embora, só não teve coragem de agir."

Atitude certa, motivo errado
"Não é de todo ruim. Já fiz isso antes, assim como outros homens. E agi assim porque não queria magoar alguém com quem havia dividido alguns bons momentos e por quem tinha um carinho muito grande. Eu era jovem. Eu estava errado. Mas achei que estava fazendo a coisa certa naquele momento. Em outras palavras, Mark estava certo, mas pelos motivos errados.

O porquê de ela ter deixado isso se arrastar por tanto tempo é um mistério. Parece que ele estava fazendo todo o possível para terminar tudo, e ela, ao estilo romântico de Jane Austen, quis manter as coisas como estavam. A maioria dos homens não tem impressões, ou sexto sentido. Eles não têm momentos do tipo 'precisamos conversar'. Isso é com as mulheres."

Com as mulheres. Igual a sair andando quando não se está feliz. Está parecendo que se você quiser saber a real intenção de um homem, deve prestar atenção em suas atitudes, não em suas palavras. É o mesmo de quando vocês ficaram juntos: ele mostrou a você, não falou. E o que dizer sobre *estilo Jane Austen*? É evidente que alguns homens realmente pensam em períodos de drama, vestidos com babados e histeria quando queremos ficar com eles.

Portanto...
Mark cometeu o erro infantil de não falar o que ele estava sentindo, querendo ou pensando para evitar machucar os sentimentos de Vicky. Mas é uma grande surpresa saber que os homens *têm impressões, ou sexto sentido*. De novo, era papel de Vicky entender a dica e desligar-se. Mas Mark foi um idiota ao deixar o medo de terminar com ela tomar conta dele. Então, ele preferiu fazê-la sofrer.

Conclusão
Mark tinha o que queria, pelo menos por um tempo, e conseguia sexo sem compromisso quando quisesse. Então, ele quis ir embora, mas não conseguia terminar a relação por si mesmo, porque tinha medo de machucar Vicky (tal-

vez) e também por um autêntico problema em estabelecer se valia a pena ou não desistir do sexo.

O que fazer se você está presa a um Mark: lembre-se de que você é ótima. Lembre-se de que você é corajosa e se respeita, e de que vida é muito curta. Junte tudo isso e veja o que você realmente quer. Quando vocês fizeram quatro meses deveria ficar claro para você como se sentia. Não se venda barato. Se Vicky tivesse colocado suas vontades e não tivesse uma reposta, e tivesse ido embora, é bem provável que Mark teria voltado correndo. Ele poderia ter sentido falta dela, e a respeitaria mais. Mas não faça disso um jogo porque pode dar errado. Enfim, não faça isso por ele. Faça por você.

Jogo Rápido 3

Como você sabe que o relacionamento é sério?

Greg D: "Demoro um pouco para planejar alguma coisa com os amigos: deixo as melhores noites como quinta ou sábado para sair com ela. Normalmente, não saio com ninguém nos finais de semana porque são dias especiais – você sabe que quando começa a fazer isso é porque está ficando sério. O outro aspecto é depois do sexo: logo depois do sexo, a libido fica em um nível negativo, então se você fica abraçando, beijando e brincando é um bom sinal, significa que o sentimento é verdadeiro. Esses são os únicos cinco minutos na vida de um cara em que não há libido".

Aleck F: "Sei se é sério desde o início: o tipo de conversa que você tem às três da manhã. Acho que você conta seus momentos mais embaraçosos se sente que tem uma química e fica à vontade com ela. Regra geral, só em relacionamentos que sei desde o início que não vão durar que me preocupo em quantas vezes eu devo ligar ou qualquer coisa do tipo".

Joe P: "O normal, acho: eu nunca apresentaria alguém para minha família se não tivesse certeza de que fosse sério".

Por que terminar com uma garota é tão assustador?

David A: "A ideia do que vem depois de terminar, quando você tem que considerar uma vida de solteirice. Mas sou um desses teimosos que ou é insensível sobre a separação porque não amava a garota, e achei que seria melhor para nós dois e, portanto, espero que ela lide com o problema tão bem quanto eu; ou exerço a autopiedade porque iria me convencer de que é meu destino ficar sozinho. Essa última opção não é muito interessante porque alimenta a autocomiseração. Ter medo realmente não é uma boa".

Robin H: "A possibilidade da reação dela me expor como um verdadeiro bastardo. Acho que é até fácil convencer a si próprio de que livrar-se de alguém é o melhor para todo mundo, de que ela não vai se machucar, e que você tem sido honesto, razoável e atencioso nas suas atitudes com ela. O mais assustador é que quando você segue essa linha racional e age conforme o planejado, as coisas viram uma bagunça e os argumentos que pareciam tão convincentes não fazem mais sentido. Posso até mesmo ser acusado de que minhas justificativas são inconsistentes e que, na verdade, elas servem apenas para convencer a mim mesmo, como um egoísta, desonesto e covarde e, pior ainda, existe uma chance real de acabar concordando que nada do que digo faz sentido e que inventei tudo para me sentir melhor por ter sido tão insensível e enganador".

Você alguma vez já ficou ansioso em mandar mensagens ou telefonar?

Mark C: "Só mesmo quando estou conhecendo a pessoa, e é quando reescrevo mensagens várias vezes até ter certeza de que estão perfeitas, então, fico ansioso esperando a resposta. Anos atrás, quando eu ligava para as garotas, costumava andar quase 2,5 km porque eu ficava muito nervoso para ligar da minha casa. O que isso significa eu não sei, mas fico feliz em ver que isso faz parte do passado".

Ron E: "Sim, fico. Como todos sabemos, mulheres respondem melhor à palavra escrita e mandar mensagens é uma arte. Tenha em mente que só saio com garotas com graduação em artes (não é uma regra, mas em geral é o que acontece). Mande textos bons e você já ganhou. E é tão fácil! Mulheres prestam atenção nas palavras, pequenos detalhes, nuances, então é bom prestar atenção no que você está fazendo".

Você dá um tempo antes de responder a uma mensagem – em outras palavras, você faz joguinho?

Kobi N: "Com alguém que não estou muito interessado, adio o máximo para responder. Em outros casos, eu jogaria um jogo mais sofisticado, por exemplo, falando de outras mulheres e assim por diante".

Nick H: "Depende das circunstâncias. Não gosto de jogo, mas, às vezes, é uma necessidade, uma maneira de nos proteger".

Você acha difícil ficar sozinho – por exemplo, você sempre está com alguém mesmo que não esteja tão interessado nessa pessoa?

Karl C: "Sempre tenho alguém; fico pra baixo nas vacas magras. Então, sempre tenho alguém para transar".

Tom A: "É uma questão de maturidade. Vamos encarar. Quando o rapaz é jovem e boa pinta, ele fica empolgado se tem alguém interessado nele. Nesse estágio, o importante é estar acompanhado, então, saímos com qualquer uma. Qualquer uma mesmo. Mas isso muda. O processo é lento – nunca subestime a insegurança masculina. Mas, eventualmente, nós entendemos que as mulheres ficam realmente atraídas por nós. Não é engano nosso. E outras mais virão. É quando a gente começa a ficar exigente. Hoje em dia, eu me pergunto: quero mesmo me ligar nessa garota com essa voz horrível? Ela tem seios lindos. Mas ela está reclamando da maneira como todos a tratam há pelo menos uma hora. E, porque sei que consigo coisa melhor, dou o fora".

O que passa pela sua cabeça quando uma mulher se oferece para dividir a conta? Você acha que ela está sendo educada ou que não está interessada?

Gavin R: "Aprecio o gesto, mas insisto em pagar. (Se ela realmente quer pagar e eu achar que ela ficaria ofendida se eu não deixasse, então, tudo bem.) Eu realmente ia achar legal (não que eu não gostasse se fosse o contrário) porque quero ter um relacionamento em que ambos contribuem (compartilhar tanto financeiramente quanto nos ideais). Não quero terminar em um relacionamento em que sou só o provedor, então, essas atitudes são importantes. Mas acho que o primeiro encontro é um pouco cedo para isso. Eu veria como um ponto positivo (a não ser que eu ache falsidade), mas também não ficaria nervoso".

Kevin B: "Se ela se oferece, o macho alfa em mim imediatamente recusa. Sempre tento pagar, apesar de ser educado se uma garota oferece. Acho que isso demonstra que vocês são iguais".

Richard L: "Eu não tenho a impressão de que ela não está interessada se ela se oferece. Hoje em dia parece ser um jeito educado de dizer que elas pensam que a gente deve pagar a conta. Fico feliz em pagar a conta sozinho sem reclamar, mas também acho que é legal ouvir a oferta. Embora, se ela for rica, não vejo problema em ela pagar a conta pra mim".

Parte Quatro

Impasse Físico

Quando você tem a expectativa de que vai acontecer alguma coisa – mesmo que seja só um beijinho – é um saco quando não acontece. A verdade é que esse é meu problema de *estimação*. Porque parece que você está sendo fisicamente rejeitada. Que é o jeito mais rápido de você pensar que é feia, gorda ou cheia de espinhas. E isso pode fazer você chorar e amaldiçoar o mundo todo.

Considero isso um problema de *estimação* porque aconteceu muito comigo. Por muitos anos, durante minha adolescência, fui levada a pensar e ter esperanças, de que fulano e beltrano me beijariam, e, algumas vezes, parecia que ia mesmo acontecer... mas não acontecia. Eu me tornei muito sensível em relação a isso, como se eu não fosse fisicamente atraente de alguma maneira (não era o caso) ou então, que alguma coisa em mim gritava *amiga*, enquanto em minhas amigas gritava *beije-me ou fique atraído por mim*. Eu me sentia uma fracassada.

As coisas mudaram naturalmente. Mas, de vez em quando – entre um namorico, um beijo e assim por diante –, minha pós-adolescência foi pontuada por muitos (para o meu gosto) episódios de frustrações com meu físico.

Acho que sempre tive a ideia de que os homens estão permanentemente excitados e com vontade de transar e, quando eles não estão, alguma coisa está muito errada. Escrever esse livro me mostrou que não é o caso. O capítulo 14 sobre Lasse é o exemplo mais claro. Eu me perguntava por que ele disse *não* duas noites seguidas. Parece que nenhum homem em sã consciência quer transar duas noites seguidas se ele tem um caso com alguém. Continue lendo para saber o porquê. E, na seção Jogo Rápido, os homens revelam que está tudo bem (e é até normal) quando o cara não quer transar com a namorada.

Mas é claro que um impasse físico não é só questão de falta de ação. Na verdade, eles se manifestam mais *depois* de alguma ação. De fato, uma transa leva à outra transa, ou pelo menos, à expectativa de outra (assumindo que as circunstâncias sejam normais, que não se tem nada a perder, que a transa foi boa e que o cara parece interessado). Quando as coisas não acontecem dessa maneira, pode se tornar um grande problema. Por que ele me deu o fora? O exemplo mais doloroso é quando o amigo se torna amante, o que parece um casal formado nos céus já que amigos entram na relação em um nível de maior intimidade. E ainda que a química seja irresistível quando dois amigos são apenas amigos, é normal, quando eles ficam juntos, que o cara perca o interesse na garota. Descubra o motivo lendo Os arquivos de Charlie, no capítulo 15.

Os outros dois capítulos dessa seção são sobre Raphael e Aaron. Raphael me deixou muito confusa e me sentindo um lixo (por uma noite), enquanto que Aaron me deixou coçando a cabeça – simplesmente não entendi o que aconteceu. Há razões para que um homem não a beije. Mas não é por que você é feia... o que é motivo para sermos agradecidas. Ainda assim, só para ter certeza, fiz a seguinte pergunta aos rapazes: "Já aconteceu alguma vez de a garota ser muito atraente até que você a viu nua?" (veja página 131). Há outro tanto de perguntas e respostas que pode explicar esses momentos intrigantes quando um cara é qualquer coisa, menos interessado em você.

12
Por que ele a paquera e a convida para sair, mas não tem atitude?

Os arquivos de Raphael
Homens são, em geral, quentes, loucos por sexo, e estão sempre a fim. Bom, ao menos esse é o senso comum. Claro, nem todo cara é assim. E qualquer pessoa que já esteve em um relacionamento dirá que mesmo o cara mais quente pode ficar entediado. Mas, basicamente, os caras querem sexo. Pergunte a qualquer um. Meu amigo Johnnie sempre fala sobre a *programação do gênero* e *espalhar a semente*. Termos horríveis, eu sei, mas... Como mulher, tem um pouco do espírito de *espalhar a semente* (mas sem o espalhar).

Então, é sempre chato quando, como pode acontecer algumas vezes na vida, você conhece um cara que parece não ter absolutamente nenhuma atração física por você. Esses caras não estão cansados, ou esgotados, ou bêbados, eles estão desinteressados e, provavelmente, com medo. Isso muda a reclamação normal de que os caras são sempre motivados pelo sexo, mas não, em meu livro, há uma agradável mudança.

Não estou falando de quando eles não estão a fim porque não gostam de você. O que é um mistério para mim, é que eles querem você – para conversar, flertar, parecer que vai tomar atitude – então, eles saem à francesa deixando você ali, de boca aberta, língua a postos, imaginando se isso acontece porque você é feia. O que há com esses caras? São eles ou eu?

O caso
Raphael, um empresário musical francês, entrou em contato pelo Facebook, alegando que eu parecia com outra Zoe que ele conhecia. Normalmente, não respondo a pessoas que não conheço, mas dei uma boa olhada no perfil e ele era simplesmente o cara mais lindo que eu já tinha visto. Conferi que a foto dele não era de ninguém famoso, parecia real. O tom da conversa era só paquera, começada por ele. Antes que eu me desse conta, ele me propôs beber

alguma coisa (por conta dele, claro). Eu sabia que mesmo que desse meu melhor, ainda seria uma simples mortal perto daquele deus que ele era. Ele apareceu, vindo da academia, bronzeado, o corpo musculoso bem torneado. Meu queixo caiu, mas eu me recompus. Fico sempre com o pé atrás com homens tão bonitos assim, mas não ia me sentir inferior só porque ele era um pedaço de mau caminho. Pensei que seria bom se ele fosse simpático também. Então relaxei e fui eu mesma, decidi que ia esperar para ver o que ele tinha para me oferecer. Contudo, segurei a onda. Deuses não se misturam com simples mortais, e eu não queria fazer papelão. Ele continuou a me pagar bebidas, me deixando cada vez mais bêbada. Eu ainda não podia dizer quais eram as intenções dele ou como ele se sentia em relação a mim, mas quando saímos para pegar o ônibus, ele me beijou – não foi eu que o beijei.

Fiquei feliz por ter ficado com um cara tão bonito, mas não me empolguei porque estávamos os dois muito bêbados. No entanto, assim que chegou meu ônibus ele perguntou o que eu ia fazer naquele fim de semana. Eu disse que estava livre na sexta e, com aquela pressa romântica, e o forte sotaque francês, ele disse: "Ótimo, vejo você na sexta".

No dia seguinte, ele mandou uma mensagem – se despedindo com beijos –, dizendo que havia esquecido, mas que já tinha planejado outras coisas para sexta-feira e que adoraria remarcar. Chato ele ter cancelado, bom que tenha remarcado na mesma hora.

Nós continuamos trocando mensagens – sempre em tom de paquera –, muitas vezes por dia. Enfim, (duas ou três semanas depois) nós combinamos de nos encontrarmos. Ele me levou para jantar, fez várias perguntas sobre os meus relacionamentos anteriores e ficava falando o quanto eu era inteligente, e que era mais esperta que ele. De novo, suas intenções não eram claras: de um lado as perguntas, a paquera e a insistência em pagar pelo jantar e pelas bebidas faziam parecer que ele estava interessado; por outro lado, o fato de eu não ter certeza significava que tinha alguma coisa errada.

Depois de uma bebida, ele reclamou de cansaço. Chamou um táxi, mas não entrou e deu-me um selinho, enquanto desculpava-se e alegava cansaço. Todos nós sabemos que cansaço nunca impediu um homem de a beijar e de ir para casa com você, então, entendi a dica e tentei esquecer.

O que teria sido possível se ele não continuasse em contato. Mas ele sempre mandava mensagens e flertes. Por que ele fazia isso?

Um sábado à noite, saí com amigos e começamos a trocar mensagens de celular. O resultado foi que ele me convidou para ir ao apartamento dele para um karaokê. Cheguei por volta da meia-noite e meia. O colega com o qual ele dividia o apartamento estava lá com a namorada e ficou claro que eu estava fazendo o papel de namorada dele, já que estávamos só nós quatro. Mas o karaokê continuou e fui ficando entediada. Ainda assim, era curioso: era mesmo um encontro de amigos? Ele tinha mesmo me convidado para ir ao apartamento dele em uma noite de sábado para ser parceira de cantoria? Quando chegaram os outros colegas que também dividiam o apartamento ficou claro que a possibilidade de um momento nosso acabou ali. Quando estava indo embora, ele me chamou para ir ao quarto dele. Eu sabia que ia acontecer alguma coisa: um cara de 27 anos não convida garotas para ir ao quarto dele para conversar.

Ou assim pensava eu. Nós fomos para o quarto dele, e chegando lá, como uma criança hiperativa, ele pegou a guitarra e começou a tocar. Eu me sentei, esperando que ele tomasse uma atitude, sem acreditar que eu tinha ficado acordada até três da manhã para aquilo. Mas ele continuou com o show e, de repente, me dei conta que eu poderia ficar ali até o amanhecer que nada aconteceria. Eu me forcei a chamar um táxi, detestando sair sem nada acontecer depois do nosso primeiro beijo, mas consciente de que ele, provavelmente, queria que eu tivesse ido embora horas antes.

Depois disso, paramos de nos falar; ele sabia que tudo estava acabado, assim como eu também sabia. Qual a explicação para o nosso flerte implacável de um mês e pouco, um beijo e uma porção de gestos sem significados? Quando percebi que nada ia acontecer, entendi que era uma perda de tempo. Ele sabia o tempo todo que nada ia acontecer? Se sim, então por que ele perdeu o tempo comigo?

O que os caras pensam

James M, 24 anos, em um relacionamento
James é o cara mais doce da face da terra e está namorando uma amiga minha. Ele correu atrás dela como louco – como se fosse um tigre à caça, ainda

que fosse suave na fala e gentis nas atitudes. Bom, o que interessa é que ele sabe como conquistar mulheres inteligentes, e sobre conquista em geral. Ele parece o homem certo para perguntarmos sobre o Raphael.

Intelecto é um obstáculo

"É interessante que Raphael goste da sua inteligência. Isso me lembra a ideia comum que diz que os homens são mais atraídos por mulheres às quais eles se sintam intelectualmente superiores e mais poderosos pela sensação de serem 'homens', ou o 'provedor'. E, pelo que li, isso se aplica especialmente aos que ganham muito dinheiro, como um banqueiro. Talvez sua inteligência fosse realmente do interesse dele, tanto que ele continuou a convidá-la para sair, mas fosse também, um obstáculo para que ele levasse o relacionamento adiante."

Inteligência de novo. O famoso fator de perda de interesse. Garotas, cuidado com os caras que parecem ter tudo. Ele não vão se sentir bem com alguém que parece ter ainda mais, principalmente na questão *cérebro*. Mas você consegue imaginar uma mulher inteligente preferindo um homem bobo? Oh, Deus, não.

"O show no quarto dele sugere que Raphael é um *poser*, que gosta de fazer tipo e chamar atenção. É possível que ele continue lhe mandando mensagens e flertando com você porque ele estava gostando disso, mas acho que ele gostava de atenção e isso era tudo o que ele queria."

Enquanto você olhava cheia de admiração para o cara (provavelmente, eu olhava o guitarrista como se fosse a reencarnação do Jimi Hendrix), você estava dando a ele a única razão para ele continuar tocando. E com a seguinte consequência: como você o admirava, ele a adorava.

Falta de atração física

"A atenção de uma garota inteligente não é substituta para o interesse romântico. Ele apenas não tinha interesse romântico em você. A primeira vez que ele a beijou, que foi também a única indicação de que houve algum tipo de interesse da parte do Raphael, foi depois de muita bebida e no final de uma noite divertida. Eu diria que ele estava gostando da sua companhia, mas que não houve atração física suficiente para que ele quisesse levar adiante."

Portanto...
Ele gostava da atenção que obtinha por meio das mensagens dele, e ele curtia – mas também se sentia ameaçado – a minha inteligência. Não houve intenção romântica da parte dele, apenas uma motivação pelo prazer da atenção que ele recebia e pelo flerte. O beijo foi algo circunstancial. Não significou nada, apenas resultado de uma noite divertida. Lição: não tente ler suas atitudes. Os caras vão beijar você, até mesmo dar um amasso, baseados somente no *calor do momento.*

Nadav H, 28 anos, de passagem pela cidade
Vamos apenas dizer que Nadav é como o Romeu em sua cidade natal, Tel Aviv. Por um lado, lindo; por outro, você nunca diria isso. Ele fala macio e é quase afeminado. E muito sensível. Ele explica porque, às vezes, não toma iniciativa.

Não pode tocar
"É possível que ele tenha algum problema com o sexo, mas não acho que seja o caso. Veja meu caso, por exemplo. Não acho que tenha algum problema com isso e, normalmente, gosto bastante de sexo. Mas até algum tempo atrás, eu não conseguia tomar a iniciativa. Nem mesmo quando sentava em meu quarto com uma garota, às três da manhã. Eu me sentiria mais à vontade pegando a guitarra. É uma coisa de autoconfiança – ou a falta disso. Eu me lembro claramente de garotas que se sentiram da mesma maneira que você quando dei meu show às três da manhã. Mesmo assim, tudo o que eu podia fazer era continuar tocando. Às vezes, você simplesmente não consegue tocar uma garota mesmo que você queira muito. É como se estivesse congelado por um medo irracional de ser rejeitado, ainda que você saiba que não será."

Portanto...
Bom, vamos recapitular. Às vezes, os homens não conseguem tomar a iniciativa assim como nós. Só que eles sabem que deveriam fazer isso, então, a pressão faz com que eles façam coisas como tocar guitarra como uma maneira alternativa de ganhar aprovação. Ou matar o tempo.
Só um aviso quanto a essa desculpa: de cada dez, nove vezes o cara não toma a iniciativa simplesmente porque não está interessado. Claro que há

exceções como Nadav. Você tem que analisar a situação e o tipo de cara. Tenho que admitir, apesar de ser lindo, Raphael parecia mesmo inseguro e nervoso. Se eu tivesse me atirado, ele não fugiria. Mas não acho que tínhamos chance de futuro – nem mesmo um romance. Por isso, as coisas seriam ainda mais confusas, porque se nós tivéssemos dado uns amassos, eu ainda estaria sentada lá esperando por alguma coisa – ainda que pequena.

Conclusão

Ele pode ter um medo irracional, não importa o quão lindo ele seja. Mas existe uma chance de que a atração física não fosse tão forte, se não o Raphael teria sido claro em dizer o que ele queria. Ainda assim, no caso de ser um problema de nervos ou de ficar paralisado pelo medo da rejeição, eu diria para você tomar a iniciativa e ver o que acontece. O pior que pode acontecer é o constrangimento.

O que fazer se você não tem certeza: ataque. É a única maneira de saber. Mas eu aposto que se você tiver que atacá-lo e ele for muito *blasé*, então, se prepare para um momento de constrangimento. Ainda assim, pelo menos você não fica pensando o que poderia, ou deveria, ou aconteceria depois de um show às três da manhã ou depois de ouvir um CD inteiro.

13
Por que ele se apega a detalhes insignificantes?

Os arquivos de Aaron

Existem jogadores e jogadores. O comum, para ser clara, é o tipo que bagunça sua cabeça quando vocês já estão namorando. O tratamento é mantê-lo interessado. Pode ser difícil resistir a esses caras, como já sabemos (você sempre quer o que não pode ter). O segundo tipo é mais raro e, quando você entende o que está acontecendo, é muito desalentador. Só que enxergar um deles pode levar um tempo e, até você descobrir, já gastou muita energia em uma relação que não leva a nada. E, apesar desses caras serem uns fracotes, o comportamento deles exige que se faça uma pergunta: por que eles têm o trabalho de flertar com você e agir como se estivessem interessados, quando não querem nem um encontro?

O caso

Conheci o Aaron por intermédio de amigos em um jantar. Quando pus os olhos nele, pensei: "interessante, mas não caio nessa". Ele era muito cheio de si: bonito e sabia disso. Caras assim nunca são boa coisa. Mesmo assim, achei que seria divertido (está bem, vai, seria ótimo) se esse cara alto, moreno e lindo pelo menos olhasse para mim, apesar da minha cínica indiferença. Seria como o Senhor Darcy e Lizzie Bennet (*personagens do livro Orgulho e Preconceito, de Jane Austen*). Eis que quanto mais eu o evitava, mais ele prestava atenção em mim. Ao final do jantar, a paquera rolava solta – culpa dele, não minha. Ainda assim, presumi que fosse tudo no campo da amizade: não sou o tipo *líder de torcida californiana* que os caras tanto gostam. Ele era até um pouco grosseiro, estilo atleta machão. Então, eu brincava com ele, ele brincava comigo e, no final da noite, tínhamos nos divertido e eu não pensei mais nisso.

Imagine minha surpresa quando um amigo comum me disse, alguns dias depois, que Aaron tinha me achado "muito sexy". Bem, pensei, talvez os opostos se atraiam; talvez as loiras burras tivessem ficado demais para ele. De alguma forma, passamos a nos encontrar em jantares e festas. E, como eu sabia o que ele achava de mim, passei a flertar de maneira menos inocente. Ele também sabia que eu sabia, então passou a flertar com mais intensidade. Nada aconteceu, mas ele ficou mais explícito, me perguntou de que tipo de cara eu gostava e o que achava de homens como ele. Pensei: "ok, estamos nos provocando". Isso vai fazer a coisa ficar melhor.

Trocamos números de telefone e comecei a receber e-mails do Aaron. Ele estava me cercando – mas ainda não havia me convidado para sair. Semanas se passaram e parecia que tínhamos chegado a um impasse. Fiquei entediada. Então, no aniversário de um amigo, decidi que já era o bastante. Assim, tentei dar um beijo nele que virou o rosto e perguntou-me se eu tinha planos para o final de semana. Essa era a dica: ele estava a ponto de passar de amigo-paquera para encontro. Eu disse que não tinha nada planejado e esperei que me ligasse.

Não tive notícias dele e, no domingo quando fui com amigos em um bar perto de casa, mandei uma mensagem perguntando se ele não queria aparecer para beber alguma coisa. Ele disse que não, que estava com preguiça e que ficaria em casa assistindo ao futebol.

Eu estava irritada, mas me sentia absolvida também. Ele provou que minhas suspeitas estavam certas: os homens muito bonitos são problema. Ele era muita conversa e pouca ação, mas a situação era muito estranha. Ele flertou comigo por meses, e parecia que ia me beijar a qualquer segundo, finalmente (meio que) me chamou para sair e, depois, descartou tudo isso sem fazer o esforço de pelo menos sair para uma bebida. Por que um cara faria isso? Medo? Preguiça? Manha? Tenho certeza de que ele tinha coisa melhor para fazer do que ficar atrás de mim sem intenção de nem me dar um beijo. Ele sabia que eu não o levava a sério, então as chances de me apegar eram pequenas. Eu realmente não entendia. Foi ele quem começou. E me irritou que ele tenha me deixado com a sensação de ter metido os pés pelas mãos.

O que os caras acham

John F, 32 anos, em um relacionamento sério
    John é um professor Classe A sobre o comportamento masculino, porque

ele mesmo já foi um vigarista e hoje é um namorado decente e heróico. Ele não é simpatizante dos jogadores tipo Aaron.

Perfeito para o armário de troféus
"Aaron é um narcisista. Ele suplica pela atenção feminina; ele precisa ser querido, amado e desejado – de preferência, os três ao mesmo tempo. Para um cara como esse, as loiras bronzeadas não são mais um prêmio. Elas são presas fáceis. Você, por outro lado, representa algo totalmente diferente. Você é inteligente e, ouso dizer, um pouco feminista (mas não de um jeito áspero e grosseiro), o que faz de você um troféu perfeito para a coleção do Aaron.

"Caras como ele acreditam que conquistam qualquer garota – da mais burra até a mais inteligente. Mas para provar isso, ele precisa, de vez em quando, entrar na pele (e não nos lençóis) de alguém como você. Ele está jogando com você: o jogo dele é fazer você gostar dele, desejá-lo, inflar o ego incontrolável que ele tem. Mas, em pouco tempo, ele se aborrece e vai embora."

"Não me entenda mal, tenho certeza de que ele gostou das mensagens e das brincadeiras quentes – eu ouso dizer que elas o deixaram a fim – mas a verdade é que Aaron vai sempre se preocupar com uma coisa apenas: ele mesmo."

Claro que ele estava tão preocupado em satisfazer o próprio ego me fazendo gostar dele, que a atração física inexistiu (ele provavelmente teve sua dose de sexo e não se preocupava mais com isso). Mas fique calma: as coisas não terminam bem para homens como Aaron. A palavra *karma* veio à minha mente.

Nada sem a aparência
"Tem uma boa notícia. A vida boa de conquistador do Aaron está com os dias contados. Conheço caras como Aaron muito bem. E, como os vinhos que vêm em garrafa de plástico, eles também não envelhecem bem. Eles sabem que não são nada sem a aparência. Pior ainda, sem os cabelos e o corpão, eles estão à beira do suicídio. Eles até se estabilizam com alguma garota bonita e de cabeça vazia com distúrbio alimentar. Mas o casamento deles não tem amor, suas vidas não têm alma. E seus filhos vão gostar muito de cocaína e maconha para entender que os pais estão a poucos passos de um divórcio turbulento.

"Os Aarons do mundo precisam de mensagens e de brincadeiras para inflar seus egos e afogar suas inseguranças. Meu conselho: não chegue perto, a menos que você queira se frustrar. Ele é programado para fazer uma única coisa e sair andando. Mas talvez você deva perguntar a si mesma: vai fazer alguma diferença se ele for a algum encontro?"

Portanto...
Ele sabe um único truque: encher o armário de troféus. Para se candidatar, tudo o que precisa fazer é mostrar-se interessada. É a garantia pela qual o ego dele anseia. Não se incomode com um cara como ele, pelo menos até que fique mais velho e mais feio, que é quando sua arrogância pode diminuir.

Jon B, 28 anos, solteiro
Jon gosta de mulher inteligente e gosta de todas, menos das loiras burras. Ele entende por que o Aaron pode se sentir atraído por – não que queira realmente se envolver com – uma mulher mais esperta do que o tipo com o qual ele está acostumado.

Prolífica, sexy e estranha
"Você ofereceu uma coisa com a qual ele não estava acostumado. Ele ficou empolgado não apenas pelo seu charme, mas porque você o levou ao limite de ser ele próprio articulado e inteligente. Foi isso que diferenciou você das outras mulheres com as quais ele estava acostumado. Mas, provavelmente, essa também é a razão para que a coisa não fosse adiante. Porque se ficasse físico, ele não a veria como essa mulher estranha e sexy que sabe jogar com as palavras, e sim, ele ia compará-la superficialmente com o que ele já conheceu."

Agradável esfera verbal
"Ao evitar o beijo e sugerir um hipotético plano para o fim de semana, ele estava tentando manter a relação na agradável esfera verbal, ou seja, que continuasse nas palavras, mas não ficasse físico. Também acho que ele não apareceu para uma bebida pela absoluta falta de autoconfiança. Ficar sozinho com uma garota da sua estirpe e seus amigos é uma boa oportunidade de impressionar; mas se o cara era, como você disse 'meio grosso', havia uma chance real de ele ser visto como, na melhor das hipóteses, chato. E, na pior, burro."

Portanto...
Inteligência e sagacidade podem ser interessantes para um cara no sentido de achar, a princípio, um atrativo sexual. É uma coisa nova e desafiadora – é um mundo novo, algo fora do comum. Mas, tão logo a possibilidade de um contato físico apareça – mesmo que seja só um beijo –, esse tipo de cara entende que ele estava indo por um caminho que não queria seguir. Ele acha inteligência atraente por um tempo, mas ele quer manter uma distância segura porque não é algo com que ele queira se misturar ou se excitar.

Conclusão

Se você é sagaz e inteligente (e talvez goste de confrontos), está familiarizada com a sexy e explosiva alternância que seu cérebro produz em relação aos homens. Mas, com caras bonitos e com cabeça vazia como Aaron, esse jogo pode ser um pouco perigoso. Eles gostam de brincar com fogo, de forçar a barra, mas não querem apagar o incêndio (ou segurar a barra). Alguns deles gostam da provocação sem ação: funciona para o ego deles, para distraí-los e para a preguiça deles. Inteligência superior em uma mulher é uma questão particularmente sensível para o ego masculino e pode ser a razão para manter a relação no nível da provocação, ou seja, segura e controlada. Mais uma vez, garotas, um conto sobre o ataque de ego dos nossos assustados espertalhões (vejam Os arquivos de Raphael no capítulo 12 e Os arquivos de Michael, no 20).

O que fazer se você ainda quer aquele encontro: volte ao início e desista. Quando perceber que o troféu está fugindo do armário, ele volta – afinal de contas, não é bom o bastante que você se interesse por ele por apenas cinco segundos, você tem que permanecer interessada. Haverá mensagens e e-mails de novo, aos quais você não tem que dar muita atenção. Então, espere pelo jogo. Nem pense em sugerir um encontro. Em algum momento sua indiferença vai incomodá-lo, então, ele vai convidar você para sair. Para se sentir mais segura, você pode faltar ao primeiro encontro.

14
Por que o sexo acaba com todo o interesse?

Os arquivos de Lasse

É considerado fato que as mulheres se apegam quando fazem sexo e os homens quando não fazem. Há um espectro do comportamento masculino e feminino, mas você terá que pressionar muito para achar alguém que pense o contrário – apesar do que Samantha do *Sex and the City* pensaria. Mas aqui está a questão. Você ouve muito sobre como os homens sempre querem sexo. Você cresce ouvindo esse tipo de coisa. E tem uma coisa que sempre me incomodou: as numerosas vezes que ouvi a respeito ou me relacionei com homens que perdem o interesse completamente depois de uma única transa.

Você pode dizer que é porque eles não querem que você tenha a ideia errada de que tem alguma coisa mais séria acontecendo. Mas não é disso que estou falando. Eu me refiro ao cara que você conhece, vamos supor, em um final de semana fora e transa com ele. Você vai partir em dois dias. Você está empolgada porque é nova e descompromissada. Ainda assim, uma transa e ele vai embora. O melhor que você pode esperar no dia seguinte é uma mensagem carinhosa, com certeza nada do tipo "por favor, posso ver você de novo antes de ir embora, linda". Mas nada, nenhum resquício daquele homem sedutor que lhe pagou bebidas da noite anterior.

O que está acontecendo? É verdade a história de que os homens não gostam de dormir duas vezes com a mesma mulher mesmo que não tenha nenhuma chance de ela virar um grude? O sexo mata mesmo qualquer interesse por uma mulher – a menos, claro, que tenha algo mais em jogo? Se sim, o que aconteceu com a ideia de que os homens são monstros do sexo que sempre conseguem o que querem? Afinal, sempre que conheço um cara que está claramente atrás de sexo sem compromisso, e que também estou interessada só nisso com ele, deixo isso claro. Mas não. Não tenho isso. Por que não? O que acontece com a famosa libido quando uma garota está a fim da mesma coisa?

O caso

Eu estava de férias em Berlim recentemente. Era noite de sexta-feira – nós ficaríamos até domingo. Minha amiga Anna e eu estávamos em um bar bebericando vodka e tônica e conversando sobre o que faríamos depois, quando dois rapazes começaram a nos olhar. Em seguida, duas doses de tequila chegaram à nossa mesa. A garçonete nos mostrou os benfeitores e nós tivemos que sorrir – eles eram atraentes.

O líder Lasse nos deu a impressão de que gostava do papel de guia turístico. Ofereceu-se para nos mostrar seus lugares preferidos em Berlim e aceitamos. O primeiro lugar era um show punk esquisito onde tocavam música do tipo Green Day. Fui ao bar e um cara começou a conversar comigo. Lasse chegou um minuto depois e tirou-me de lá enciumado. Ele estava claramente a fim.

Não aconteceu nada demais, nós dançamos um pouco e logo Lasse nos levou a outro lugar, um bar famoso em Berlim, chamado Delicious Donuts. Nós estávamos bêbados e cansados. Nós três nos largamos no sofá, conversamos, rimos e, então, já eram quatro da manhã e precisávamos ir embora. Pegamos um táxi juntos – Lasse queria nos ver chegando em casa – e trocamos telefones.

Anna e eu tínhamos acabado de chegar ao nosso quarto, quando recebi a mensagem "você poderia estar em meus braços em minutos". Era muito brega, mas ainda assim, tinha alguma coisa tão sexy naquela mensagem que coloquei meu casaco e fui me encontrar com ele. Eram cinco da manhã, mas quem se importava? Quando nós nos encontramos, ele trazia uma tulipa – outra atitude matadora. Seu apartamento era todo de piso de madeira, com decoração minimalista em branco e todos os equipamentos que um solteiro que se respeita deve ter. Ele me serviu vinho tinto, colocou música, e beijou-me enquanto eu olhava a vista maravilhosa pela janela. Nós nos beijamos por um bom tempo antes de irmos para cama. O sexo foi bom; mas, como estávamos bêbados e cansados, não foi perfeito. Saí de fininho enquanto ele ficou lá roncando.

No dia seguinte, decidi deixar de lado, não querendo parecer muito interessada, mas presumindo que ele entraria em contato. Por volta das três da tarde, Anna e eu estávamos deitadas no Bundestag, quando ele mandou uma mensagem carinhosa, mas descompromissada e perguntou-me sobre meus planos para mais tarde.

Naquela noite, Anna e eu fomos a outro bar da moda e sentimos falta de Lasse. Eu não tinha nada contra ter outra chance na última noite de bebedeira, então, mandei uma mensagem dizendo onde estávamos. Sem resposta. Percebi que algumas das minhas mensagens não eram enviadas na Alemanha – algum problema com a porcaria da empresa telefônica – e convenci-me de que aquele cara tão amigável não tinha respondido não porque ele tivesse desistido da ideia de brincar de anfitrião e ter mais sexo, mas porque meu telefone não tinha mandado a mensagem.

Assim, mandei uma mensagem do telefone da Anna. Quando mesmo assim ele não respondeu, ocorreu-me que ele ou estava dormindo ou simplesmente não estava a fim. Muito mais tarde, ele respondeu, no meu telefone que estava cansado e esperava que tivéssemos uma boa noite. Ai!Ai!Ai!

Bebemos mais uns drinques, mas me sentia muito envergonhada, então fomos para cama cedo.

Antes de embarcar no dia seguinte, Lasse me mandou uma mensagem breguinha sobre como estava feliz por ter tido a chance de me conhecer, que tinha gostado do tempo que passamos juntos e que me procuraria da próxima vez que fosse para Londres. Desdenhosamente, não respondi. Na semana seguinte, escrevi em minha coluna sobre caras que se assustam e colocam barreiras depois de apenas uma transa mesmo que a garota esteja de partida no dia seguinte. Os primeiros sinais de Fobia de Compromisso. Lasse leu (Oi, Google!) e mandou um longo, irônico e magoado texto sobre como ele estava realmente cansado.

Mas, por favor, cansaço é uma desculpa patética. Eu estava cansada também! Ou alguns caras se importam tão pouco com sexo que desistem da ideia porque estão desanimados? Na segunda noite, ele agiu como se tivesse medo de se envolver em alguma coisa, apesar de saber que não havia possibilidade. Talvez o esforço de passar por tudo de novo não conseguiu tirá-lo da preguiça. Mas, se fosse esse o caso, por que ele se esforçou tanto na noite anterior e por que continuou mandando mensagens e flertando? QUAL ERA O OBJETIVO? O sexo envenenou todo o interesse por mim?

O que os caras pensam

Victor L, 28 anos, em um relacionamento sério
Victor é conhecido por usar um gráfico para explicar a diferença dos orgasmos masculinos e femininos. Ele tem uma ideia sobre como a experiência sexual funciona diferentemente para homens e mulheres.

Bum! E acabou
"Isso é muito masculino. Há grande expectativa, então, você precisa de uma noite, não duas. É como a diferença entre o orgasmo masculino e feminino: homens gozam e a libido acaba de repente; com mulheres a queda é mais lenta.

A excitação foi construída naquela primeira noite, então, bum! E acabou. Não foi como se ele a amasse. E depois do sexo, o cara não pode estar menos a fim. Ele só quer passar um tempo com os amigos. Durante toda a primeira noite, ele estava pensando 'tenho que transar com ela' – mas, uma vez que está feito, está feito."

Aqui vai uma dica para o próximo item. Começa com a letra C.

"Se você demonstra todo o interesse para uma continuação, onde está a caça? Se uma mulher bonita aparece e diz 'você é charmoso, vamos transar na minha casa', ela se torna menos atraente do que a garota que não é tão bonita, mas que deu trabalho para conquistar."

Mais uma vez eu era a parte interessada. Acontece de novo e de novo: nada – mas nada – diminui mais o interesse de um cara do que uma mulher interessada (veja o Jogo Rápido, na página 44).

Portanto...
O interesse de um homem despenca drasticamente depois do sexo e isso dura até que se tenha tempo suficiente para planejar uma nova caçada. Ele prefere fazer qualquer outra coisa a ver você de novo logo após uma transa. O interesse dele volta à estaca zero, enquanto o nosso diminui até zona de baixo nível emocional, levemente mais complexa. Estar interessada e disponível, como eu estava com Lasse, é o método mais seguro de mantê-lo afastado.

Lewis L, 29 anos, solteiro

Um solteiro jovem e moderno que faz de tudo para impressionar as mulheres, Lewis simpatiza com a possibilidade de ter uma noite fácil.

Prefiro dormir cedo

"É um erro achar que os homens estão sempre a fim. Eu, pessoalmente, prefiro, às vezes, dormir cedo a sair. Um cara precisa estar pronto para briga quando ele sai. Requer muito trabalho ser divertido, aberto, sorridente etc. e, apesar de tudo isso, pode ter certeza de que alguém vai rejeitar você em algum momento durante a noite. Na maioria das vezes, você está pronto para correr o risco, mas se você estiver um pouco para baixo, às vezes, é melhor ficar em casa do que ter uma noite péssima.

"Talvez Lasse tenha tido uma semana ocupada e estava pronto para uma grande noite na sexta-feira, mas só queria relaxar no sábado. Se você está cansado, não vai responder à ligação de uma 'presa'. Todas as vezes que fiz isso (responder), foi um lixo. Para realmente aproveitar esse tipo de relacionamento, tem que criar rapidamente uma tensão sexual, o que requer muita energia, ou você vai encarar o risco da maionese não engrossar – não sei se você já fez maionese, mas se não bater direito rapidamente vira uma maçaroca."

Nunca fiz maionese, mas entendo o ele que quis dizer.

Portanto...

Às vezes, os homens querem mais ser eremitas preguiçosos do que ir ao campo de batalha sexual. Em casa, ou com amigos, nada pode sair muito errado. Com mulheres, existem muitos altos e baixos possíveis. Manter a maionese no ponto é trabalho duro. Quem diria?

Iain H, 29 anos, solteiro

Iain é jogador, charmoso e um aficionado em romance de férias. Ele conhece todas as regras e truques. Também acha muito óbvio que dormir com a mesma garota duas vezes é infinitamente menos preferível a dormir com uma garota por uma noite apenas.

Como dois casamentos e duas noites consecutivas

"Seu problema com Lasse é que ele é o tipo de uma noite – e chamamos 'tipo de uma noite' por uma razão. Nesse caso, você está tentando achar algum tipo (não existente) de meio termo entre um romance de férias e um 'oh-meu--Deus-obrigado-senhorita'. Você está entre a cruz e a espada. Dureza. Depois da primeira noite, ele tinha tudo que queria: a emoção da (longa) caçada, a excitação da conquista e uma história para contar aos amigos. A noite seguinte seria a mesma coisa, só que pior, como tentar ir a dois casamentos em noites consecutivas. E mais, ele provavelmente estava se sentindo envergonhado em ser um amante fraco e roncador (ou, então, ele teria namorada). O mesmo se aplicaria a você em casa se conhecesse um cara em uma festa ou balada e tivesse uma transa apenas. Você é só uma garota que pode ser adorável – mas continua sendo só uma garota – e uma vez que o cara já teve sexo sujo e bêbado com você, não há razão para se esforçar em repetir, ou tentar recriar, aquela experiência. Em geral, para os homens, uma noite é apenas uma noite."

Uma ofensa dispensável

"Você não precisa de mim para mostrar-lhe que repetir mensagens de diferentes telefones não é legal ou que o desejo do 'amigável' Lasse em mostrar os lugares favoritos de Berlim era apenas um disfarce para o desejo evidente de enchê-la de álcool e pular em você."

Bem, sim.

"Mas alegre-se: acho que provavelmente você teve a sorte de escapar. Um cara que não toma iniciativa em um bar, ou em uma balada ou no táxi, mas manda-lhe mensagens banais sobre isso, ainda que estivesse perdido com a tradução do alemão para o inglês, isso seria considerada uma ofensa dispensável? Um cara que, de repente, aparece com uma tulipa às cinco da manhã? (Esse foi um dos seus 'equipamentos de um solteiro que se respeita'?) Um cara que não teve a decência de tentar um *ménage à trois* com sua amiga? Não, eu mandaria o Lasse para a casinha do cachorro que é o lugar dele."

Que conselho maravilhoso! Iain está dizendo que Lasse é um *geek* envergonhado, exausto, depois de seus esforços não totalmente bem-sucedidos – mas que, também, como diz Victor, o apelo do segundo *round* nunca é forte o bastante.

Portanto...
A última coisa que Lasse queria, depois de atingir seus objetivos sexuais – e fez isso mal – era outro *round*. Ele estava esgotado. Acabado. E, provavelmente, meio envergonhado. Claro que o fato de eu ter mandado mensagens de vários telefones não ajudou muito.

Conclusão

A menos que eles estejam completamente apaixonados por você, os caras nunca, mas nunca estão a fim na noite seguinte. Fui idiota em sugerir isso, afastando-o ainda mais. Isso acontece por dois motivos. Um: caras perdem o interesse depois de uma noite de sexo. Para eles, essa questão está fechada, sem questionamentos. Dois: (só para lembrar, quando os sentimentos não são fortes e verdadeiros) os caras ficam cansados e podem mesmo preferir ficar em casa ou sair com os amigos a transar. Tenha sua noite de sexo na sexta, mas saiba que a última coisa que ele quer é uma noite de sexo no sábado – com você.

O que fazer se você quer mais uma noite de sexo com o Sr. Uma Noite Apenas: relaxe, mantenha tudo em banho-maria até que você possa encontrar com ele de forma que não pareça combinado. Ou, se ele for de outra cidade ou país, é possível que ele ligue para você quando estiver na cidade. Você tem que se tornar uma ideia nova de novo – lembre-se do gráfico do Victor. Homens têm que construir isso do zero, e você se torna um zero na escala dele depois de dormir com ele. Meu conselho é: há um Lasse especial para todas nós em toda cidade do mundo, em qualquer momento. Só troque esse por outro. Isso sim é que é turismo.

15
Por que ele perde o interesse assim que vocês deixam de ser amigos que se gostam e viram namorados?

Os arquivos de Charlie

Sempre acreditei que o homem com quem me casaria seria, a princípio, meu melhor amigo. Na verdade, nunca pude deixar de me sentir atraída por todos os meus amigos mais chegados. Eles a conhecem bem, você os conhece bem, eles são adoráveis com você, vocês passam muito tempo juntos se divertindo à beça, vocês têm muita coisa em comum e eles são realmente muito bonitos. No entanto, a fantasia de me tornar mais do que amiga dos amigos pelo quais eu me sentia atraída nunca aconteceu – comigo, as coisas sempre aconteceram começando pelo físico.

Mas essa sou eu. Minha própria experiência não muda minha opinião de que ir de amigos para amantes é a melhor coisa da vida. Já vi dar certo e, quando acontece, parte de mim segura o queixo caído e o sentimento de inveja.

É estranho, mas já vi não dando certo. Vi melhores amigos ficarem juntos, tornarem-se inseparáveis por um tempo, então, tudo se acaba (primeiro, a amizade; depois, todo o resto) quando a coisa desanda alguns meses mais tarde.

O que é mais interessante é que o motivo pelo qual as coisas desandam normalmente é um problema do cara. Ele pode passar todas as noites na cama da sua melhor amiga quando eles não são um casal, mas, logo que se tornam um, ele desanima e não sabe lidar com isso.

Como pode?

O caso

Minha amiga Charlotte, uma veterinária linda e animada, fez amizade com Charlie no segundo ano da faculdade. Eles até ficavam com outras pessoas, mas sempre terminavam juntos. Eles eram inseparáveis.

Quando todos nós viemos para Londres, o grupo ficou bastante unido. Charlotte e Charlie saíam com outras pessoas, mas passavam o resto do tempo juntos. Era comum um terminar a noite na cama do outro depois de uma noitada com os amigos, todos juntos (e houve muitas dessas noites). Nenhum dos dois parecia levar os relacionamentos do outro muito a sério e, do nosso ponto de vista, que também era o ponto de vista da Charlotte, eles se amavam – mesmo que só platonicamente – mais do que amavam qualquer outra pessoa. Charlotte via as namoradas do Charlie como intrusas, pedras no caminho, mas que não poderiam competir com ela de verdade.

O outro ponto era físico. A maior parte dos amigos não se beija na boca, ou fica de carinho, nem dorme de conchinha. Eles faziam isso. Eles eram uma mistura estranha de melhores amigos, com irmão e irmã, e pessoas que querem muito transar.

Apesar de tudo isso, ambos negavam que estavam atraídos um pelo outro.

Mas, então, depois de alguns anos em que Charlotte não conseguia levar nenhum outro relacionamento adiante, ela acabou confessando a amigas que se sentia atraída pelo Charlie. E acabou que ela estava mesmo apaixonada por ele.

Foi nessa época que as coisas acabaram tomando um rumo: eles estavam sempre juntos, beijavam na boca, dormindo juntos e, até mesmo, transando de vez em quando e aquilo tudo já tinha ido longe demais. Finalmente, ficaram juntos e viraram um casal. Charlotte estava no paraíso e presumi que Charlie também. Eu só estava esperando o convite de casamento.

Porém, três meses depois, Charlie começou a dizer que não estava pronto, ou não tinha certeza, e todas essas desculpas que os homens usam quando não estão muito interessados em você. Enquanto eram amigos, passavam todo o tempo juntos; mas agora, ele procurava meios de evitar isso. Ela estava com o coração partido, o sonho da vida dela acabava e, apesar de Charlotte querer tentar de tudo para ficarem juntos, ele terminou pouco tempo depois.

Ele tem um relacionamento com outra mulher, e Charlotte se recuperou, mas ainda não partiu para outra. Eles passam muito pouco tempo juntos agora.

O que aconteceu? Por que um cara que parece apaixonado pela melhor amiga, perde completamente o interesse quando viram um casal? Seria por que ele a vê como mãe ou irmã, com a conveniência de uma vagina sem "laços de sangue"? Seria por que a aproximação intensa faz com que ela perca todo o mistério? Ela é um suporte para seu ego? Por que, quando parecia que ele tinha o relacionamento perfeito com uma parceira testada e aprovada, Charlie terminou tudo?

O que os caras pensam

Marcus F, 28 anos, solteiro
Marcus é um romântico e também muito seletivo com quem sai porque ele quer que tudo seja perfeito. Ele avalia que o conto de fadas em que os melhores amigos ficam juntos é opressivo para os homens, enquanto nós só queremos que o conto de fadas aconteça o mais rápido possível.

Pressão
"Melhores amigos que ficam juntos é uma história linda, mas com grandes obstáculos. Eu diria que esse caso particularmente não deu certo por um motivo: pressão. Agora que sei o que vocês pensam, esse é um clichê ultrapassado sobre homens, responsabilidade e comprometimento; e, apesar de haver perto de 2000 piadas sobre isso em 20 ou 30 seriados nos últimos anos, é verdade."

Certo: você pode persuadir um homem para um compromisso. Quanto mais certa você está, quanto mais certo o relacionamento lhe parece, mais assustado o homem fica. A aproximação deve ser muito, muito suave.

O grande dilema
"Acho que Charlie amava Charlotte de verdade, e parece mesmo um conto de fadas e essas coisas. Acho que ao longo dos anos ele pensou 'sim, eu amo essa mulher, então, por que diabos não estamos juntos?' Mas esse momento mágico foi marcado também por uma constatação opressora: se isso funcionar, maravilha; se não, perco tudo. Aí está o grande dilema dos melhores amigos que ficam juntos."

Putz, tenho que casar com ela
Então, o óbvio se torna inevitável. A tensão sexual, insuportável. E os dois ficam juntos. A neurose sendo o que é, aposto que a primeira coisa que Charlie

pensou depois do coito foi 'putz, tenho que casar com ela agora'. Pelo que você disse, isso era muito importante para Charlotte. Estamos falando de 'o sonho da vida dela', o que devemos levar em consideração. Isso coloca pressão imediata em um relacionamento que já era bem complicado".

Pressão, garotas. Pressão é uma via de mão única no que diz respeito aos assuntos do coração – e somos nós que sofremos com isso. Não temos permissão de pressionar – tendo ou não a intenção.

Desastre lento e triste

"Não existe o período de graça, 'ainda estamos nos conhecendo' – a coisa tem que dar certo e tem que dar certo logo. Sim, eles eram melhores amigos, mas se alguém olha nos seus olhos e diz 'confio nesse relacionamento/em você para realizar o sonho da minha vida' pode ser bem difícil de lidar (e isso não costuma acontecer antes de um mês de relacionamento). Então, se havia qualquer dúvida para Charlie (ou Charlotte), não daria certo. Combine essa dúvida com a sólida certeza do amor da outra pessoa, e você tem um desastre lento e triste."

Portanto...

A aparente perfeição de ficar com um amigo super chegado – a perfeição que nos faz perseguir isso desesperadamente – para os homens isso é um contrato de casamento sobre o qual eles não têm certeza se podem ou querem viver. A partir do momento em que vocês ficam juntos, como já tem uma relação séria, não existe oportunidade de deixar que a relação cresça sozinha. Aquele período importante, quando o relacionamento se desenvolve, é deixado para trás. O que só aumenta a sensação de opressão – e, para um cara, nada mata mais um relacionamento do que isso.

Nathan D, 30 anos, em um relacionamento

Nathan, que já esteve em alguns relacionamentos sérios, nos mostra várias razões para que a coisa *de amigo a amante* deixe o cara louco. Como sempre, as coisas giram em torno de ego e controle, segurança e medo. E também os caras querem tudo: a mulher esperta que é devotada a alimentá-lo, mas também muito atraente e com cheiro de rosas (veja Os arquivos de Michael, no capítulo 20). Eles querem a amiga em casa adorando-os, enquanto eles saem e tentam dar em cima de outras mulheres. Você é a aposta segura e a rede de segurança.

Rede de segurança – outras mulheres
"Basicamente o problema aqui é que o atrativo da caça não existe. Começar um relacionamento com amigas é seguro por causa da tensão sexual e da possibilidade de manutenção. Tê-la como amiga é como uma rede de segurança para ele; permite que ele saia e dê em cima de outras mulheres e, quando ele volta para casa, encontre o conforto e o carinho maternal que todo homem quer e precisa. Ter a garota como amiga permite que o cara não só tenha o bolo (como objeto de desejo), mas também a possibilidade de comer o bolo. Ele tem a amiga como potencial amante/parceira onde ele quer – *ele* tem o controle.

É também a perfeita combinação de Madonna e prostituta: Madonna em casa, ao seu lado na cama, carinhosa, então ele sai à caçada por outra mulher. Ele se sente confiante porque sabe que, se a caçada não terminar bem ou se ele for rejeitado, pode voltar para casa e encontrar intimidade. Amizades longas que têm o potencial de virar relacionamentos promissores, têm também possibilidade de acabarem porque as duas partes precisam gostar da ideia; porém, deixando-a de lado. Mas o potencial sempre estará ali, o que é importante, porque tem uma construção lenta de ideais e expectativas, ao menos da parte da mulher, que finalmente vai reclamar seus direitos ao Charlie."

Sim, uma lenta construção seguida por uma intensa destruição.

Destruindo a harmonia
Quando Charlotte anunciou suas intenções, ela estava dizendo "quero assumir essa relação e controlá-la – quero mais". Para Charlie, que, com certeza deve ter pensado nisso e deixou aberta a possibilidade de acontecer, de repente, havia pressão; então, ele recuou e não quis mais. A intimidade que eles tinham como amigos era boa justamente porque o equilíbrio entre amizade e namoro mantinha a harmonia. Charlotte destruiu a harmonia.

Portanto...
O acordo subentendido segundo o qual eles possivelmente ficassem juntos, que poderiam ficar juntos, mas que não ficariam juntos era o que sustentava

toda a química na qual a amizade deles estava baseada. Nunca houve real chance de ficarem juntos porque o que mantinha uma atmosfera sedutora e picante era justamente a percepção da possibilidade. Uma vez acontecido e tornado realidade, o fato de serem amigos – não amantes – se tornou importante. Eles não deveriam sair juntos, pelo menos na cabeça de Charlie. Além disso, homens não misturam mães (Charlotte) com prostitutas (outras mulheres) tão facilmente em uma mesma mulher. Enquanto para a mulher o homem dos sonhos é uma combinação entre o pai dela e um garanhão sexy e romântico, um cara não se sente atraído por uma mulher que preenche suas necessidades maternas. E Charlotte representava isso.

Conclusão

Existem milhares de motivos para o relacionamento entre *amigos que se tornam amantes* não dar certo. Ele está quase que fadado ao fracasso porque, como os dois rapazes sofreram para explicar, a pressão de realizar um conto de fadas é aterrorizante. E existe o fato de que ele pode não achar você – amiga dele – sexy já que ele a conhece tão bem e também porque não houve caçada – lembre-se de que a caçada é muito importante para alguns homens. Ou ele pode achar que a atração dele por você (afinal de contas vocês ficaram juntos) estava baseada em não estar com você, aquele pouquinho de mistério e sensação de possibilidade. E finalmente, ele pode preferi-la como amiga apaixonada: isso permite que tenha aventuras sexuais e, quando chegar em casa, você estará lá. E se isso significa beijo na boca, carinho e dormir junto de conchinha de vez em quando, bom, esse é um preço que ele está mais do que disposto a pagar. É mais enganador. Essa pode ser uma boa hora para ver Os arquivos de Mark, no capítulo 11 para comentários e inspiração sobre cair fora quando você não consegue o que quer.

O que fazer quando você está atraída pelo seu amigo: não continue se você suspeitar que quer isso mais do que ele. Se os dois corações batem juntos, ok; se um coração bate mais rápido que o outro, haverá grandes problemas. Marcus recomendou "uma paixão cautelosa". Depois de tudo o que esses caras disseram, parece-me que a única opção é deixá-lo vir até você e, mesmo quando ele vier, não deve doer jogar duro para conseguir, para fazê-lo se convencer de que ele realmente quer isso. Como já vimos, a mais leve dúvida leva ao desastre porque os caras sabem que tem que ser para sempre. Garotas, a caçada não está fora de moda! Não tem nada dizendo que se você se apaixonar por um amigo deve sofrer em silêncio. Você pode despertar essa paixão, só tem que fazer da maneira certa. Se você for linda e ele nem tanto, um vestido sugestivo e um pouco de confiança podem fazer isso. Se não for bem esse o caso, veja o Jogo Rápido na página 233 sobre como os caras se sentem quando a amiga deles se apaixona (por eles). Não é muito encorajador. Eles nunca pensam: "Uau, talvez eu me sinta atraído por essa pessoa maravilhosa também. Que máximo que essa grande amiga esteja a fim de mim". Não, é mais assim: "Que droga, o que eu faço agora?"

Jogo Rápido 4

Você já manteve uma mulher presa a você conscientemente? Se sim, por quê?

Esse é um assunto grande e importante que mistura sinais trocados com fobia de compromisso. Por isso, coloquei tantas repostas abaixo. Acho deliciosamente interessante porque explica todas as esquisitices que não são ditas e que nos deixam esperando por uma ligação, quando você tinha certeza de que eles iam mesmo ligar. Na maioria das vezes, eles nos enrolam porque permitimos – nós entregamos sexo e queremos acreditar desesperadamente que haverá uma consequência nisso. Isso porque gostamos deles e é sempre fácil alimentar esperanças baseado em tão pouco. De qualquer forma, existem várias razões para os homens fazerem isso – continue lendo.

Nadav H: "Claro. Existem muitas razões. Primeira: às vezes, você não tem certeza do que quer e precisa de mais tempo para pensar a respeito. Durante esse tempo, você pode parecer um pouco mais empolgado do que na verdade está, dessa forma, você não insulta a garota e, claro, mantém as opções. Segunda: algumas pessoas (como eu) odeiam ficar sozinhas. Acho que é porque não somos confiantes o bastante sobre o mundo gostar de nós sem a ajuda das nossas amigas. Então, precisamos delas, e, às vezes, parece que estamos desenvolvendo sentimentos mesmo quando não estamos. Nós só odiamos ficar sozinhos. Terceira: sexo, claro – apesar que da maneira como nós (homens) somos constituídos, essa nunca é a principal razão. Isso porque depois de duas ou três vezes com uma garota, nós começamos a pensar em outras. Quarta: companhia. Eu me lembro de manter contato com uma garota só por causa de um festival de rock no sul de Israel no final da semana e eu queria alguém para ir comigo. Quinta: fazer ciúmes na ex".

Daniel F: "Sim, pelo sexo. Você vai abrir mão do sexo porque uma garota pergunta se você gosta dela e você responde 'nem tanto assim'? De jeito nenhum".

Kobi N: "Sim, já fiz isso por muitas razões: o sexo pode ser legal ou porque é bom sentir que alguém o quer, mesmo que eu saiba que não é a garota certa para mim e que não temos futuro".

Aaron B: "Sim. Se você já dormiu com alguém, a premissa de um relacionamento permanente, mesmo que você não encare isso, tem o benefício prático de você ter mais sexo. E tem o caso de você paquerar uma pessoa por quem você não tem interesse, mas que está claramente a fim de você. Isso pode ser prazeroso".

Rob M: "Pode ser muito gratificante para o ego ter alguém 'de reserva' sem ter que se empenhar. Esse tem sido meu motivo em época de baixa autoestima. Às vezes, a confusão é verdadeira, geralmente da minha parte, quanto a se esforçar para construir uma amizade com uma garota que acaba se tornando em investidas românticas. Gosto de pensar que algumas das donzelas que deixei chorando em meu caminho foram vítimas desse inocente mal-entendido. Apesar de perceber que na maioria dos casos, se não em todos eles, houve uma vontade de fazer isso deliberadamente".

Você já perdeu o interesse em uma garota entre os encontros dois e três? Ou, ainda no assunto, perdeu interesse sem motivo aparente?

Tim M: "Muitas vezes. Às vezes, pode ser pelo motivo mais bobo, como um comentário estranho ou por que ela fuma. Isso quer dizer que você não estava tão interessado nela, mas que gostou do sexo. Que droga, somos homens afinal!"

Mark F: "Sim. Quando eu era mais novo costumava ir às baladas, às vezes, ficava com uma garota. Muitas vezes, perdia o interesse imediatamente (ou mesmo durante) o beijo. Isso pode ter parecido para elas que eu perdia o interesse logo sem motivo aparente, mas acho que o real motivo para isso era que eu não estava muito interessado nelas e a experiência de estar com elas – e o sentimento de estar enganando essas meninas – me faziam desistir. Eu achava a experiência de estar com alguém por quem você não tem interesse tão desconfortável, que resolvi, desde muito cedo, que não sairia com alguém se não estivesse realmente interessado".

Dennis D: "Sim. Frequentemente. E digo o porquê. A grande diferença entre homens e mulheres é em relação à confiança, ou, se você preferir, forma. Como homem, você gasta seu tempo, ou pelo menos sente que está gastando, explorando possibilidades. A consequência é que, em vez de sair com uma garota, gostar dela ou não, e, então, passar para uma próxima se não der certo, você conhece duas (ou mais) ao mesmo tempo e decide depois de passar um tempo com elas. Também tem o fato de que um encontro não é perigoso o bastante para expor falhas e defeitos – qualquer pessoa com o mínimo de habilidade social pode ser interessante, espirituosa e mesmo animada por uma noite. No segundo encontro, existe a chance de que os defeitos fiquem expostos; acho que a maioria dos homens vai dar essa segunda chance e, depois, vai pensar "Chega!", enquanto as mulheres não se preocupam muito com isso no começo, a não ser que elas pensam em ter uma possibilidade de algo maior, então, elas ficam por perto para ver o que acontece".

Um cara pode ter uma garota como melhor amiga e não sentir nenhuma atração física por ela?

Isso não é conclusivo. Mas, de uma maneira engraçada, nós alimentamos o mito: existem amigos que são amigos – a ideia está clara na cabeça de cada um (homem e mulher) desde o princípio. Mas, de vez em quando, misturamos as coisas, só que isso acontece em momentos diferentes para homens e mulheres.

Tim V: "Não. Sempre terá havido alguma coisa, em algum momento em alguma hora, mas pode ser uma situação de conflito, pode ser temporário ou mesmo acabar com o tempo. Só vendo a pessoa como uma irmã ou sua amiga como 'propriedade' você consegue não pensar em sexo. Mas, quando as circunstâncias mudam, os sentimentos podem mudar também".

Freddie W: "Não. Você pode ter uma amizade, mas a possibilidade de sexo está sempre na cabeça dos dois em algum momento, normalmente, em momentos diferentes. Isso não tem que interferir, especialmente se o sentimento ou o pensamento aparecem de vez em quando e forem embora rapidamente, dependendo do que está acontecendo na sua vida, claro".

A possibilidade de estragar uma amizade impediria você de dormir ou de se envolver mais profundamente com uma amiga?

Perceba que a resposta simples é sempre *sim porque eu não estou tão atraído por ela*. Mas as explicações são esclarecedoras.

Alan W: "Sim. Isso já aconteceu e deu certo, por isso estamos aqui falando disso. Imagino quando um relacionamento sério seria viável, e quando seria melhor transar com outra pessoa e não estragar uma amizade. Eu já estive nessa situação, com alguém que poderia ser uma amiga (e uma amiga interessante) e namorada ou amante. Acabamos na cama, mas ela não queria nada além de beijos e porque ela queria ter certeza de que eu voltaria na próxima semana e na seguinte também, acho. E eu não voltei. Amigos toleram períodos de silêncio; namoradas não".

Tom A: "Sim. O que confunde a relação entre homens e mulheres é quando um deles passa por um momento triste e fica desanimado com a vida e começa a procurar atalhos para felicidade, o que normalmente se manifesta ao ver como seu amigo é legal e também que grande parceiro ele seria. Normalmente, você está errado e, mesmo que você até tente falar ou fazer alguma coisa, ele gentilmente o coloca no caminho de volta. E tudo fica bem. Mas se acontece dos dois passarem por esse período juntos, uma confusão sem fim começa e pode levar a um mundo de problemas. Além disso, tem o 'insignificante' fato de que você pode ser amigo de alguém por anos e anos e não dormir com essa pessoa várias vezes, mas apenas uma vez e é isto: você dorme com ela uma vez e sente que pode fazer isso de novo".

George L: "Bom, já aconteceu, mas porque a garota gostava mais de mim do que eu dela. É uma sorte ainda sermos amigos hoje, duvido que isso aconteceria se tivéssemos tentado um relacionamento mais sério. Acho que os caras têm que saber que eles devem querer casar com a garota antes de pular em uma relação com a amiga. Do contrário, é um mergulho no fundo do poço".

Já aconteceu de a garota parecer atraente até que você a viu nua?

Bom, quase todos para quem fiz essa pergunta disseram não. Coloco aqui o único sim. É insensível, mas, ainda bem, acho que uma exceção. Porém, é honesto. E será muito diferente de nós descobrindo um pênis de que não gostamos e correndo para as montanhas?

Bem F: "Sim. Uma vez saí com uma garota de Montreal. Ela tinha traços exóticos: exóticos olhos escuros e lábios bem vermelhos. Ela não era magrinha, nem estava acima do peso, mas tinhas curvas. Nós fomos para minha casa e as roupas começaram a voar em todas as direções. Então eu vi! Eram muitas estrias! Parecia que alguém tinha torcido o corpo dela todinho e nunca alisou de volta. Ela tinha gordura nos lugares errados, aquelas curvas pareciam icebergs, e os seios dela, que pareciam tão voluptuosos e altivos debaixo do suéter de decote em V, agora não eram nada além de balões murchos. Aquilo acabou comigo. Decidi continuar com aquilo naquela noite e fazer com que ela sentisse que estava recebendo o que ela queria. Depois daquilo, nunca mais liguei para ela. Hoje em dia, é claro para mim que as roupas podem pregar peças".

É muito importante para um cara que a mulher seja magra? Você prefere as magras ou as mignon – talvez até as roliças?

Noah A: "Se queremos parecer legais, nós lhe diremos 'não, não – não gosto de tipo topmodel. Não quero transar com uma mulher que parece doente'. Embora bem lá no fundo, nós ficaríamos com qualquer garota magrinha em vez de uma curvilínea. Mas estamos mentindo para nós mesmos. Quem nós pensamos que nos atrai é uma influência da representação da mídia na beleza feminina do que realmente nos atrai. Somos convencidos de que nos sentimos mais atraídos pelas magras do que pelas *mignon*. Mas isso não é verdade.

Já fiz um aposta com meus amigos: qual parte do corpo feminino é mais importante para você? Rosto, seios, bunda, pernas? Ninguém disse rosto. Mas quando vejo meus amigos em uma festa ou em um bar ou escolhendo potenciais namoradas, é sempre a garota de rosto bonito que invariavelmente ganha. Então, na teoria, o mais importante é que a garota seja magra. Mas, na verdade não é. Se você tem curvas e é bonita, não se preocupe. A única vez que seu homem vai desejar que você seja magra é quando ele está conversando com os amigos – ou se iludindo".

Ben F: "Cada homem tem uma ideia da mulher perfeita. Alguns caras gostam de seios. Eles querem que sejam grandes, pequenos, empinados, redondos, gordos, brancos, pretos, amarelos etc. Outros são totalmente ligados em bunda. E outros se interessam por olhos. Eu pessoalmente não acho importante que uma garota seja magra. Se uma garota é grande e se cuida, então tudo bem. Se ela faz a linha natural e diz 'eu fui feita desse jeito, então vou me aceitar do jeito que sou' EU ODEIO ESSAS GAROTAS! Se você está muito acima do peso, faça esteira, pare de comer biscoitos no café da manhã, controle a quantidade de comida e cuide de seu corpo".

É claro que Ben precisa relaxar um pouco. Mas ainda acho que ele dá o ponto de vista típico dos homens – muito superficial, um pouco pornô, mas muito comum. Ele não é o único que fala em *cuide do seu corpo*. Tem alguma coisa repulsiva com a ideia de alguém *largar* de si mesma – ainda que existam muitos homens que façam isso impunemente.

Anthony R: "Sou fã das mulheres magras, mas já namorei garotas de todos os tamanhos. Eu costumava ser um grande fã das muito magras, mas acabei gostando das curvilíneas com o passar dos anos. Ainda prefiro as magras, mas não as esqueléticas. Na minha idade, a gente passa a pensar em longo prazo, então as roliças podem se tornar obesas. Tenho a tendência de me afastar desse tipo a partir de agora. Estou morando na Coreia, onde todas as mulheres são magras, e isso é ótimo. Sim, gosto das magras com curvas, mas não das rechonchudas. Estou falando de relacionamento, claro. Sexo com gordinhas é ótimo".

É muito importante que a mulher se cuide – depilação, pedicuro, luzes etc?

Muitas mulheres gastam muito tempo e muito dinheiro tentando descobrir isso. Por isso, dediquei um grande espaço do livro para esse assunto. A resposta do Justin, a terceira, é extensa, mas acho que vale a pena. Paulo nos dá ótimas sugestões para o caso de você estar preocupada em se arrumar ou não está convencida de que o custo e a dor para manter a ilusão de uma cabelo maravilhoso valem a pena. Veja a segunda parte da resposta. Mas, em geral eles não pedem muito. O que eles não admitem é bem básico, como chulé e buço.

Paul E: "Em princípio, se arrumar é fundamental. Eu não poderia me envolver com alguém que não se lava adequadamente ou que não escova os dentes. Mal hálito e 'cecê' são péssimos. Pessoalmente, acho mulheres muito produzidas, por exemplo, que usam muita maquiagem, com uma cor berrante no cabelo, esmaltes chamativos e mesmo com cirurgia plástica, pouco atraentes. Há poucas coisas que acho menos atraentes do que pelos em lugares inapropriados, como o buço ou as costeletas. Não acho que sobrancelhas por fazer, pelos nas axilas, depilação atrasada ou mesmo 'mata atlântica' muito atraentes também. Se você se arruma de uma forma sofisticada, vai determinar o tipo de homem que é atraído por você. Uma mulher deve se arrumar da forma que ela se sinta atraente e confortável. A confiança decorrente da maneira como ela se arruma faz com fique mais atraente e ela vai chamar a atenção de homens que gostam dela do jeito que ela é. Será uma atração verdadeira'.

Basicamente, tudo vem da confiança. Se você se sente bem, os caras (certos) serão atraídos.

John S: "Acho que me acostumei com certas coisas enquanto outras não me incomodam. Outras não são negociáveis para mim. Tive uma namorada que tinha chulé, o que é totalmente 'brochante'. A longo prazo, você tem que procurar alguém que não tem um custo alto de manutenção e que não precise estar o tempo todo 100% – elas devem tomar conta de suas próprias necessidades emocionais e não procurar por ajuda no mundo exterior; mas eu gostaria de ter uma namorada que se arruma. Então, em resumo, remoção de pêlos (sem exagero) é importante, pedicuro é legal e sem muita maquiagem (eu também gosto dos momentos em que elas não usam nada de maquiagem)".

Justin O: "No começo do relacionamento é importante que ela se arrume. Você quer se sentir atraído por ela e vice-versa. No entanto, essas coisas para mim são sempre importantes. Remoção de pêlos: prefiro mulheres sem excesso de pêlos no rosto. Mesmo os pequenos e mesmo que sejam clarinhos. Vamos deixar claro que os homens preferem mulheres sem pêlos no rosto, pernas, axilas etc. Pelos púbicos: acho que essa é uma questão importante, então, vamos esclarecer: prefiro a depilação brasileira. A depilação de Hollywood (total) é muito para mim. Achei que gostava, mas quando vi, achei meio perturbador. Mas a depilação francesa (uma tira de pêlos acima da vagina) é sexy. Isso é importante para mim? Bem, não, não é. Se você gosta de alguém e está a fim dela nada disso é importante. Além disso, sei quanto essas coisas de depilação custam, então não espero que tenha sempre uma novidade. No entanto, quando você dorme com alguém pela primeira vez, sugiro que você procure fazer porque sei de homens que gostam de um 'jardim' bem cuidado.

Manicure: não é importante. A gente nem percebe. Não olho para as unhas de uma mulher para julgar a 'atratividade'. Na verdade, se elas são muito grandes e reluzentes, acho um pouco estranho. Imagine que sou uma criança, estamos nos anos 1980, estou fazendo compras com minha mãe e alguma 'gralha' velha está atrás do balcão falando conosco, suas unhas estão sobre o balcão, ela está batendo as unhas nesse balcão, fazendo aquele barulho irritante, está quente e, claro, tudo cheira a perfume, estou cansado. Parece que esse passeio dura três anos e não tem NADA aqui que eu queira ver. É desse tipo de sensação que estou falando.

Perfume: eu odeio. É muito forte e opressor. Prefiro desodorante, hidratante etc. Isso tem um cheiro bom e é natural em uma parceira. Gosto que a minha namorada, parceria ou esposa, tenha um cheiro gostoso e natural.

Cabelos: luzes não são importantes, mas um bom corte de cabelo é e, ge-

ralmente, um cabelo bonito é atraente. Se uma garota tem um cabelo bonito já é meio caminho andado para você ser notada. Cabelos bem hidratados são adoráveis, e eu, como muitos homens, amo tocar nos cabelos de uma mulher, adoro o cheiro deles, e amo cabelos no geral. Oh, Deus, parece que tenho fetiche em cabelos.
(Sim, parece, mas no bom sentido.)"

Você já pensou que a mulher era perfeita e mesmo assim não se sentiu atraído por ela, e se sim, por quê?

Thomas N: "Se uma garota é perfeita, mas você não está a fim dela é porque ela não é fisicamente o que você procura. Dito isso, eu já me senti atraído por mulheres bonitas, mas, uma vez que elas começam a falar, a ilusão acaba e fica claro que não há química. Acho que o álcool é um fator que pode acabar com tudo".

Paul N: "Eu me lembro de dizer ao longo da vida 'se ela fosse assim ou assado ela seria perfeita', mas isso foi há muito tempo atrás. Não me lembro de dizer nada parecido recentemente. É porque a ideia de que existe a mulher perfeita é coisa de homem inexperiente. A coisa mais importante, antes de tudo, é sentir-se atraído por uma mulher. Então, se ela enfia o dedo no nariz, se ela tem uma perna maior que a outra, ou se ela solta pum na cama, enquanto houver atração – o que tem muito mais a ver com elementos básicos da personalidade dela – o outro não ficará insatisfeito".

Parte Cinco

Três é Demais

Nada perturba mais a paz de um relacionamento do que uma terceira pessoa. Essa seção analisa três diferentes tipos de uma terceira pessoa: a mãe, o amigo e outra mulher.

Claro, nós mulheres, muitas vezes, trazemos o terceiro elemento: super proteção de amigos e parentes, ou outros homens. Mas ninguém nega a forte ligação entre o homem e sua mãe, ou o fato de que homens gostam de estranhos jogos sexuais que envolvem mais de uma mulher (não se preocupe: perguntei sobre *ménage a trois* nas perguntas do Jogo Rápido). Os arquivos de Sean, no capítulo 17, em que uma amiga conta sobre a experiência de ser molestada por um (então) amigo, em um episódio que me deixou chocada, como uma forma mais branda de um *ménage*; é também um estranho conto sobre a ligação masculina.

Mães intrometidas são um problema antigo. Mas quando um cara de 20 e poucos anos, com casa própria e vida independente leva em consideração toda e cada palavra da mãe – mesmo que seja uma zombaria sobre a namorada dele – você tem que se perguntar o que acontece na cabeça de uma pessoa que permite ser controlado e influenciado dessa forma. O que acontece com as mães afinal? Descubra n'Os arquivos de Peter, no capítulo 16.

Os arquivos de Sam, no capítulo 18, têm duplo propósito. Por um lado, é sobre uma garota da qual ele não consegue se desligar e que, às vezes, se torna personagem principal. Mas é também sobre o inacreditável e exasperante sentimento de inferioridade dela. O que esse cara vê nessa menina boba? O que ela tem que você – obviamente muito mais perto de ser sua alma gêmea – não tem? E por que os caras pensam que não há problema em manter opções abertas – por meses?

No Jogo Rápido descobrimos quem nunca sairia com a ex-namorada de um amigo e por quê, além de quem se sente atraído pelas amigas da namorada e mais.

16
Por que ele não consegue deixar a mãe fora do relacionamento?

Os arquivos de Peter

Tem uma razão para a expressão "filhinho da mamãe" existir. Mamães amam seus filhinhos e os filhinhos amam suas mamães. Mamães cozinham para seus filhinhos, limpam o nariz deles, elas os defendem, inflam os egos dos filhinhos e dizem como eles são ótimos. Diacho, minha mãe mima meu irmão de 23 anos como se ele ainda usasse fraldas; apavorada porque ele não está comendo direito, ela oferece pequenas porções de comida de tempos em tempos, enquanto eu sou encorajada a não comer mais.

Tudo isso é muito bom. Mas, eventualmente (eu diria depois da faculdade), o pequeno Johnnie deve começar a questionar o papel da mãe em sua vida, quais outras preocupações além do bife do filhinho. Ele ainda a ama e ama também sua comida, mas ele deve perceber que, às vezes, ela precisa de paz e não de tarefas. Ela até pode precisar ser ignorada, algumas vezes.

Principalmente quando alguém especial surge em cena, a quem a mãe desaprova por não ser especial para ele. A mãe até pode tentar diminuir você ou na sua frente, ou ainda, tentando envenenar o filhinho contra você. Mas quando não a deixamos fazer isso, reconhecendo que ela está sendo apenas a mãe intrometida, ciumenta e neurótica, isso também faz parte do amadurecimento, certo?

Claro que sim. Mesmo assim, um número surpreendente de homens (eu deveria dizer meninos) com emprego, carro e casa própria está completamente debaixo da asa da mamãe, e são incapazes de impedir que ela se meta quando ela começa a pegar no pé da adorada namorada, e futura esposa, que faz de tudo para agradar. Por quê?

O caso

Prestem atenção ao caso da minha amiga Mira, 29 anos, que está saindo com Pete de 30 anos, há nove meses. Ele ainda permite que a mãe se intrometa em seu namoro e isso está começando a aborrecer minha amiga, principalmente agora que a relação está caminhando para um relacionamento sério.

Como se não fosse suficiente que ele dissesse todas as pérolas de sabedoria relacionadas à Mira que a mãe dele dizia, Pete sempre comentava as observações de sua mãe sobre todos os assuntos. Um exemplo recente aconteceu quando ela comentou que Mira estava com a raiz do cabelo preta e que isso provava sua teoria de que as mulheres de hoje em dia não sabem se cuidar.

Mas a pérola foi quando Pete e Mira saíram para uma noite de tapas e blues (Mira esteve fora por um tempo e eles celebravam sua volta). No exato momento em que Mira engolia o último pedaço de chorizo, Pete fez uma perguntinha. Se o relacionamento estava ficando sério, e eles se casassem, Mira continuaria trabalhando ou ficaria em casa?

Calma aí. Depois de quase um ano juntos, como Pete pôde imaginar que Mira era o tipo de garota que desistiria do seu emprego no momento em que ela tivesse a segurança de um maridinho? Muito do seu orgulho vem da sua independência e do gosto pelo trabalho. Não se engane, ela não é uma *workaholic* que ama ser suporte técnico sênior em uma empresa de software (ela tenta, ao mesmo tempo, uma carreira no cinema), mas ela não desistiria de tudo para ficar com os pés para cima assim que se casar – se ela se casar.

Ela ficou muito brava, se vocês a conhecessem entenderiam o que estou falando, e nunca teriam feito esse tipo de pergunta. Então, de onde tinha vindo isso? Ela exigiu uma resposta e Pete respondeu na lata.

A boa e velha mamãe. Ela queria que Pete perguntasse por que ela queria saber onde ele estava se metendo, financeiramente, se eles se casassem. Se a resposta tivesse sido *não vou mais trabalhar* ela teria desculpa para dizer que Mira acabou com a vida e o dinheiro do filhinho dela.

Muitas mães se preocupam com isso, pelo menos em seu subconsciente, ou pelo menos silenciosamente. Sim, foi perturbador saber que ela achava que ela podia se meter nesse assunto. Mas o que fez Mira quase atirar a garrafa de vinho na cabeça dele e sair chorando de desespero foi o fato de Pete realmente fazer a pergunta da mamãe. Nem sequer levou em consideração que a pergunta pudesse ofendê-la ou ainda que fosse uma pergunta totalmente sem sentido, fora da realidade.

Então, por mais que ele conhecesse e respeitasse sua futura esposa, ele ia sempre obedecer, de forma quase infantil, sua mamãe? Ele tinha medo de dizer à sua mãe que se afastasse? Ou ela simplesmente perguntou algo que ele também queria saber? Mira estava particularmente chateada porque ela achava que eles vinham tentando diminuir a influência da mãe dele nos últimos meses. Será que Freud estava certo? Alguns meninos amam suas mamães mais do que qualquer outra mulher no mundo e as palavras dela são sagradas?

O que os caras pensam

Adam L, 31 anos, em um relacionamento sério

Vocês já conhecem o Adam. Sua habilidade em mostrar o papel da mulher nas necessidades e na vida emocional do homem é particularmente preciosa neste momento. Neste caso, as mulheres da vida do Pete são figuras maternais, e é isso que elas devem ser.

Elimine ou seja amiga

"Ele tem anos de investimento na mamãe, então um relacionamento de nove meses não vai vencer isso. O que Mira tem que fazer é ou eliminar ou ser amiga da mamãe e isso significa ir direto ao ponto. Ele vê a mãe como mulher perfeita porque a vida inteira dele ela sempre fez tudo. Nenhuma namorada pode competir com isso."

Uma mulher

"Com certeza ele voltou correndo para a 'outra' mulher da vida dele, no instante em que Mira viajou. Mas, no momento em que ela grudar nele, ela vai conseguir segurar, e ele ficará tão a fim dela que não vai parecer verdade. Esse cara não é jogador. Ele precisa de alguém que o mime e, se não for Mira, será outra.

Mira precisa se assegurar de que ele não tenha nenhum outro relacionamento (mesmo que seja só amizade) com outra pessoa; porque enquanto ela está tranquila tentando anular a influência da mamãe, ele pode começar a sentir o sentimento de apego à mamãe com outra mulher."

Portanto...
"Ele sempre vai precisar de pelo menos mais uma mulher maternal na vida dele. Se Mira está preparada para ser a 'mãe' dele, tudo ficará bem."

James S, 26 anos, em um relacionamento ioiô
A mãe de James precisa do filho para seu orgulho e felicidade, então é uma via de mão dupla. Bom, não é bem isso. James não depende dela da mesma maneira, mas ela é a única grande mulher na vida dele e ele a trata mais como uma rainha do que como mãe. Duvido que seja só coincidência, que somente este ano ele teve um namoro de verdade. Bom, de qualquer forma, o que importa é que ele sabe o papel da mãe para alguns garotos, e que não há muito que você, namorada, possa fazer. Mas existe uma estratégia a ser seguida, como James explica.

Mães sempre vencem
"Vá direto à fonte. Gritar e espernear com ele só vai piorar as coisas. É uma situação adversa, a qual mãe sempre vence e ele vai ficar ressentido se tiver que escolher entre as duas mulheres da vida dele. A solução para Mira é fazer todo o possível para se tornar amiga da mãe dele e, se falhar, falar claramente com ela sobre planos para o futuro. Isso tira qualquer necessidade de Pete brincar de 'garoto de recado' entre as duas."

Jerome, 28 anos, mora com a namorada
Jerome tem o que chamo de relacionamento normal com a mãe dele. Ele respeita sua mãe e a ama, mas ela é só a mãe. Não dita regras.

Quem é a mãe dele? Senhorita Havisham?
"Essa situação aconteceu quando, em 1953? Como ele pode ser um homem moderno de 30 anos de idade se pensa honestamente que a noiva pode pensar em querer parar de trabalhar depois do casamento? Só por essa ele já merecia ser chutado. E ainda teve essa das garotas não se cuidarem hoje em dia... Quem é a mãe dele? Senhorita Havisham?" *(Senhorita Havisham é personagem do livro de Charles Dickens* Great Expectations. *Ela é uma mulher que, amargurada por ter sido abandonada no altar, mantém todos os homens longe de sua filha adotiva.)*

Verdade. Você se sente mal por Mira ter de lidar com a mãe do namorado, além de competir com ela.

Caso simples
"Apesar do fato de que Pete nasceu em algum momento da era Vitoriana, esse caso parece simples. Se Mira está realmente a fim de Pete, essa é uma situação com a qual ela terá de aprender a lidar. O único consolo que ela pode ter é que algum dia ela mesma estará no papel da mãe que ela odeia tanto – fazendo exatamente a mesma coisa com a namorada do filho. Tudo parece bizarro e louco para quem está de fora, mas podemos sentir como esse momento está sendo doloroso e intenso (especialmente para a namorada)."

Melhor que ela esteja viva
"E nenhum homem nunca vai dizer à sua mãe que se afaste. O único que já fez isso foi Norman Bates... e veja o que o remorso fez com ele. Melhor que a mãe esteja viva e atrapalhando que espalhando um reino de terror como a figura da imaginação esquizofrênica do seu namorado."

Então é isso; mamãe manda: viva ou morta.

Conclusão

Viva com isso porque não tem remédio. Quando um homem não sai da barra da saia da mãe, você não pode lutar contra. Você só tem a opção de se tornar como ela. Ou, então, dê um tempo: ela não vai viver para sempre. Atenção: o bom de sair com *filhinhos da mamãe* é que eles sabem como precisar de uma mulher e amá-la.

Como lidar com a mãe: como descrito anteriormente. Charme. Sorriso. Sem insultos, sem competição. O seu prêmio é um cara que tem a capacidade de amar você com devoção.

17
Por que ele divide você como se fosse um pacote de biscoitos?

Os arquivos de Sean

Se há uma regra que nós mulheres seguimos é esta: quando uma amiga está tocando em seu homem, afaste-se. Mesmo que não seja nada sério e a menos que você pense que ele é o homem da sua vida, afaste-se. Uma amiga nunca vai aprovar você, ficar do seu lado, se ela estiver envolvida com ele, ainda que seja casual. E mesmo que ela não se importasse você provavelmente não ia querer ser descartada ou ainda ser a segunda opção do cara.

Aparentemente, os homens têm um ponto de vista diferente. Parece que existem situações em que as mulheres são negociáveis e, como ato de amizade, são compartilhadas (como um pacote de batata frita). O caso que descrevo a seguir parece loucura para mim, mas, na verdade, fez meu amigo, que estava envolvido no caso, rir (até engasgar). Isso é normal no mundo dos homens?

O caso

Minha doce e inexperiente amiga Kaitlin estava saindo com um cara chamado Sean, um rapaz normal, tinha seus 20 e poucos anos, era professor assistente de Educação Física, e dividia o apartamento com alguns amigos. Eles estavam ficando e se curtindo havia algumas semanas. Mas Kaitlin foi mandada à Dublin a trabalho, então, o romance tinha data certa para terminar. A ideia era aproveitar enquanto pudessem.

Um dia, um amigo deles deu uma festa. Kaitlin estava se divertindo quando outro amigo de Sean – Matt – veio até ela, a empurrou contra a parede e tentou beijá-la. O primeiro sentimento foi de repulsa porque ela não era nem um pouco a fim do Matt. O segundo foi de confusão. Matt era amigo de Sean. Que diabos ele estava fazendo? Ela também ficou estupefata pela arrogância dele em pensar que ela o beijaria.

Ela o empurrou e decidiu não contar nada ao Sean – era coisa de bêbado e só.

No dia seguinte, um domingo, o telefone tocou e Kaitlin ficou animada – talvez Sean quisesse um encontro ou sexo no meio da tarde. As duas possibilidades eram incríveis.

Mas não, era Matt. Ele queria saber o que ela ia fazer e, mais especificamente, se ele podia ir à casa dela aquela tarde. Ela respondeu que realmente preferia que ele não fosse. Ele insistiu: o que ela ia fazer? Tentando afastá-lo, ela disse que ia até um café perto de casa para ler. "Eu vou também", ele respondeu.

Ela acreditava que tinha sido bastante clara na noite anterior e, como ele tinha agido daquela forma por causa da bebida, Kaitlin entendeu que ele estava tentando pedir desculpas ou tentando fazer amizade e ela não teve energia para dizer não.

Ele apareceu, como prometido e ficou enrolando com uma conversa mole, mas não tentou nada. Então, eles foram tomar sorvete. Estavam sentados em um banco tomando sorvete quando Kaitlin foi surpreendida por Matt tentando colocar a língua em sua boca. "O que você está fazendo?", ela gritou. "Você não sabe que estou saindo com Sean? E não estou interessada de qualquer forma. Por que você faria isso com seu amigo?" Kaitlin então ameaçou contar ao Sean o que Matt vinha tentando fazer.

Mas não foi preciso. Matt aproveitou a oportunidade para dizer a ela que ele tinha falado com Sean que disse "tudo bem". Compartilhar a diversão. Por que não? Kaitlin ia embora logo mesmo.

Chocada e ofendida, e também um pouco divertida, Kaitlin disse ao Matt que estava indo embora, tchauzinho, vejo você depois e tenha sorte na vida.

Enquanto isso, Sean estava se arrumando para a festa, logo mais à noite, que ele mesmo tinha organizado. Ele ligou para Kaitlin poucas horas depois como se nada tivesse acontecido. Ele queria ter certeza de que ela sabia como chegar à festa e disse que estava ansioso em vê-la.

Kaitlin o interrompeu naquele momento. Antes que ele começasse a explicar o caminho, ela queria esclarecer uma situação perturbadora que envolvia o nome dele. Então, ela contou tudo o que tinha acontecido com o Matt e terminou perguntando: "você disse que estava tudo bem se ele desse em cima de mim?"

Ele resmungou e reclamou, mas não pôde negar e nem pediu desculpas. E ficou claro que ele não via aquilo como um problema. Kaitlin lhe disse que não precisava explicar o caminho: ela não ia à festa.

Talvez as coisas tivessem sido mais tranquilas se Kaitlin tivesse atração por Matt e se Sean tivesse falado com ela primeiro sobre o acordo. Mas ser descaradamente compartilhada mais a presunção do Matt, que não levou a sério a rejeição dela, a deixaram confusa. É desse jeito que muitos caras agem a respeito da garota com quem eles estão saindo? Como se elas pudessem ser passadas de um para outro, como se fossem cerveja ou churrasco? Será que o Sean tinha problemas crônicos sobre respeitar ou ele só estava sendo muito generoso?

O que os caras pensam

Tim R, 28 anos, solteiro

Tim é um cavalheiro. Vamos dizer que ele é um cara que não oferece sua mulher aos outros. Não apenas isso, ele fica horrorizado com a ideia. Ele se recusa a dizer que é coisa de homem. Em vez disso, ele procura explicação no passado de Sean.

Internato e gangsta rap

"Eu gostaria de conhecer o passado desses caras. Presumo que nenhum deles tem irmã, que ambos têm um relacionamento complicado com a mãe e que foram criados em instituições só para meninos. Esse é o tipo de histórico que justifica a transformação da mulher em mero objeto, como esses dois fazem. Se eu fosse mais velho e mal-humorado diria que a culpa disso é do *rock'n'roll* e do *gangsta rap* por promoverem a ideia de que tudo bem dividir as *groupies* e as vagabundas. Mas como sou novo o suficiente para não aceitar nenhum desses disparates, o que digo é: eles são a escória. Evite."

Alex, 33 anos, solteiro

Alex é um galinha. Ele já fez de tudo, milhões de vezes, com várias garotas. Ele está sempre a fim de jogos e diversão, mas também pode se tornar muito possessivo. Parece que quando você não tem sentimentos fortes por uma garota, dividi-la com seus amigos é só uma brincadeira leve. Definitivamente não é um ato de amor – para ninguém.

Quem realmente se importa

"Eu nunca poderia dividir uma garota que eu levasse a sério. Só de pensar em estar com minha namorada e meu amigo olhar e pensar 'já estive aí' me faz sentir vontade de vomitar. Em relação a todas as outras garotas, quem se importa? Se você não liga muito para a garota e não vê um futuro para vocês dois, então, por que se importar se o seu amigo começa a gostar dela e quer dormir com ela? Se estamos todos (e a maioria dos caras estão) a fim de um namorico sem compromisso com uma garota bonita e sexy, então, o fato do seu amigo ter dormido – ou estar dormindo – com ela provavelmente não será problema para a maioria de nós."

Alex é o homem típico. Um do tipo bem sexy, mas, ainda assim, bem típico. Ele dizer que os homens procuram casinhos com uma garota bonita e sexy faz com que eu me ajoelhe e reze para Deus para que não seja essa a razão pela qual alguns caras me largaram do nada: então, eu não sou uma garota bonita e sexy?

Portanto...

Se ele não se importa com você, ele não está nem aí para quem mais *aproveita* porque para ele você é descartável. Literalmente uma coisa. No entanto, se ele a leva a serio e quer um relacionamento, é o oposto: você é toda só dele. Qualquer outro tocando você pode ser um insulto nojento, um ataque e roubo da propriedade dele. Ainda pior, você fica manchada para sempre se for *compartilhada*.

Conclusão

Se um cara não se importa com quem você dorme, seja um estranho ou um amigo dele, ele a vê como objeto ou como descartável. Se ele se importa um pouquinho mais que isso, ficaria louco só de pensar em dividir você, especialmente com um amigo. Você pode dividi-lo também – se você estiver disposta – e isso acontece, de acordo com Alex.

O que fazer se você gostar dele: diga a si mesma que está louca.

18
Por que ele escolhe alguém inferior se você é perfeita para ele?

Os arquivos de Sam

Aposto um bom dinheiro que você tem algumas amigas que são bonitas, inteligentes, bem-sucedidas e adoráveis que qualquer homem seria sortudo em tê-las por perto. E, mesmo assim, elas estão solteiras. (Poderia até ser você. Deus sabe que poderia ser eu. Sem falsa modéstia aqui, muito obrigada.) Você fica sentada esperando enquanto sua amiga está se divertindo com um cara que parece não estar muito a fim, mas ela encara porque tem certeza de que eles são ótimos juntos e ela gosta de tentar seduzi-lo. No final, ela está confusa e com o coração partido e se perguntando onde ela falhou. Para também insultar além de machucar, ela descobre meses depois que ele não tinha tanta aversão assim a relacionamentos, apesar de ter dito isso (oi, era desculpa) porque agora ele está namorando uma *piriguete* de 21 anos que tem metade da sua presença de espírito, sensibilidade e inteligência. Sua amiga era a mulher certa, mas ele preferiu a *piriguete*. Eu sempre me perguntei por que os homens fazem essa escolha – a garota pior ao invés da melhor. Esse é um exemplo perfeito de um fenômeno que me deixa furiosa. Tudo está no lugar certo – o sexo, a química, os interesses em comum – e mesmo assim...

O caso

Minha amiga Louise ainda está coçando a cabeça (e batendo-a na mesa) por causa desse aqui. Ela tinha certeza de que Sam seria um homem especial na vida dela, e ele foi. Ela não entendeu até hoje por que ele colocou de lado todos os momentos maravilhosos que passaram juntos para ficar com uma garota mais nova e mais burra do que ela.

Ambos trabalhavam na indústria da música e se conheceram em uma grande festa na zona leste de Londres. Ela imediatamente viu uma semelhança com o ex: o mesmo cabelo escuro e encaracolado e o ar criativo, meditativo. Eles estavam de saída, quando um amigo chegou e carregou Louise dali. Quando eles se encontraram de novo, Sam estava de saída e comentaram como tinha sido ótimo terem se conhecido e trocaram telefones.

Ela continuou na festa e ficou bêbada. Mais tarde naquela mesma noite, Louise mandou uma mensagem brincalhona sobre como tinha sido bom eles terem se encontrado e fez uma piada sobre alguma coisa que eles tinham conversado. Ele respondeu de imediato "foi muito legal conhecer você também" etc. Trocaram mensagens bem-humoradas por dois dias e, finalmente, marcaram um encontro. Quando se encontraram, soltavam faísca: não paravam de rir, conheciam as mesmas pessoas e divertiram-se à beça.

De repente, o lugar já estava fechando e, como ambos concordaram que ainda era muito cedo, foram para casa da Louise para tomar um vinho. Enquanto estavam lá eles não paravam de falar e falavam rápido tentando achar palavras para se conhecerem melhor.

Eles estavam sentados na cama dela bebericando o vinho quando ele a beijou com ternura e gentileza.

Foi quando ele soltou aquelas palavras que foram como um soco no estômago: "Tem uma coisa que preciso contar. Estou saindo com alguém nesse momento". Louise sentiu um baque. Sam continuou dizendo que *era muito casual*, que ele nem estava assim *tão interessado nela*, que a outra era *muito mais nova* e que não era *grande coisa*. Ele confessou que não sabia por que continuava a vê-la. A garota chamada Daisy era uma estudante. Tinha 23 anos e ele 33. Ele disse que se sentia estúpido já que não sabia por que continuava a sair com ela.

Eles transaram e foram dormir entendidos que Sam ia terminar com Daisy o quanto antes – afinal de contas, o que ele e Louise tinham não era uma coisa qualquer e parecia que Sam reconhecia isso.

Ele acompanhou Louise ao trabalho na manhã seguinte e, depois de deixá-la, mandou uma mensagem sobre sua paixão por ela. E, então, sumiu. Pensando que ele estava terminando com Daisy, ela não o incomodou. Alguns dias depois, ele perguntou se ela estava livre para o almoço no dia seguinte. Por um lado, ela ficou feliz em vê-lo de novo; mas, por outro lado, um convite para almoçar dificilmente quer dizer *quero transar muito com você e vamos nos casar*.

Enquanto andavam pela rua, ele pegou na mão dela. Conversaram como antes, e foi um momento ótimo. Ele a beijou antes dela subir para o escritório e disse: "Vejo você algum dia da semana que vem".

Nada foi dito sobre a Daisy. Mais uma semana se passou com todas as brincadeiras e tudo mais, mas, novamente, ele não tocou no assunto. Quando já estava enlouquecendo de impaciência, ela o viu em um evento, naquela noite, organizado por amigos em comum. Depois, em um pub, ele pegou na mão dela e a beijou na frente de todas essas pessoas conhecidas, e passou a apresentá-la a seus amigos. Ela imaginou que ele tinha terminado com Daisy. Isso era bom.

Quando todos começaram a sair, ela convidou Sam para ir à sua casa. Quando chegaram lá, ele disse que não tinha cumprido sua parte no trato, usando a velha desculpa de que era mais difícil do que ele pensava. Era o último semestre de Daisy no curso e ela estava contando com a ajuda dele – na verdade, ela gostava mais dele do que ele pensava. Ele ia fazer isso, mas seria mais difícil do que ele pensava.

Louise se sentiu enojada quando Sam lhe contou que se sentia dividido e estava se consumindo em culpa. No passado, ele tinha emendado uma relação na outra e que essa era a primeira vez que ele saía com uma pessoa sem compromisso, ainda mais duas ao mesmo tempo. Ela entendia seu ponto de vista, mas preferiria que ele não a tivesse feito perder tempo.

Na manhã seguinte, Louise decidiu que não o veria de novo até que ele terminasse com Daisy. Uma semana passou sem nenhuma notícia. Ela estava desistindo, quando um livro, que ele sabia que ela queria muito, chegou pelo correio. Claro que ele gostava da maravilhosa Louise, não da insignificante Daisy.

Mas não. Outra semana passou e ainda nada. Louise ligou para ele com raiva e bêbada e, quando ele disse que ainda não tinha cumprido sua parte no acordo, Louise criou coragem e disse-lhe que não estava preparada para ficar esperando por ele e que estava, então, tudo terminado.

Algumas semanas depois, Sam ligou perguntando se eles podiam se encontrar. Convencida de que ele nunca ligaria se não tivesse terminado com Daisy, ela literalmente correu ao encontro dele. Estavam a ponto de ir para casa juntos, quando Sam confessou que, apesar de ter terminado com Daisy algumas semanas antes, quase imediatamente depois de Louise ter terminado tudo, ele estava *meio que saindo com ela de novo*. Louise saiu correndo do pub e foi a última vez que o viu.

Até um tempo atrás, quando ela esbarrou nele em um clube onde a banda dele estava se apresentando, quem mais poderia estar ao lado dele cumprindo o papel de namorada obediente se não Daisy, um ano e meio depois? Por quê? Por que ele ficou com a garota com a qual dizia não se importar, com quem estava só porque era companhia fácil e cuidava dele? Seria justo se ela fosse a única mulher disponível, mas por que Sam brincou com aquela que seria sua alma gêmea, prometeu largar a rapariga e, então, ficou com a própria, em vez de um relacionamento, um compromisso? Covardia pura e simples? Fraude? Falta de sentimentos pela Louise? Simples preferência pela opção mais burra, mais fácil e mais jovem?

O que os caras pensam

Adam L, 31 anos, em um relacionamento sério

Adam é um artista da paquera, o que significa que ele está sempre procurando novas estratégias. Ele diz que Sam, apesar de parecer inocente, tinha uma estratégia que era ficar com a que fosse mais bonita para aparecer em público. E, em vez de se preocupar em escolher uma delas, ele estava se divertindo à beça com as duas. Que garanhão!

Puro Casanova

"Ele é um puro Casanova – um conquistador motivado por corações partidos e por ser admirado – recém-formado. Não é surpresa que ele namorou poucas mulheres – ele chegou atrasado ao jogo. Ele tem uma banda? Ah, por favor. Ele aprendeu exatamente o que é preciso para atrair mulheres. Eu diria que ele saiu um pouco da linha só para enganá-la. O que ela devia ter feito? Ignorado ele. Mas ela estava envolvida: ela se apaixonou porque ele a lembrava seu ex-namorado. Ele não tem nada em comum com ela; ele tem coisas em comum com todas as garotas."

O cinismo de Adam pode parecer extremo – ele escolhe interesses para *pegar* garotas? Mas tenho que admitir que esses caras metidos a artistas, principalmente aqueles que possuem banda, sempre parecem um lixo quando têm que mostrar alguma coisa concreta, mas são muito bons em fazer a gente se apaixonar por eles (veja Os arquivos de Alan, no capítulo 8: o sinal de alerta lá era ser *cinéfilo*).

"Ele é um jogador típico: ele a beijou e, *depois*, falou sobre a outra garota; dessa forma, ele tinha o controle das duas situações. Ele sabia da garota antes de beijá-la, então, decidiu contar a Louise. Você não entra tanto no clima a ponto de esquecer sua namorada."

Isso é verdade. Não se esqueça. Quando você se sentir enganada e chateada, assim como Louise, porque um cara fez você pensar que ele gostava de você, mas depos disse alguma coisa que mostrava que ele não estava disponível, você deve dar uma sonora gargalhada dos seus truques grosseiros e tomar seu rumo. Você o tirou do seu caminho, assim, o joguinho dele não vai mais fazer você se sentir fraca e fora de controle. Essa é a ideia.

Coisinha bonitinha

"Agora sobre a Daisy. Ele gosta do fato dela ser uma coisinha bonitinha que ele pode ostentar para os amigos. Ele não tinha nenhuma intenção de terminar com ela. Poder exibir uma bunda para os amigos significa mais para Sam do que ter uma conexão especial com alguém. Isso para é compensar o fato de não ter tido isso quando jovem."

Receio que este assunto tenha surgido muitas vezes: muitos dos homens que nos causam sofrimento e dúvidas são motivados por razões sombrias que têm pouco a ver com ter uma ligação legal e mais a ver com parecer e sentir-se como O HOMEM. (Um homem decente que não está tão a fim de você lhe diz isso o mais rápido possível, e não depois de meses de ridículo.) E é o que temos aqui. Um cara como Sam, que brinca com você, mas ainda assim deixa você ir. O diferente nesse caso foi a necessidade de ostentar a pequena Daisy para seus companheiros, era muito mais forte do que o que Louise procurava, e achou que tivesse encontrado: uma ligação verdadeira.

Mas Louise errou. E eis por que nunca daria certo.

"Louise estava cheia de iniciativa, mas foi emocional. Ela se apaixonou no minuto em que ele pareceu com seu ex-namorado. Aposto que ela interpretou tudo errado. 'Bom conhecer você' não significa 'Eu adoraria ver você de novo'.

Sam não traiu Louise; ele traiu Daisy com Louise. Louise era a outra.

Ela queria que ele fosse o homem perfeito, então, ele tinha a certeza de que o era quando estava com ela – e você quer alguém que faça jus às expectativas. Como todo bom vigarista, ele ouvia as necessidades dela e as satisfazia."

Portanto...
Sam estava jogando com Louise. Ele sabia que ia agir dessa forma assim que Louise decidiu que ele era especial. A música, a literatura: isso era o Sam brincando de conquistador. Ele não ia deixar Daisy. Ela fazia com que ele se sentisse bem sendo jovem e bonita, além do crédito de ser um ótimo *enfeite* para exibir aos amigos. Como todo bom vigarista, ele se adaptou para se encaixar nas expectativas extenuantes de Louise e a fez pensar que ele correspondia ao seu ideal. Meu conselho é que se um cara a deixa confusa, dando e tirando ao mesmo tempo, ele está se *fazendo de Sam*, e é tudo um jogo para fazer você fica a fim dele. Tem muito pouco além disso.

Eli D, 28 anos, solteiro
Essa é uma perspectiva bem diferente. Adam é cínico e, acho que todas sabemos bem no fundo do coração, bastante verdadeiro muitas vezes. Mas Eli é um sonhador. E há uma chance de o Sam ser um sonhador também. Sonhadores podem embarcar no sonho de quem eles gostam mais, se um macho alfa ou um cara direto, vai saber. Isso é o que pode ter acontecido se Sam for como o Eli. Mas devo dizer que você estará mais segura do ponto de vista do Adam. Este aqui não vai evitar dor e confusão – e dor e confusão são exatamente o que eles querem evitar.

Dilema
"Posso entender Louise. Ela gostava do cara, eles se divertiam juntos, parecia perfeito para ela. Mas, apesar de ele ter sido um canalha, posso entender como um cara legal se vê nessa situação. Calculo que ele estava em um dilema, pensando em terminar com a Daisy, vivendo momentos ótimos com Louise – mas, então, as coisas mudaram."

Mais como uma grande amizade
"Conheço muitos homens que nunca conseguem decidir entre duas mulheres, portanto, nós tentamos levar as duas ao mesmo tempo. Quando estava com

a Louise, ele realmente queria a Louise. Mas quando voltava para Daisy, via tudo que Louise não podia oferecer.

Parece-me que o que ele tinha com Louise era mais como uma grande amizade (fora o sexo), enquanto o que ele tinha com Daisy se parece mais com o que as pessoas chamam de 'apaixonar-se'."

Portanto...
Sam não era um vigarista ou um pegador, era só nosso homem normal confuso entre querer alguma coisa com Louise, mas não conseguir terminar com Daisy. As duas tinham atrativos e dariam ótimas namoradas e, por isso, ele mudava de ideia dependendo de com quem estivesse. No final, ele estava mais a fim da Daisy, mas isso não impedia o interesse natural por Louise. Ele poderia ser amigo da Louise, no final das contas, se eles não tivessem ido para cama.

Conclusão

Se você é cética, Sam é só um idiota, usando o estilo Casanova de conquista meticulosamente, com suas atitudes tranquilas e levando a situação. Mas Louise estava sempre projetando fortes sentimentos nele por causa da associação que ela fez logo no início como ex. É possível que ele não quisesse estar com ela apenas por diversão, mas ele encarou um verdadeiro dilema. De qualquer forma, apesar de Daisy ser jovem e bonita, ela tinha mais do apelo da parceira romântica que Louise. Vi as duas e não é verdade que a Daisy é mais sexy. Mas essa não seria a primeira vez que um cara escolhe a mais simples e burra para que ele se sinta como o inteligente que está sempre no controle de tudo. É triste, mas não importa quão maravilhosa seja a amizade de vocês, ela nunca estará à altura de uma garota burra e jovem se ele for o tipo de cara (inseguro, que se autodefine como sensível) por quem ela se apaixonou.

O que fazer se você gosta mesmo dele: faça-o precisar de você dissimulando o seu grau de interesse. Não se deixe levar por mensagens enviadas tarde da noite, ligações telefônicas totalmente emocionais e exigências para que ele venha AGORA. Os homens têm repetido que quanto mais disponível, menor o interesse dele. E se ele estiver gostando da sensação de que você o quer, ele vai querer sentir isso sempre. Agora é o momento de se retirar e afastá-lo.

Jogo Rápido 5

Os homens estão preocupados em deixar passar "a garota"?

Jud T: "Sim, mas acho que é mais a linha 'provavelmente não vou conseguir nada melhor do que ela'. Não acredito que exista *a* (no singular) garota para todo mundo. E quando você diz 'deixar passar' acho que quer dizer que elas vão embora. Sempre mudo o que sinto por aquelas que vão embora. Costumo me referir como 'aquela que pode ter ido embora' como Melissa, a única garota que nunca traí. Entendo que o fato de eu nunca ter tido vontade de ficar com outra pessoa pode ter significado alguma coisa. Dois meses depois que terminamos, achei que ela fosse *a* garota. Somos amigos agora. Eu a ajudo quando tem problemas nos relacionamentos. Tem três anos desde que terminamos e superei completamente. Acredito de verdade que se consegui superar aquela, então não existe *a* pessoa. Só que alguns demoram mais tempo para superar que outros".

Bill N: "Toda vez que conheço uma mulher, acredito que ela seja *a* garota. Com o tempo, vejo que não é bem esse o caso, ou, ao fazer nossa retrospectiva, posso tentar me convencer de novo. Mas sei que a ideia de existir 'a' pessoa é mentirosa. Existem muitas mulheres que acho atraentes e com quem gosto de passar um tempo. O amor pode surgir dessas situações e, apesar de o amor pode ser baseado em diferentes detalhes – por exemplo, posso amar uma mulher pelo seu gosto por livros, pelo seu senso de humor, a maneira como ela ri, a arrogância, pela idiossincrasia da sua beleza – a intensidade do sentimento pode sempre chegar a níveis parecidos".

Anthony S: "Conheci uma garota maravilhosa que eu amava muito. Ela era bonita, divertida, uma pessoa encantadora que preenchia quase todos os requisitos, mas eu era muito novo para lidar com isso (tinha 24 anos) e nós terminamos. Uma pena, porque ela continuou em meus sonhos por muito tempo. Se eu me arrependo de alguma coisa na vida, provavelmente, é de não ter me esforçado mais para aquele relacionamento dar certo. O triste é que agora ela é casada e teve um bebê alguns meses atrás, então, fim de jogo!"

Você namoraria a ex-namorada do seu amigo?

Quais são os limites? Essa pergunta é interessante. Por um lado os homens são territoriais – como loucos. Por outro, quando a rapaziada está reunida, eles podem ser bastante práticos sobre isso. Ou seja, mesmo que eles se importem um pouco lá no fundo, não parece que caiam mais nessa que as mulheres.

Bob F: "Talvez quando estava na escola, mas não agora. Até poderia acontecer, mas muitos anos depois. Tive essa experiência quando uma ex saiu com um colega (que eu conhecia bem) e também teve um encontro com um velho amigo. Foi bem estranho".

Maor E: "Depende. Se não tem mais nada acontecendo entre eles, e esclareço com meu amigo primeiro, então, há uma chance. Por que não? Mas provavelmente, se acontecesse naturalmente. Não forçaria a barra para começar alguma coisa".

Tim L: "Sim, eu sairia. Nunca entendi essa ideia de que sair com um amigo faz a garota ficar marcada. Mas existem alguns limites naturais. O modo como terminou é importante. Se terminou tudo bem, na amizade, acho que não tem problema. Se ela saiu machucada, também acho aceitável. Se ela machucou seu amigo, então, acho que você tem todos os motivos para pisar em ovos e, possivelmente, não fazer nada. Mas é meio maluco ter regras tão rígidas".

O que você diria se um amigo namorar ou ficar com sua ex-namorada?

Moe E: "Se já tive tempo de me recuperar, então, é justo. Nada vai acontecer entre nós dois, então, quem sou eu para ficar no caminho da felicidade deles?"

Terry B: "Depende de qual ex. Mas, de modo geral, eu ficaria bem com isso. Boa sorte para eles. Claro que ficaria um pouco preocupado que alguma história negativa me sujasse com meus amigos, mas você tem que confiar no julgamento deles. Acho que muitas pessoas conseguem entender que há muitos lados para uma mesma história, que a vida é complicada, que há um choque entre certos tipos de personalidades, etc e, assim, podem separar seus relacionamentos e amizades, então, não há muita repercussão".

Uau! Como eles podem ficar tão calmos com isso? Quero dizer que essas são repostas típicas dos homens, mas não podemos esquecer o louco, possessivo, egocêntrico, ciumento e controlador que também são características de vários homens (normalmente dos inseguros, para ser justa). Aqui está uma resposta que corresponde um pouco mais ao que nós sentimos na mesma situação; mas, de novo, não é a resposta radical e sem limites que você pode esperar que seja mais de acordo com a raça masculina.

Jim F: "Se tiver sido um relacionamento sério, a maioria dos homens acharia um pouco complicado e estranho ver seu amigo com sua importante ex. De modo geral, nenhum cara quer estar nessa situação. Seu cérebro corta qualquer indício sexual da ex do seu amigo, da mesma forma como faz com a irmã da sua namorada e suas primas – dependendo, é claro, da quantidade de álcool no seu sangue. Mas, se isso acontecer, não é o fim do mundo para nós como é com as garotas. Vocês não aguentam por muito tempo".

Você tem fantasias com as amigas da sua namorada?

Alek F: "Claro. Por que não? A questão é a distância entre respeito e desejo. Se somos honestos com nós mesmo (não com nossas parceiras), quase sempre imaginamos coisas com outras pessoas, incluindo as amigas delas – e, às vezes, com a família, a irmã por exemplo".

Ed P: " Sim, claro. Se ela é atraente, como impedir? O charme dela não vai embora instantaneamente só porque ela é amiga da sua namorada. Claro que você nunca vai falar isso para sua garota. O que acho interessante, porém, é que a garota que sua namorada acha que o atrai, dificilmente é a garota com quem você fantasia. Descobri que tem certas garotas sobre as quais sua namorada fala antes – sutilmente, claro. Tem todos esses avisos velados sobre 'ah, ela é tão bonita' e 'os homens são loucos por ela'. Essas são maneiras codificadas de dizer 'então, é melhor que você não fique babando por ela, se não vai sentir o salto do meu sapato nas suas bolas'. Mas quando você as conhece, elas não têm nada demais. Normalmente, as que elas não veem como rivais é que são pegas pelo radar e despertam o interesse... ou talvez seja só comigo".

Fiquem atentas com as *sem sal*, garotas!

Quanto você se importa em agradar sua mãe quando escolhe uma namorada?

Alan A: "Essa pergunta me faz rir. Não penso em mais ninguém, a não ser em mim mesmo quando arrumo uma namorada. Talvez algumas pessoas façam isso, mas presumo, e já foi provado, que minha mãe está feliz quando estou feliz".

John S: "Não sei se entra no mérito da questão, mas é porque minha adorada mãe vai ser legal com quem eu escolher".

Você se preocupa ao conhecer o pai da namorada ou o irmão mais velho e protetor?

Victor L: "Não. Não me preocupo porque sou bem confiante. Alguns caras podem achar isso engraçado, mas nunca me preocupei com isso; na verdade, quase que espero por isso – quando eles me conhecem, ficam surpresos. Eles pensam que sou um folgado ou coisa parecida, mas, depois, veem que sou diferente. Se você realmente gosta de uma garota, você tem que conquistar as pessoas mais próximas, então, ela vai ficar com você porque ela sempre pergunta a opinião deles".

Billy O: "Sim. Não me preocupava até que o pai de uma garota me deu um aviso. Ele disse: 'Se você transar com ela, terá problemas'. Desde então, tenho medo de conhecer o pai. Nunca tive problemas com os outros".

Tim B: "Eu me preocuparia mais em conhecer a mãe pelo poder de influência que ela tem sobre a garota. Apesar de que conhecer a família, em geral, acaba com os nervos de qualquer um porque é um sinal de que a relação é séria. Mas se você acha que essa pessoa é parte importante da sua vida, então, não tenha medo de conhecer a família. E quanto a conhecer um irmão ou pai protetor, sem chance – não somos mais crianças. Posso lidar com isso".

Qual o apelo que um *ménage* exerce sobre os homens?

Essa é uma ideia tão forte na cabeça deles, é quase como um desafio. A ideia como um todo é muito boa, mas, inevitavelmente, a realidade não é tão boa, ou porque é difícil lidar com tanto possíveis ciúmes, ou porque tem que se concentrar muito, ou pelo medo da performance peniana".

Paul L: "Bom, já experimentei algumas vezes. Uma foi a pior coisa do mundo. Tive que me concentrar tanto que brochei. Mas eu falo uma coisa para você: caras que nunca fizeram, pensam nisso. Quando você não fez, você fantasia com isso. Mas nunca tive essa vontade".

Max C: "Parece legal, mas é mais uma fantasia da *Playboy* do que qualquer outra coisa. Fiz um *ménage* e foi bem, bem bizarro. Acontece que, depois que você transa, percebe que só tem atração por uma delas".

Anthony A: "Sim, *ménage* pode ser bem legal. Fiz duas vezes, dois homens e uma mulher e com duas mulheres e um homem, e as duas vezes foram ótimas. Mas acho que depende de algumas coisas, por exemplo, é importante que duas pessoas não tenham um relacionamento, porque é quando o ciúme pode bater. Algumas pessoas gostam de ver suas parceiras transando com outro cara. Eu não, não suporto a ideia. A ideia é mais se são dois amigos e eles acham mais uma pessoa, ou pode ser uma gostosa que você conhece em uma bar".

Parte Seis

Coisificação

Coisificação pode parecer uma ideia tirada de um discurso feminista na faculdade, mas pensei muito e não achei palavra melhor para resumir quando o homem vê e trata a mulher como coisa, como objeto. Não estou falando de homens cruéis que veem as mulheres como seios, bunda, pernas e nada mais. Falo de homens sofisticados, rapazes bem-sucedidos que têm uma ideia fixa e profundamente perturbadora sobre as mulheres que, bom, não dá para acreditar. Hoje em dia, é bizarro, mas verdadeiro, que a inteligência de uma mulher e uma carreira bem-sucedida sejam motivos para afastar os homens. E parece que, pelos depoimentos dos rapazes com quem falei, nada, mas nada acaba mais com o interesse masculino do que uma mulher ambiciosa. Quem quer dormir com uma garota contando detalhes de como ela se tornou sócia no escritório de advocacia? Eca! Nem preciso dizer que é o inverso para as mulheres em relação aos homens que elas acham atraentes.

Se uma mulher não esconde a inteligência, é tachada de convencida. Ela não vai aceitar qualquer bobagem vinda de um cara que pensa ser o maioral e que adora uma discussão (mas nunca no primeiro encontro). Já tive minha cota de homens que me olham como se eu fosse uma lesma ou outra criatura pouco atraente. Então, foi com muita raiva que ouvi a história da Antônia – aconteceu em 2010 (Os arquivos de Michael, no capítulo 20). O fato de uma mulher que tem tudo, desde um excelente emprego a boas maneiras, charme, inteligência e bondade, ser rejeitada por sua inteligência e sucesso me deixara louca.

Mas também curiosa. Não acho que o cara tinha horror a ela, ele estava, quero acreditar, sendo honesto quando explicou por que não via um futuro romântico ou sexual. A questão é: por que ele se sentiu daquela maneira? O que os homens realmente pensam das mulheres espertas e bem-sucedidas como parceiras sexuais? Temos algumas verdades desanimadoras sobre isso, tanto na análise d' Os arquivos de Michael, quanto no Jogo Rápido.

Os arquivos de Seb, no capítulo 19, analisam aquela situação quando um namorado não consegue ou não quer desligar o sensor de *outras mulheres gostosas*. Ele tem uma namorada de muito tempo, uma mulher adorável e inteligente e, ainda assim, ele – um homem inteligente e bem-sucedido – não consegue colocar em prática a ideia de respeitar a namorada parando de babar por outras mulheres. De novo, esse comportamento parece o de um idiota completo. Parece que ele esquece que a namorada é um pessoa com sentimentos (não apenas um adereço para exibir aos amigos) quando ele está rodeado de mulheres bonitas. Porém, como vocês verão, não é tão simples assim. E a conclusão para mulheres como a namorada de Seb (o nome dela é Katie) é dizer ao homem dela que mude o comportamento dele e mostre algum respeito por ela. Esse conselho não é meu, é dos homens. O que acho que compensa todos os Seb do mundo. Ah, depois de tanto choro...

E finalmente, Greg. Um homem que coloca o tamanho do vestido acima de tudo, levanta uma questão: como um centímetro aqui e ali pode ser fator determinante para um cara? Isto é, querer alguém que seja bonito é uma coisa. Terminar um relacionamento por causa do tamanho do vestido é outra... E isso depois de tentar dormir com a moça em questão no primeiro encontro. Não é ridículo?

19
Por que ele fala de outras mulheres na sua frente?

Os arquivos de Seb

Existe uma premissa, segundo a qual, quando você está com alguém essa pessoa é a mais sexy do mundo. Tudo bem, eu sei, a Agnelina Jolie é mais sexy que você, mas seu namorado não deveria insistir no assunto. É só uma questão de respeito, certo? E não vale só para as artistas, vale também para as mulheres da vida real. Deveria ser óbvio que comentar como elas são sexy não é legal. Então, por que eles fazem isso? Não estou falando daquele espertalhão idiota comum. Falo de caras legais e civilizados. Será que não percebem o que estão fazendo? Só querem deixá-la nervosa? Eles estão tentando ser maus com vocês porque são inseguros? Ou são só pervertidos, mal-educados e insensíveis?

O caso

Seb um professor de história com muita habilidade social, com seus 30 e tantos anos, não acha nada demais comentar sobre como as outras mulheres são lindas na frente da namorada, minha frágil amiga Katie. Seb gosta muito de Katie, eles são vistos sempre juntos e ele fala dela sem parar. Eles foram morar juntos há pouco tempo e parecem ter aqueles relacionamentos simbióticos, do tipo que fazem tudo juntos.

Então, foi um choque para mim quando eu os encontrei em uma festa. Seb estava encantador como sempre, mas não me olhava nos olhos enquanto falava comigo, olhava por cima de mim a cada dois segundos e não parava de se mexer. Eu diria que ele estava procurando por melhor companhia, quando ele parou um assunto no meio da frase para me dizer: "Desculpe, só estou de olho naquela loira gostosa que está ali na escada". Pobre Katie – que estava bem ali – só encolheu os ombros se desculpando. Um olhar de sofrimento apareceu no rosto dela. Enquanto ele mal podia disfarçar que estava babando por aquela garota – nenhum sorriso para Katie também.

Aquilo parecia normal no relacionamento, mas não era agradável (pelo menos para ela). O mais estranho é que ele parece ser um cara legal, Katie é uma garota legal, eles têm essa química incrível e parecem bem unidos. Então, por que ele faz esse tipo de comentário? É só descuido? Ele está tentando provar algum tipo de liberdade? Ou ele é um mulherengo completo e sem-vergonha que não consegue deixar de comer as mulheres com os olhos e *coisificá-las*?

O que os caras pensam

Karl B, 33 anos, em um relacionamento sério

Karl é o máximo e sempre se comporta como um cavalheiro. Nesse caso, ele verifica um hábito horrível que só mostra o desejo de Seb provar a si mesmo que ainda é um garanhão. O fato de a idade estar avançando – 30 e tantos anos – tem importância. Além de ele querer deixar a Katie insegura e, assim, fazê-la se apegar ainda mais.

Eu sou o cara

"Ele é mulherengo, isso é óbvio. Mulherengos estão sempre de olho em novas oportunidades – e eles procuram por isso mesmo quando estão em um relacionamento. Ele espera que ela responda ao ataque? Não. É só um hábito. Pode até haver certa excitação para ele estar ali falando com você, com a namorada do lado e ele falando de outra garota. É coisa de se sentir poderoso como: 'eu tenho você, mas poderia ter aquela também'. Isso mantém a namorada no limite da insegurança e ela se apega."

Mais uma vez, garotas, a melhor maneira de saber se um cara é boa coisa ou não, é saber como você se sente. Se você se sente à beira de um abismo, ele está fazendo alguma coisa errada.

Ele quer as duas coisas

"Ele está namorando agora, mas sente falta de ser solteiro; ele quer as duas coisas. Ter necessidade desse poder é horrível, mas bem comum. Ele tem a impressão de que pode ter qualquer uma ou que ele pode partir para ação quando quiser."

Portanto...
Ele é um egoísta e tem essa péssima mania que deve ter começado porque ele acha que pode tudo. Ah, e ele não respeita a namorada.

Jeremy A, 40 anos, noivo
Agora um ponto de vista diferente. Jeremy mostra que, estranhamente, tem uma coisa boa na mania do Seb. Só não tenho certeza se as mulheres concordam com isso.

Você pode confiar em mim
"É uma coisa de confiança e Katie deveria estar em êxtase. Por quê? Porque ele está mandando duas mensagens aqui. A primeira: 'nosso relacionamento é tão sólido e eu me sinto tão confortável com você que posso dizer quando acho outra mulher gostosa' (como eles fariam com os amigos e amigas). Segunda mensagem: 'você pode confiar em mim'. E isso é importante. Katie precisa começar a se preocupar quando Seb parar de dizer como uma garota é gostosa. Ele é extrovertido. Fala o que pensa para sua companheira porque sente que ambos são seguros o bastante para lidar com isso. Se ele para é porque seu monólogo interno mudou. Ele não vai mais cobiçar as mulheres (só um *pouquinho* politicamente incorreto!) pela estética. Ele vai se sentir culpado por pensar nelas mais que Katie e talvez ele esteja um pouco insatisfeito com o relacionamento."

Portanto...
Se o seu namorado é extrovertido, sinta-se bem porque ele está dividindo os pensamentos (monólogo interno) com você. Significa que ele não está atraído o bastante para manter isso em segredo, portanto, não há ameaça. Você pode, se quiser, ver os comentários como um sinal de que seu homem vive o sonho da relação totalmente segura. Claro que se você se sente um lixo, faça com que ele entenda que você prefere uma relação um pouco menos honesta.

Anthony A, 29 anos, caçador mor de mulheres
Anthony nunca se cansa de olhar mulher gostosa, então, ele é perfeito para simpatizar com, ou explicar, o comportamento do Seb.

Involuntário

"Já fiz isso antes – agi ou tive algum tipo de reação de forma que a garota com quem eu estava percebeu que eu vi e estava reparando outra garota. Às vezes, você não sabe o que está fazendo. É como ver uma garota com um cabelo loiro maravilhoso: minha reação é sempre olhar de novo, involuntariamente."

(Para saber mais sobre o poder das loiras, veja o Jogo Rápido, na página 231, para saber se eles preferem mesmo as loiras.)

Testando

"Mas o Seb parece um pouco convencido, pode ser que ele esteja testando a reação da Katie, e também arrogante. Se você realmente gostar de uma mulher, não acho que você cometeria o erro de ficar elogiando outra garota na frente dela. Talvez uma vez, mas não duas. Se ele não espera nenhuma reação da outra garota, então, só serve para mostrar como ele é idiota. Uma coisa que aprendi com os meus relacionamentos é que testar um ao outro em situações como essa só mostra que as pessoas e/ou a relação está perdida."

Muitas mulheres bonitas por aí

"Tenho certeza de que Katie é bonita e graciosa, mas há muitas mulheres bonitas por aí, e não tenho dúvida de que o cara não dormiu com tantas mulheres para satisfazer as vontades dele".

Portanto...

Katie deveria ter falado com ele sobre isso, mas é provável que ele continuasse fazendo a mesma coisa porque ele não é tão a fim dela e – ou – porque ele realmente quer transar com outra mulher. Às vezes, a explicação mais simples é também a mais verdadeira: ele olha para outras mulheres porque quer transar com elas. E, como Anthony disse bem, alguns homens nunca estão satisfeitos. O caderninho (de conquistas) deve estar completo antes de ele pensar em se acalmar – e, mesmo nessa hora, pode aparecer algum caderninho novo, pronto para ser escrito.

Conclusão

Seb pode achar bem difícil acabar com velhos hábitos; ele pode não ter consciência do que está fazendo. O primeiro passo é Katie falar sobre o assunto com ele. Ele vai ter poucas desculpas para continuar fazendo isso depois da conversa e, se ele continuar, será a única resposta para a dúvida sobre seu respeito e carinho por ela. Porque o nível de respeito – e possivelmente de afeto – está bem perto do zero nesse momento.

O negócio é o seguinte, se você gostar de um mulherengo charmoso você tem que comprar o pacote completo. Ele não é o Sr. Marido Ideal. Mas é muito mais divertido e, por isso mesmo, ele fica no meio do caminho entre a diversão e a dor de aturar um idiota.

O que fazer se um cara cobiça outra mulher na sua frente: pergunte por que ele faz isso. Quando ele responder, você fala: "Bom, amigão, eu não gosto disso". Independente do que ele disser, no mínimo, vai ter que se explicar e isso vai ser bom para ele e para você. Pode fazê-lo perceber seu comportamento ridículo. Ou, melhor ainda, comece a olhar para outros caras. Um homem como Seb não vai gostar nem um pouco de sentir que você parou de prestar atenção à Sua Majestade por um segundo. Olhares de cobiça para outro homem vão deixá-lo louco; então você pode virar para ele e dizer: "Agora você sabe como é". Mas, se foi justamente o caráter mulherengo e vigoroso que chamou sua atenção, você deve simplesmente aceitar. Ou caia fora e encontre um novo alguém. Não é sempre que cachorro velho aprende truque novo.

20

Por que eles acham inteligência brochante?

Os arquivos de Michael

Mesmo que você tenha nascido lá em 1982 como eu, é provável que tenha crescido com a ideia de que os homens se sintam intimidados por uma mulher inteligente. Sua mãe deve ter dito isso para você se sentir melhor quando nenhum garoto da escola queria sair com você. Ou pode ter descoberto sozinha; afinal é uma ideia recorrente e baseada na realidade. Por favor, quem já não viu um homem inteligente perder a cabeça por uma mulher com metade da inteligência dele (ou da sua), quando uma alternativa muito mais atraente (você) estava disponível? Os arquivos de Sam, no capítulo 18, são justamente sobre isso. A *piriguete* loira é uma figura conhecida mundialmente por ser desprezada por mulheres inteligentes e atraentes para a maioria dos homens.

No entanto, sente-se um pouco e pense. A *piriguete* loira não tem um papel realmente importante na sua vida hoje em dia, tem? Não: você é inteligente e fabulosa, assim como seus amigos, e o seu cérebro nunca a fez parecer menos atraente, pelo menos aos seus olhos.

Mas você é forçada a ver que, ao contrário do que imaginava, alguns homens ainda, AINDA, brocham com uma mulher esperta – e não têm vergonha em admitir. Para uma mulher, um homem inteligente é um bônus, como são as amigas inteligentes. Mas nós somos levadas a acreditar que uma mulher sagaz e bem-sucedida faz com que os homens se sintam menos homens e inferiores. Esse pode ser o caso? Não será o caso de que os homens ainda lutam para apreciar essas qualidades em meio às suas conquistas femininas e para achar isso excitante? Creio que *intimidados* é uma desculpa: por alguma razão, homens ainda não acham sagacidade sexy e feminina. Porque mulheres inteligentes que são também graciosas, bonitas e atraentes simplesmente não são assustadoras. Um urso bravo, ou um maníaco com uma faca na direção do seu pinto, isso sim são situações assustadoras.

O caso

Ela é uma advogada formada em Oxford que trabalha em um dos maiores escritórios em Londres. Michael era um executivo de publicidade que também trabalhava em uma firma top, e eles se conheceram na festa de Natal do escritório de um amigo em comum – ele era o melhor amigo do cachorrão top nessa história.

Ela estava conversando com esse amigo, quando Michael se aproximou e passou a olhá-la insistentemente – é difícil não fazer isso: com aparência mediterrânea e olhos brilhantes. A inteligência e o charme de Antônia são muito óbvias também; antes que você perceba, você está à vontade e dando risada. Anthony também não é de se jogar fora. Ele tem olhos azuis que a deixariam tonta, ele está sempre rindo e sua voz é tão linda e intensa (especialmente sexy com seu sotaque de Glasgow – Escócia). Enfim, a química foi imediata e estavam ambos bêbados. Duas horas depois, eles estavam se pegando atrás da árvore de Natal.

Ele a convidou para sair no dia seguinte, e a levou para jantar na mesma semana. De novo, houve química e eles se divertiram muito. Ela estava muito atraída por ele. Quando saímos para jantar, mostramos nossa verdadeira face, já que não há muito que fazer, se não conversar. E a verdade sobre Antônia é a sua educação em Oxford, bem-sucedida carreira no escritório de advocacia e uma personalidade super charmosa. Ela é descontraída, mas confiante. Assertiva, mas muito sensível às pessoas ao seu redor e – como muitas de nós – queria ser amada. Michael também parecia amável, brilhante, confiante e era uma estrela profissional em ascensão. Depois do jantar, foram tomar uns drinques na casa dele e se beijaram, foi vigoroso – mas não houve sexo.

Alguns dias se passaram e ele a chamou para sair de novo. Dessa vez, ele sugeriu drinques em vez de jantar. Ela, sendo obrigada (mas também querendo) a se arrastar até a região onde ele morava no leste de Londres, e eles foram a um bar moderninho. Ela sentiu que alguma coisa estava errada: esse encontro era "menor" e não exigia muito esforço dele. Mesmo assim, as horas voaram e ela estava muito a fim dele; e esperava que sua impressão fosse apenas paranoia.

Não era – ele mal a beijou quando se despediram. Ela perguntou o que estava acontecendo. Primeiro, ele murmurou alguma coisa sobre estar cansado. Ela insistiu para que ele fosse mais honesto. Então, ele soltou que estava realmente atraído por ela e estava se divertindo, que o jantar tinha sido fabuloso, mas ele não podia fugir desse sentimento que o perseguia. Depois do jantar, ele ficou muito ansioso. Ela era muito esperta, muito bem-sucedida e a combinação o deixava assustado. Ela lembrou que ele não parecia tão "assustado" (principalmente na casa dele depois do jantar) e também que ela não tinha agido de forma assustadora, e nem tinha se comportado de forma que o assustasse forçando a barra ou exigindo compromisso. Então, ele disse: o que realmente aconteceu foi que ele parou de achá-la sexy e atraente. Ele adoraria ser amigo dela, mas, quanto mais eles conversavam e quanto mais ele via o quanto ela era completa – maravilhosa e inteligente – mais o pinto dele murchava. Ele não disse essa última parte, mas ela entendeu o recado.

Por que um homem inteligente e legal achou uma mulher inteligente e legal pouco atraente quando ela revelou sua sagacidade e o consequente sucesso? Como, quando a mulher em questão é tudo menos *pouco atraente*, uma coisa positiva como cérebro parecer tão ruim? Estamos em 2010.

O que os caras pensam

Rob G, 29 anos, em um relacionamento sério

Rob é um desses caras amigos e de bom humor que sai com os *meninos* e vê as mulheres mais como acessórios – basicamente como namoradas, amantes, esposas ou mães. Ele é advogado e, apesar de bizarro, sua namorada também é uma advogada muito inteligente, e ele entende o problema completamente.

Biologia

"É mesmo um pouco brochante quando a garota está toda interessada na carreira, com seu *BlackBerry*, muito ambiciosa. Mulheres devem ser inteligentes, sim, mas graciosas e com cheiro de rosas. É a biologia: é muita coisa. E também é sobre o controle. Como um homem pode ser um homem quando a namorada dele controla um departamento inteiro no trabalho. Receio dizer que existe alguma coisa dos tempos das cavernas em nós, quando éramos os provedores."

Esse tipo de conversa me faz querer vomitar. E é só cliché – nós podemos dizer que é *muita coisa* quando damos à luz aos 16 anos. É papo-furado. Ainda assim, eu não teria incluído esse depoimento aqui (e tenho certeza de que Rob não teria dito isso) se eu não tivesse visto alguma verdade nessa história, ao menos entre certo tipo de homem.

Uma piriguete que o excita
"Uma mulher bem sucedida que venha completa seria algo que você teria que aceitar em vez de ser feliz com ela. E tem o sexo. Se você está com uma mulher que é só mais uma *piriguete*, transar com ela é muito excitante porque é muito mais fácil de você *coisificar* essa garota e dominá-la – e esse é o top de excitação. Eu sempre olho para o Bill Clinton e Hillary e penso, 'como ele está com ela?'. Ela é uma das mulheres mais poderosas dos Estados Unidos – não entendo como ele pode estar com ela."
Ai, meu Deus. De qualquer forma, aí está. Não me surpreendo que Michael não conseguisse transar com Antônia – ela não correspondia ao seu ideal de mulher para que ele fosse o garanhão.

Portanto...
De um ponto de vista puramente sexual e instintivo, mulheres ambiciosas e bem-sucedidas têm menos apelo para alguns homens. Para esse tipo de homem o desejo de dominar e controlar quando estão no quarto é, evidentemente, muito importante na relação.

Marco D, 26 anos, está à procura
Marco é outro conquistador, bonitão do tipo *eu sou o cara*. Ele sempre namora loiras bonitas. Ele também não consegue imaginar nada menos atraente do que uma mulher bem-sucedida.

Intensamente competitivo
"Conheci uma garota em um casamento recentemente. Ela é uma bielorrussa que estudou em Oxford e trabalha em um grande escritório de advocacia, o mesmo perfil de Antônia. Peguei o número dela, mas nunca liguei. Ela até tinha um namorado, mas não achei que isso fosse problema."
Calma aí. É uma frase solta no ar, mas muito reveladora. Quando o homem lança seu olhar 43, ele realmente acha que vai conseguir o que quer. Você con-

segue imaginar tamanha falta de consideração pela namorada? É uma autoconfiança cega. Não me surpreende que uma garota inteligente, que pode ameaçar esse nível de confiança, seja perigosa. E o ego sobe à cabeça novamente.

"Mas quando ela falava do trabalho parecia tão competitiva que pude imaginar tudo virando uma competição, que não é o que você procura no ambiente doméstico. Provavelmente, funciona melhor quando ambos são bem-sucedidos na sua própria área, mas sem confronto direto."

A última coisa que você precisa é de um paralelo
"Além disso, toda a ideia da garota sendo agressiva e competitiva não é algo que esse tipo de homem procura. Se você tem que brigar o tempo todo no trabalho para se sair bem, a última coisa que você procura é uma paralelo ou um espelho disso quando chega em casa. Inteligência é uma característica que se procura em uma mulher. Mas esse estereótipo competitivo não é valorizado por homens que se definem da mesma forma."

Bom, então aí está: homens simplesmente se apropriaram dessa característica como se fosse só masculina. Nunca passou pela cabeça deles que pode ser uma característica feminina também, que até pouco tempo atrás podia ser exercida nas esferas da rivalidade romântica e em casa. Hoje em dia, porque mostramos isso no ambiente de trabalho, consideram que estamos invadindo o território masculino. Garotas, se algum dia vocês pensarem que o mundo está se tornando feminista, lembrem-se de que não é bem por aí. Desculpem pelo discurso retórico, mas acho que nunca podemos desistir dos sonhos ou nos curvar a qualquer ideia de que *mulheres são destinadas a serem doces e com cheiro de rosas*. Se a sua natureza é a de sucesso a qualquer custo no trabalho, então, faça isso e orgulhe-se.

Portanto...

Homens de sucesso têm medo de encontrar suas parceiras. Eles querem um refúgio em casa e acreditam que se as parceiras são tão competitivas e trabalhadoras quanto eles, elas não oferecem o ambiente doméstico que eles querem e precisam. Eles têm medo da competição, mesmo que em campos diferentes. Eles vão ficar com a moça, mas ela também não pode ser burra: inteligente, doce e sem grandes ambições ou sucessos profissionais, tudo junto em uma só. Isso é o que eles fazem: eles pedem (e conseguem) o que querem.

George M, 33 anos, solteiro
Já ouvimos a opinião de homens como o Michael. Agora temos uma nova perspectiva que nos traz esperanças. E saberemos que nem todos os homens têm o "diálogo interior" do Michael. Isso é importante porque quando você for pega por um tipo como o Michael, vai se sentir segura em saber que há também os que são modernos e decentes seres humanos. (Para saber mais sobre o real interesse dos homens em mulheres ambiciosas e inteligentes, veja o Jogo Rápido, na página 179.)

Medieval
"Francamente, acho isso bizarro, nunca acharia uma mulher inteligente brochante, principalmente se ela for também atraente e divertida. Para um homem bem-sucedido, inteligente e charmoso a companhia e amante ideal é alguém que ele possa provocar, com quem se divertir, ter uma boa conversa e sentir-se orgulhoso de ter alguém que o atrai, tanto física como mentalmente. Sentir-se intimidado pela perspectiva de encontrar isso em uma mulher não é só antigo, é medieval. Qualquer homem que pense diferente tem sérios problemas de autoconfiança e uma visão distorcida do mundo.

"No entanto, existe outra possibilidade para o que acabei de falar, e pode estar relacionado mais à ambição do que à inteligência. Ninguém, homem ou mulher, quer se sentir em segundo plano em relação à carreira de outra pessoa, mesmo que seja no primeiro ou segundo encontro. Existem maneiras de falar sobre o quanto você gosta do seu trabalho que não parece que essa é a única coisa importante na sua vida. Eu daria esse conselho para qualquer pessoa, não apenas para as mulheres, e nem *especialmente* para as mulheres.

"Antônia deve procurar por um homem que goste da sua inteligência em vez de procurar um homem fraco que se sinta inferior por causa dela. Ele ficará mais à vontade com idiotas e imbecis como ele."

Portanto...
Homens como Michael podem ser evitados. Claro que quando eles vêm em pacotes atraentes é muito mais difícil evitá-los totalmente. Mas do que você deve se lembrar e o que George e outros homens como ele realmente acreditam é que inteligência, sucesso e humor são uma combinação explosiva e qualquer um que não aprecie isso – desde que a carreira não predomine – não a merece.

Conclusão

Muitos homens, não importa se pareçam bem modernos, ainda estão presos a essa ideia dos tempos da caverna, de que eles são provedores e mulheres devem ter cheiro de rosas e apenas ser bonitas (embora as mulheres da caverna provavelmente não cheirassem tão bem). Uma mulher que não o faça se sentir o provedor, ou dá sinais de que fará isso no futuro, tem o efeito imediato na atração sexual que ele sente. Ele vai ser julgado e dominado na cama, e o grande lance é dominar uma *piriguete*, para curtir o objeto puro. Ops!

Outros se preocupam em encontrar sua parceira e ter de enfrentar competição em casa se ela for bem-sucedida e ambiciosa no trabalho. Eles não querem isso, querem um refúgio confortável, depois de um dia cheio, com a mulher cheirosa levando o cachorro para passear, ou angariando fundo para caridade, ou lecionando no jardim da infância.

E afinal existem homens (e esses vale a pena segurar) que não pensam na competição, nos seus egos ou nas regras dos provedores. Para eles, quanto mais inteligente e bem-sucedida, melhor. Livre-se dos primeiros dois tipos de homens antes que eles se livrem de você.

O que fazer se você se sentir atraída por um cara com tendências do tipo Michael: não acho que você alguma vez tenha que fingir ser alguém que não é, a não ser que finja ser alguém mais forte, melhor e mais ambiciosa. Mas George disse uma coisa que é bom de lembrar nesses momentos de dúvida. Se você sentir que um cara tem problemas com o seu sucesso, é só falar menos sobre isso. Dê preferência para outros assuntos enquanto ele a está conhecendo. Uma vez pego, solte seu discurso de 45 minutos sobre a venda daquele espólio ao banco japonês em que você trabalhou 23 horas seguidas.

21

Por que ele age como se estivesse interessado quando ele sabe que não está?

Os arquivos de Greg

Homens, como eles sempre nos dizem, são criaturas diretas que não conseguem deixar de agir desse jeito. Não está interessado na garota? Não é o tipo dele? Fim da história, sem espaço para negociação: não vai acontecer. Eu estava jantando com um rapaz quando ele me disse, batendo na mesa para enfatizar, que quando um homem não está interessado em uma mulher, ele não vai agir como se estivesse. Então, por que um homem namora uma mulher que ele sabe, desde o início, não ser o tipo dele – seja uma relação longa ou mesmo uma transa rápida? Esse não é um jeito estranho de diversão?

Sei que já saí com caras, algumas vezes, mesmo sem gostar deles na esperança de vir a gostar, ou porque senti que devia dar uma chance. Mas uma coisa não faço nessas circunstâncias, quando existe real chance de apego, é agir como se estivesse toda interessada para transar com eles, ou pular no colo deles e beijar o rosto deles na primeira oportunidade depois de alguns drinques.

A outra coisa confusa no caso que descrevo em seguida é o fato de Greg parecer muito apegado ao tipo físico independente de outros fatores, como o quanto eles se dão bem. Posso entender uma regra como *ela não pode ser do Partido Nacional Britânico*.[*] Mas não uma regra tão fútil como *não pode vestir 42 ou mais*.

Greg conseguiu combinar as duas esquisitices – o namoro sem sentido e a regra do tamanho do vestido – em uma só bobagem doentia.

O caso

Minha amiga Meg conheceu Greg na internet (a rima entre os nomes iniciou a conversa). Ele era um consultor do Serviço Nacional de Saúde divor-

---

[*] Partido britânico de extrema direita com ideais racistas. (N.T.)

ciado e com três filhos. Nas palavras dela ele era "ok, nem bonito nem feio, normal". Bem, eles começaram bem. Conversavam no site do *Guardian* Alma-gêmea, e começou tudo bem. Depois de poucos dias, passaram para mensagens de texto, e-mails e telefonemas, tudo feito com muito entusiasmo, principalmente por ele.

Com essa comunicação afobada, Meg e Greg rapidamente sabiam muito um do outro. Um dos muitos assuntos foi o tipo físico deles, e Meg se descreveu como tendo 1,62m, 40 para blusa, 42 para calças e 44 para o sutiã. Só alguém nascido ontem – ou em outro planeta – não saberia por essas medidas que se tratava de uma figura curvilínea. Meg não era magrela; ela mesma se descreveu como "cheinha".

De qualquer maneira, eles se encontraram para um drinque e estavam se divertindo, quando no meio da noite ele se debruçou sobre a mesa e a beijou. E partiu para cima. Esse comportamento continuou no estacionamento, onde ele pareceu ainda mais interessado em suas curvas.

Depois de um tempo, Greg convidou Meg para ir embora com ele. Era muito tarde – meia-noite de um domingo – então Meg declinou. Então, eles combinaram de se encontrar na terça seguinte.

Por causa do entusiasmo da noite de domingo, foi estranho Meg não ter notícias de Greg até terça. Estava acontecendo alguma coisa.

E ela mal pôde acreditar quando soube o motivo. Ela descobriu ao receber um e-mail de Greg, na terça-feira, que explicava por que ele não podia vê-la de novo. Era uma estranha mistura de razões que, ao mesmo tempo, a culpava por ser gorda e dizia que uma ex-namorada tinha reaparecido. O e-mail tinha mais de uma página e, para dizer o mínimo, era um pouco demais.

Ele começou dizendo como estava empolgado com a Meg e com a ideia de conhecê-la, ele até mesmo disse que ela era bonita, inteligente e divertida. Ele continuou dizendo que apesar de saber o *tamanho do vestido* dela desde o início, teve esperanças de que não fosse importante, mas importava sim. Ele tinha especificado que procurava uma mulher *em forma e ativa* no site de encontros, mas agora preferia ter colocado *magra* – mais para Kate Moss do que para Beyoncé. Por mais que tentasse, não conseguia se sentir atraído por garotas do tamanho de Meg. "E como eu nunca serei capaz de sustentar interesse sexual por uma garota tamanho maior que 36, não acho justo dormir com você."

Vamos lembrar que foi Greg, não Meg, que falou de sexo. Para uma pessoa que diz não se sentir atraído, ele não teve muitos problemas nesse departamento enquanto se debruçava sobre a mesa, ou no estacionamento.

Mudando para outra questão importante, Greg escreveu que ter encontrado com sua adorada ex na noite de segunda-feira fez com que percebesse o quanto ainda gostava dela e que não estava pronto para seguir em frente. O destaque dessa história foi a explicação do porquê não ter tido tempo de mandar o e-mail para Meg na noite anterior. Ele quis mandar um e-mail em vez de telefonar para que pudesse expor melhor seus pensamentos.

Uma simples mensagem dizendo que não achava que ia dar certo apesar de ela ser uma ótima garota bastava. O e-mail enorme não tinha explicação; ele realmente achou necessário dar detalhes de como o tamanho da roupa dela não era atraente para ele? E por que tocar no assunto de que tinha encontrado com a ex? Ele achou mesmo que Meg estava tão louca por ele que qualquer outra coisa menor que um e-mail detalhado seria frustrante?

Mais especificamente, se ele sabia que o *tamanho do vestido*, como ele diz, é tão importante para ele, por que ainda teve o trabalho de se encontrar com ela e por que agiu como se estivesse todo empolgado, quando, por dentro, tinha vontade de correr? Ele estava tratando o tamanho do vestido como se fosse a questão central, destacando só um detalhe de um todo. Afinal de contas, adoro homens com dentes perfeitos e prefiro os de barriga tanquinho, mas será que já saí com outros tipos? Claro que sim.

Mas que diabos Greg estava fazendo quando encontrou e depois dispensou Meg?

O que os caras pensam

Max F, 33 anos, em um relacionamento
Max conheceu sua namorada atual depois de meses no match.com. Ele não está impressionado com o Greg.

A brincadeira
"Bom, por onde começar com esse babaca? Vamos dividir minha opinião com o Sr. 'ok, nem bonito nem feio, normal' Greg. Um: as brincadeiras. Quem pergunta por tipo físico e o que aconteceu com os eufemismos dos anúncios em

jornais locais? Aposto que Greg deu a altura e o tipo, sem achar necessário ser específico. Faz parecer que ele está procurando um carro, não uma namorada. Idiota."

Sim, parece-me certo.

"Dois: o encontro. Por que Greg acha que precisa conhecer o que me parece ser uma garota adorável, mesmo depois de se mostrar superficial, está além da minha compreensão. Aposto que apesar de ser um consultor, um divórcio humilhante ou um término de namoro recente o deixaram enfraquecido e com necessidade de aprovação. Encontrou Meg e decidiu conhecê-la apesar da sua preferência por garotas 'magras', provavelmente ele queria ter sexo vingativo e agressivo com ela (ele parece alguém que pensa que mulheres grandes são sexo fácil). Quando isso não aconteceu, o pobre Greg ainda precisava se reafirmar, de aprovação, por isso..."

Três: o e-mail. Esse cara é inacreditável. Ele marca um encontro, não transa, e dá a dispensa 'não sou eu, é você'. A julgar pela total falta de personalidade nesse e-mail, eu diria que Meg se livrou de uma boa. Acho que tudo isso é sobre a necessidade de achar que o fato de ele não querer ficar com ela é muito para a pobre Meg aguentar, por isso a ridícula superexplicação e a própria atitude 'desculpe, mas sou muito bom para você'. Que besta!"

Portanto...

Greg é um homem mau e idiota que pensa muito em si mesmo. Ele demonstra falta de humanidade e parece ter tentado transar com Meg porque achava

que ela seria fácil – inferior.

Robert F, 28 anos, namora há algum tempo pela internet

Robert apresenta uma perspectiva diferente explicando o que Greg realmente queria com as brincadeiras, investidas e rejeição. Não gosto, mas certamente tem um fundo de verdade nessa história.

Corpo firme

"Você está esquecendo o impulso do sexo imediato. Isso pode levar um homem a marcar um encontro com uma mulher que ele sabe desde o início não ser o tipo dele. Quanto à regra do 'tamanho', eu entendo. Por que isso não seria importante? Você pode argumentar que, do ponto de vista evolutivo, o corpos maiores são mais férteis. Porém, mais importante, eles também refletem um estilo de vida e, em certo grau, o caráter da pessoa que você está considerando namorar. E, só para começar, um corpo firme é melhor de tocar e olhar. Quanto às brincadeiras na internet, ele estava só 'jogando a isca', nada além disso. Achar que era atração foi um erro."

Bom saber. Quando um cara parece interessado na internet, antes de conhecer pessoalmente, deve ser considerado *isca*, ele está só jogando para ver se você morde.

Encontros pela internet são enganação

"Ele sabia desde o começo que ela não era magra, então, por que sair com ela mesmo assim? Boa pergunta. Mas marcar encontros pela internet é enganoso e pessoas diferentes vão se descrever diferentemente. Por isso é tão importante conhecer as pessoas cara a cara. Uma vez lá, pronto. Uma garota me falou uma vez: "você é igualzinho à sua foto". O que ela esperava? Ela não era tão gostosa quanto nas fotos dela. Foi bom a gente ter se encontrado logo de cara em vez de perder tempo com e-mails, mensagens e outras brincadeiras que não teriam levado a lugar algum."

Amigas, nós adoramos as brincadeirinhas e paquera. Nós podemos nos apaixonar com base nisso. Aconteceu comigo, várias vezes. Mas para o homem tem um significado diferente – pode ser ego inflado, ele faz isso independentemente de ter interesse pela garota e, nesse caso, pode ser um começo para uma noite de sexo. Notem como Robert foge da pergunta sobre Greg ter saído com Meg mesmo sabendo que ela não era magra e, em vez disso, fala sobre perfis falsos. Meg não enganou – por isso mesmo o misterioso comportamento do Greg. Mas o que Robert estava querendo dizer é que Greg provavelmente estava desesperado e, quando o cara está desesperado, faz qualquer coisa com qualquer pessoa – mas só se a consequência (nesse caso, sexo) for imediata, lembre-se disso.

"Acariciando seu rosto e propondo sexo: se isso está claro e ele já estava ali com você, não tem desculpa para não transar logo", continua Robert. "A questão é sempre se você voltaria para um segundo encontro para transar. Meu conselho às mulheres é sempre esperar até um segundo ou terceiro encontro para ir adiante, só para garantir. Por outro lado, se a mulher só quer transar, então, por que não?

"Mulheres sempre se perguntam por que um cara fala sobre marcar um encontro e depois a esquece. A resposta é que não custa nada marcar um encontro. Deixa a mulher satisfeita enquanto você decide o que fazer. Agora o e-mail gigante, isso, sim, é estranho. Ele é um idiota. Talvez escrever seja uma terapia para ele. Mesmo assim, normalmente você não manda cartas ou e-mail só para desabafar. A parte que diz que ele não 'é capaz de sustentar isso' é a prova de que ele só estava atrás de sexo rápido. Ele tratou 'o tamanho do vestido como se fosse a questão central, como se fosse um detalhe de um todo'? Isso pode, sim, ser o principal."

Portanto...
Greg fez de tudo, do beijo ao convite para ir à casa dele, só para transar. Ele estava quebrando sua regra sobre boa forma, só para transar. E magreza, aparentemente, pode ser importante. Eca!

Conclusão

Os dois rapazes concordam que a vontade de transar explica as atitudes do Greg. Mas Max vê como uma vingança sexual contra as mulheres, enquanto Robert vê isso como natural. Ambos concordam que o e-mail mostra que Greg era um egoísta maluco. E, sim, alguns caras podem ser rígidos sobre a magreza. Se você conhecer um cara na internet que expresse essa preferência, não espere que ele vá mudar de ideia quando conhecer a mulher maravilhosa que você é. As chances são de que ele vai se prender à regra dele.

O que fazer se você se encontrar nessa situação: corra para as montanhas – ou para os outros caras na internet – antes que comece a duvidar de si mesma. Também pode ser uma boa ideia manter a distância de caras que são tão limitados a respeito do tipo físico que acham atraente. É meio assustador. Isso vale para grandes ou pequenos.

Jogo Rápido 6

É muito importante para você que sua namorada seja bem-sucedida por méritos próprios?

Eles estão meio divididos nessa. Os caras legais dizem que querem ver sua namorada feliz – mas sabemos que alguns acham o sucesso profissional brochante. Tanto o Alex quanto o Jud têm alguns poréns.

Jud T: "Eu até achava que preferia as burras e sem talento e, por consequência, carentes. Então, há pouco tempo tentei as espertas. Uma mulher inteligente que tenha uma boa carreira parece contribuir para a felicidade do casal. Então, acho que mulheres muito bonitas parecem apenas 'meio espertas, meio inteligentes'. Como se elas tivessem alguma coisa a mais que faz com que uma pitada de inteligência pareça brilhante. Embora uma mulher não muito atraente que também é extremamente divertida, esperta e bem-sucedida possa ser ótimo".

Alex S: "Sucesso pode, na maioria das vezes, ser evidência de atitudes que se queira evitar: grosseria, trapaça, falta de perspectiva. Isso se aplica tanto para homens quanto para mulheres. Claro, uma namorada bem-sucedida, normalmente, é mais confiante e feliz, e são essas qualidades que fazem a convivência ser mais fácil. Mas a área profissional também importa bastante. Ela precisa ser bem-sucedida em uma área pela qual eu tenha admiração – nunca uma advogada, por exemplo".

Guy P: "É importante para mim que minha namorada seja bem-sucedida por seus próprios méritos, principalmente se ela for feliz. Se ela é bem-sucedida significa que podemos ser mais felizes e financeiramente seguros como um casal. Qualquer homem que se sinta ameaçado porque a parceira é bem-sucedida está ainda na idade das trevas".

James B: "Não acho que seja especialmente importante para mim uma namorada bem-sucedida em si, mas gosto de mulheres fortes, e, normalmente, elas são também determinadas. Mas para algumas pessoas que conheço, uma namorada bem-sucedida, especialmente se na mesma carreira, fará com que eles se sintam desconfortáveis. Falando nisso, sou muito invejoso, então, se uma namorada for bem-sucedida naquilo que quero fazer, tenho certeza de que será difícil para mim. Claro, precisaria ter uma namorada primeiro".

Você se importaria em namorar uma garota burra se ela fosse realmente bonita? E quem você ia preferir namorar: uma mulher com senso de humor ou uma com rosto bonito?

Tim V: "Claro que eu namoraria a burra! Só não tenho certeza de quanto tempo duraria – e, sendo solteiro, acho que vou descobrir. De qualquer forma, mulheres têm diferentes tipos de inteligência, como inteligência emocional, que também pode ser bem divertido. Na disputa entre beleza e humor, eu me sentiria atraído primeiro pela beleza, mas se ela sofresse de total falta de bom humor – por exemplo, não risse das minhas piadas – eu teria que reconsiderar".

David B: "Que escolha terrível! Por que não posso ter as duas? Tá bom, tá bom. A verdade é que eu já namorei algumas mulheres bonitas que achei terrivelmente chatas depois do primeiro encontro – ou da primeira transa. Mas um 'senso de humor' é um requisito muito feminino, eu acho; os homens colocariam isso de um jeito um pouco diferente... calor humano. Não esqueça que, muitos dos traços femininos – olhos grandes, lábios macios, curvas, delicadeza – significam para os homens a felicidade, serem adorados e amados. Provavelmente tem alguma coisa a ver com nossas mães, mas a beleza clássica no estilo revista *Vogue* pode ser uma beleza fria e distante, e deve chamar mais atenção de outras mulheres do que dos homens. Nós queremos mais aquele sentimento que é muito bem descrito na frase: 'venha nua; traga cerveja'".

Você diria ou alguma vez já disse eu te amo e não era verdade, só para conseguir alguma coisa que você queria, como sexo?

Will C: "Não, acho que não. Já disse, mas estava enganado, eu achava que estava apaixonado, mas não estava; mas nunca para conseguir alguma coisa. O problema, e não acho que seja um problema masculino, é que não existe a convenção de se dizer 'estou apaixonado por você', que é o que você sente durante aquele primeiro ano de completa adoração e empolgação. Acho que você não sabe se ama alguém até enfrentar problemas reais como doença, ou a possibilidade de longa ausência, ou ainda aquele momento em que você percebe que preferia que aquele sofrimento fosse com você e não com ela".

Jeremy R: "Nunca. Não sou um bom mentiroso. Sou mais do tipo 'você é adorável' ou qualquer coisa do tipo, mas nunca um 'eu te amo', a menos que seja involuntário e sincero. Eu devo ter o cérebro feminino. Porém, tenho certeza de que já me convenci de que amava alguém só para dormir com ela".

Você tem que achar a mulher gostosa para querer sair com ela?

Respostas opostas aqui, as duas representam um bom número de homens para quem fiz essa pergunta. Dito isso, eu até acho que o Adam está tentando dizer que ele precisa achar a mulher fisicamente sexy, mas não tipicamente gostosa.

Victor L: "Sim. Sou muito artificial. Ela tem que ser gostosa ou safada. Ela pode ser bem bonita, já seria bom para mim. Eu sairia com ela. Quando você sabe exatamente como ela seria na cama".

Adam R: "Atração pode acontecer de muitas maneiras. Acho que o cérebro de uma garota é muito mais importante que o tamanho dos seios, então, tenho a tendência de achar mais atraentes pessoas que tenham alguma coisa para dizer do que as de beleza genérica, que não conseguem conversar. Apesar de ser uma visão restrita, claro que, na realidade, ser gostosa ajuda, mas a minha ideia de gostosa não é necessariamente o que você vê na revista *Vogue* e em outras revistas femininas".

É muito importante para você que seus amigos considerem atraente a mulher que você está namorando?

Will S: "Muito importante. Em parte, é uma coisa de ego; parte é porque sei que quero todos os meus amigos saiam com pessoas que eles acham atraentes e acho que eles querem o mesmo para mim, é importante que eu não sinta pena de mim mesmo. Acho que essa é a ideia".

Andrew P: "Meus amigos dizem que isso é importante; tenho uma opinião diferente. Penso que se eu achar uma mulher atraente, meus amigos vão achar também. Mas por que você quer saber isso? Você está procurando por uma demonstração de *status* (vendo o que trouxe de volta para minha caverna), ou algo que o satisfaça internamente".

Você se importa que sua namorada tenha amigos próximos?

Ben F: "Eu me importo agora. Namorei recentemente uma garota que me traía e não era confiável. Ela paquerava os outros caras na minha frente e gostava da atenção. Então, vai ver estou traumatizado".

Jimmy A: "Bom, há duas razões para uma mulher ter mais amizades com homens do que com mulheres. Uma: ela é uma dessas garotas que gostam de ser amigas dos ex; e dois: ela se dá melhor com homens. Nos dois casos, tem alguma coisa estranha. Acho que me deixaria com a pulga atrás da orelha".

Anthony R: "Enquanto não for de uma maneira insuportável e obsessiva, tudo bem. Eu tento manter meu ciúme controlado. Mas depende da garota. Eu suspeitaria se ela não tivesse muitos amigos homens e, de repente, fica mais próxima de um. É uma combinação entre não confiar nos homens e uma pitada de ciúme. Mas na maioria das vezes eu tento confiar bastante na minha parceira. Até hoje nunca tive problemas".

Os filmes pornôs tiveram muita influência nas suas ideias sobre sexo e mulheres?

Barney F: "Eu já nem sei mais dizer quantas coisas aprendi assistindo pornô e vendo outros caras em ação. Aprendi novos jogos, novas técnicas e posições únicas. Isso influenciou minhas ideias sobre sexo? Me educou, portanto, me fez um parceiro melhor".

Alan P: "Eu me pergunto como eu aprenderia sobre sexo sem o pornô. E contribuiu para minha ideia de sexo ser mais do que 'papai e mamãe'. Em um relacionamento, a gente tem que variar e o pornô dá ideias de novas e excitantes posições sexuais, além de ser estimulante. Sexo pode ser divertido e excitante e talvez tenha, sim, moldado minhas opiniões".

Você se preocupa com outros homens elogiando/paquerando/dando em cima da sua namorada? Você fica bravo?

Jack H: "Sim e não. Eu gosto quando meus amigos dizem que ela é bonita ou mesmo sexy ou o que quer que seja – eles são amigos e, por mais que seja sincera a atração, não me sinto ameaçado, sinto-me orgulhoso. Mas se é um bando de caras na rua – por exemplo, à noite em um ônibus – então, sim, fico com raiva, como se estivessem humilhando ou insultando a garota, sendo comentários sobre a aparência dela ou não, e também porque tenho certeza de que esse tipo de provocação é mais voltada para o namorado do que qualquer outra coisa, e eu odeio pessoas que gostam de provocar brigas só por diversão".

Moses B: "Não, eu gosto da ideia da minha mulher ser paquerada. Não tenho medo que ela vá a lugar algum. É um prazer quando outro cara diz que o que você tem é muito bom. Traz de volta aquela atração inicial que você sentiu. É igual com carro – você tem um 'carrão' para ser admirado, não para ser roubado".

Parte 7

Ex-namoradas

Você conhece a poesia do poeta inglês Philip Larkin que diz que seus pais acabaram com a sua vida? Funciona também para os ex. Todo relacionamento que termina é o colapso de algo que começou cheio de luxúria, amor, promessas e esperança. É revoltante. O pior não é que você não esteja mais com a pessoa, mas que vocês dois vão ter que ir adiante e existe sempre uma chance de você ficar se lamentando por uma relação acabada, enquanto eles estão felizes com a próxima namorada. Hediondo! Não me surpreende que o fantasma de relacionamentos passados pode impedi-la de seguir adiante. Como eu disse: sim, eles podem acabar com a sua vida.

Mas mulheres são mais flexíveis – eu diria mais que os homens. Depois de muito chororô, nós superamos. Conversamos até cansar com uma rede de amigas. E sobrevivemos. Normalmente, nós seguimos em frente, e o ex não é desculpa para não conhecermos novas pessoas.

E, quando partimos para outra (ou mesmo continuamos solteiras e esperançosas), nada é mais desanimador do que um cara falando da sua ex. É um momento tão *ai, meu Deus* porque parece uma desculpa, mas também pode ser real. Qualquer que seja a situação, você se sente péssima. Se você gosta do cara, o sentimento é tão forte e deprimente que você já está totalmente sem esperança quando ele diz *eu preciso ir devagar* ou talvez *eu não posso fazer isso*.

Isso acontece porque não é um problema que se quantifique e pode significar qualquer coisa. A maioria de nós sabe que é uma desculpa, mas, às vezes, estamos tão enamoradas que caímos na lábia deles e deixamos que controlem o jogo, nos tratem como lixo e façam o que quiserem – tudo por causa do *problema* que tiveram com a ex e podem ter altos e baixos quando e como quiserem. Como poderemos conhecer o comportamento quente/frio, estranho/normal dele quando não sabemos nada da garota e nem como eram as coisas entre eles, e muito menos o que se passa na cabeça dele? Não podemos. Estamos presas em um jogo de espera, nos sentindo péssimas, enquanto os *problemas* não se resolvem. Mas eles nunca são resolvidos, são? Muito engenhoso. Por isso, o que eu queria saber é se tem alguma coisa verdadeira nisso ou se é só desculpa.

Neta sessão, temos um cara para quem esses problemas são muito reais e outro para quem eles são quase compulsivos – e também um cara que usa dos problemas para mandar no jogo. (Aprenda a identificar homens como esses e você vai evitar muita dor no coração.)

Em princípio, as histórias desses três homens estão relacionadas com o tema comum das ex-namoradas. Mas o que é interessante, e o que as histórias nos mostram, é que cada história afeta elementos diferentes da psique masculina. O comportamento de Joe é sobre a destrutiva dominância do ego masculino; Dan é produto de repressão emocional e Nathan – bom, ele é um jogador. Pelo menos, é o que os caras pensam. Essas histórias não são apenas para mulheres que já ouviram essa desculpa, mas também para mulheres que ainda estão ligadas às bobagens dos ex-namorados.

O Jogo Rápido traz respostas para essas questões particularmente preocupantes sobre os homens e suas ex-namoradas. Sim, eles pensam nas ex quando estão com você, e, sim, eles amam, amam, amam, sexo de "fim de namoro". Vá até a página 210 para mais.

22
Por que ele é possessivo muito tempo depois de terminar com você?

Os arquivos de Joe
Sou a primeira a admitir aquela vontade louca de enfiar uma estaca no coração de alguém, de tanta raiva que sinto quando um cara, de quem estou a fim, está acariciando o rosto de outra garota ou está tendo um encontro *de amigo* com sua ex. Então, acho que você pode dizer que sou possessiva. E quem diabos não é? Com certeza os rapazes são possessivos se a namorada passa a noite distraindo pervertidos no bar, ou dançando com o segurança sexy, ou parece estar sempre no limite da traição o tempo todo. Nessas circunstâncias, é justo que fique chateado. (Mas sem insultos, por favor: eu nunca levaria a sério alguém que grita ou que tenha outra reação ofensiva, e não importa quanto do meu sutiã esteja aparecendo na frente do meu namorado.)

Mas de volta a mim e quase todas as outras garotas que conheço: no instante que paramos de sair com alguém, sabemos que não temos mais o direito de ficar brava com nosso ex em função de quem eles estão paquerando, namorando ou casando. Ainda que, em algumas vezes, a gente fique brava mesmo assim.

Mas tem uma coisa. Se rejeitamos um cara porque não estamos atraídas o suficiente, não deveríamos nos importar sobre quem ele está paquerando. Nós seríamos possessivas. Nós seguimos em frente com uma pessoa que nos atrai. *Game over.*

Então, por que um cara se importa com o que você faz ou com quem você está quando ele não está tão interessado em você?

O caso
Pegue o exemplo mais confuso de um relacionamento cheio de idas e vindas entre minha amiga Jéssica e o arquiteto gostosão Joe. Por que, depois de terminar várias vezes com Jéssica, ele fica tão louco quanto o mais ciumento dos namorados ao pensar nela com outro cara?

Jéssica e Joe ficaram juntos da maneira mais excitante e por um tempo tudo parecia um mar de rosas. Eles combinavam e mal podiam acreditar como eram felizes. Jéssica era um ímã de homens com seu corpo maravilhoso (uma dessas mulheres que você inveja com uma barriga tanquinho sempre bronzeada) e Joe tinha o corpo de um deus – ele é alto, escultural e esguio. Ele era sexy e misterioso, e também gentil e atencioso. Cada encontro era ainda melhor que o outro, e o sexo era de enlouquecer.

Na verdade, o sexo ficava cada vez melhor com o passar dos dias, e os carinhos e as noites juntos ficavam mais intensas e agradáveis. Alguns meses depois, Joe a levou para um fim de semana romântico no interior.

Mas as coisas começaram a ficar engraçadas. Parecia que ele tinha perdido interesse no sexo, a coisa agora era mais explosiva entre eles. Enquanto no começo ele era dócil como um cachorrinho, estava se tornando agressivo e irritado. Ao mesmo tempo em que as coisas pioravam na cama, parecia que ele estava ressentido com Jéssica.

Esse comportamento continuou apesar das tentativas de Jéssica de entender o que estava acontecendo, até que, finalmente, ela se viu forçada a terminar a relação porque parecia que ele não conseguia fazê-lo. Mesmo assim, ele não conseguia dizer o que estava errado, mas admitiu que estava faltando alguma coisa entre eles, e Jéssica entendeu que o que estava errado era o que toda mulher mais teme: ele não se sentia atraído por ela o suficiente. Ela estava devastada.

Mas eles sentiam falta um do outro e continuaram em contato, inevitavelmente voltaram – então, terminaram; depois, sentiram saudade e voltaram de novo. Em uma noite de sábado, não muito depois de o *round* três ter começado, ela estava em Camden, norte de Londres, com amigos. Joe tinha saído para beber. Ele ligou para dizer oi, mas quando ouviu que ela estava na rua, virou um grosso doentio e desligou. Jéssica ligou de volta e perguntou o que estava acontecendo, ele tentou convencê-la de que ela estava errada, ficou agressivo porque ela estava na rua às duas da manhã, o que só podia ser porque ela estava à procura de um homem, ou pior, de sexo. "Você está terminando comigo?" ela perguntou e ele disse, "Bem, sim, você é uma garota legal, mas isso não vai funcionar. Não quero falar sobre isso".

Ela estava chocada e horrorizada com essa conversa, mas eis que no dia seguinte ele fez um trabalho tão bom se desculpando (ele estava bêbado e não queria mesmo dizer aquelas coisas) que ela se acalmou e, vendo uma chance real de progresso na relação, ficou com ele. Não podemos esquecer que ela desejava ardentemente ficar com ele, e mais: uma parte dela queria consertá-lo.

Ele estava fazendo um esforço e sendo um doce, mas as coisas ainda não estavam no lugar depois de alguns dias: ele não parecia capaz de procurar por ela à noite. Muito estranho, porque suas explosões aconteciam por causa de ciúme e do sentimento de posse, que não são sentimentos de um homem quando ele não gosta da garota.

Mais uma vez, a falta de química o deixou distante na cama, então, eles terminaram de novo. Mas, dessa vez, ele admitiu abertamente que não se sentia atraído por ela. Ainda assim, Joe não conseguia deixar Jéssica sozinha, mas, também, não ia embora e dizia sempre que não aguentaria a ideia de vê-la com outro homem.

Isso continuou por meses. Eles não estavam juntos porque ele não se sentia suficientemente atraído por ela, mas admitia que tinha todo sentimento de posse sexual de um namorado apaixonado. Só de pensar em Jéssica na balada, usando um top curto e dançando com outros caras, ficava louco. Ele imaginava que ela estaria sempre saindo com outros caras e começou a acusá-la de ser oferecida. Parece loucura.

Para tirá-lo de perto dela e lembrar que era ele que tinha problemas com ela e não o contrário, ela disse que tinha mesmo ficado com alguém em um casamento algum tempo depois que eles tinham terminado. Jéssica tinha dormido com ele também porque a pessoa com quem ela estava dividindo a cama boa parte do ano não estava interessada nela. Joe parecia não escutar mais nada e só tinha ciúme e raiva em sua mente.

Ela não está mais com ele agora, pelo menos. Mas o mistério continua: por que, se todo o problema era falta de química e alguma coisa "faltando", ele se tornou ciumento possessivo? O que ele estava querendo? E por que ele ficava querendo voltar se não se sentia atraído por ela? Resumindo, por que ele se importava com quem ela estava saindo se ele não estava interessado o suficiente para namorar com ela?

O que os caras pensam

Tom L, 28 anos, solteiro recente

Tom explica que esse negócio da possessão masculina sem o desejo sexual aparentemente não é tão estranho quanto eu e Jéssica pensávamos. Parece-me ser uma característica totalmente masculina: eu não posso nem imaginar separar desejo sexual e admiração pessoal. Se estou obcecada por alguém, não poderia dizer não ao sexo. Isso se aplica a pessoas totalmente inapropriadas como homens mais velhos em posição de autoridade, por exemplo. Ou muito mais novos, da idade do meu irmão caçula. E se o sexo é bom, eu não vou sair andando. Caras como o Joe, aparentemente, são diferentes. De qualquer forma, para Tom a ideia de que sexo não é sempre importante – pode ser, como no caso do Joe, qualquer coisa menos normal.

Sexo pode atrapalhar

"Às vezes, é melhor mesmo para homens e mulheres serem 'apenas bons amigos'. Sexo pode realmente atrapalhar. É estranho, porém, porque você pode ter amigas por quem você não tem atração, mas sente que deveria ter. Consequentemente, quando elas aparecem com outra pessoa, você sente um pouco de ciúme; afinal de contas, era você que deveria estar ali. E poderia ser você, se não fosse esse pequeno probleminha de não sentir atração por elas. Eu nunca estive na situação de dormir com alguém que não me atraísse de verdade, mas imagino que se acontecesse, o resultado poderia ser bem parecido com Os arquivos de Joe."

De novo, bem homem mesmo. Se eu tivesse uma boa relação com um cara perfeito, sexy que se mostrasse interessado, de maneira alguma eu o deixaria. Não se sente atraída? Não comigo! Mas é só minha opinião.

É possível ver que ela á atraente e não querer dormir com ela

Ah, mas não estamos falando só de atração. Tem também o fator medo e o ego. O pobre Joe foi aterrorizado por antigas namoradas e isso não está ajudando sua libido com Jéssica.

"Nós chegamos ao fundo do problema agora. Parece que, apesar do perfil egocêntrico de Joe, ele teve sérios problemas com mulheres – sua possessão

nos diz que provavelmente ele foi traído pelo menos por três ex-namoradas.
A descrição de Jéssica sugere que ela é o tipo de mulher cuja mera presença e comportamento podem inspirar medo de que isso aconteça de novo."
Tom diz que isso está relacionado com o que ele disse antes. "É possível para um homem não se sentir atraído por uma mulher e, mesmo assim, reconhecer que ela é atraente, e que ele deveria querer dormir com ela. Quando ele ou sente que poderia dormir com ela ou, como aqui nesse caso, já dormiu com ela, só piora o problema. Isso é único da mente masculina e está ligado à testosterona e orgulho."
Isso explicaria por que nós não estamos nem aí com quem o cara dorme se não temos atração por ele, independentemente de termos dormido com ele.

Portanto...

Homens podem sentir que têm direito sobre uma mulher pela qual eles não têm interesse sexual por causa de uma sensação irracional de orgulho que as mulheres simplesmente não possuem. Ah, e eles podem simplesmente não querer dormir com uma mulher mesmo achando que ela é gostosa. Nesse caso, Joe sente que ele deveria querer Jéssica e, por isso, ela deveria pertencer a ele, mas ele não quer dormir com ela. Tudo isso pode explicar a confusão que foi o comportamento dele.

Tom pegou leve com Joe. Ele identificou facilmente o problema do ego e a necessidade de controlar Jéssica, além da questão do desejo dele por ela. Mas o comportamento do Joe é um pouco mais preocupante que isso. O que quero dizer é que se um cara tem um ego e um senso controlador tão delicados quanto os de Joe, não tem muito em que se apegar. Imagine o sentimento de posse se ele a desejasse.

Victor L, 28 anos, em um relacionamento sério

Victor é o namorado de uma antiga colega de apartamento e ele aparece bastante nessas páginas porque é um gênio do relacionamento – apesar de ser um pouco antiquado às vezes (acreditando que as mulheres devem sempre cheirar a rosas e ser graciosas, esse tipo de coisa). Ainda assim, ele pensou mais sobre o assunto do que a maioria das mulheres, e é honesto. Nesse caso, ele concorda com Tom: é sobre controle, não sentimentos.

Obcecado por controle

"Só porque ele não é mais interessado nela, não significa que ele seja menos obcecado sobre como ela se sente em relação a ele. Um homem tem uma cabeça e um ego, e eles normalmente trabalham um contra o outro. É uma coisa de fora para dentro: você pode ter vontade de gritar para uma garota 'o que você está fazendo com esse cara?' Mesmo que, no fundo, você não ligue muito. Seu ego vai enlouquecer porque você sente que está perdendo o controle – mas seu coração já está desapegado. Se eu termino com uma namorada, pensar nela saindo, conhecendo outros caras e ficando disponível pode ser tão forte quanto se eu quisesse casar com ela.

Homens são obcecados por controle. Por isso, a posição cachorrinho é tão gratificante: ela está ali, na sua frente, fazendo nada, em suas mãos. É muito excitante."

Obrigada por essa, Victor. Continue:

"Já fiz uma versão parecida com o que o Joe fez, gritei com uma garota, dizendo o quanto eu a amava, quando, na verdade eu não amava. Acontece que você pode sentir que o pensamento dela sobre você está mudando e isso dói e você entra em pânico. Por isso, normalmente as mulheres terminam com os homens e não o contrário: mulheres podem ir embora, homens não."

Calma aí. Isso é interessante. Alguns homens não deixam a mulher ir embora porque eles não conseguem lidar com a renúncia do controle. Eles se ligam a nós de uma forma maníaca, gostando ou não. A necessidade de possuir é um assunto próprio por si só. Pobres homens. Mas isso explica muito.

Amit P, 33 anos, solteiro

Amit é cínico e extremamente lúcido. É incrível como ele olha para as motivações do seu próprio gênero. Mais uma vez, meninas, é tudo sobre o ego. Jéssica, a pessoa, não chega nem perto; Jéssica, a mulher gostosa que os outros cobiçam, bem, e daí? Eba, os homens são carentes!

Profundamente carentes

"Esse é um caso todo ligado à vaidade e ao ego masculino. Homens são profundamente carentes, não de carinho e outras coisas melosas, mas por adulação feminina. Apesar de poder não ser recíproco, Joe é dependente de garotas apaixonadas por ele, que o fazem se sentir um jogador, como um homem. E toda essa carência é ainda maior com a Jéssica porque ela é tão desejável aos olhos de outros homens. Ela é o tipo de garota que todo homem deve querer agarrada aos seus joelhos. Basicamente, ele a está usando por esse motivo apenas, e a explosão de raiva é um sinal de que bem lá no fundo ele sabe disso e se sente culpado."

Humm, culpa. Isso explicaria a raiva. Provavelmente, explica várias mudanças de comportamento, mesmo àqueles relacionados a outros problemas.

Jack P, 27 anos, solteiro e "comendo todas"

"Eu não diria, pelo que estou ouvindo, que ele é o único com problemas. Todas as vezes que terminei com alguém, mesmo depois de um tempo, nós concordamos em ser amigos, eu perdia contato. Eu não sinto raiva de nenhuma das minhas ex. Eu me lembro que, com minha última ex, nós nos encontramos seis meses depois e eu perguntei se ela estava vendo alguém. Ela disse que sim e senti como um frio no estômago, mas eu estava enciumado e um pouco triste porque as coisas não estavam funcionando para nós nos últimos tempos. Mas não enlouqueci.

Então, eu teria sugerido que ela não tivesse voltado para ele tantas vezes para 'consertar' o cara. Isso é pouco provável de acontecer e talvez tenha piorado o problema."

Assim, Joe ficou ainda mais paranoico pelas suas habilidades e hombridade porque ele estava sendo paciente. A admirável paciência de Jéssica foi tida como uma tentativa de consertar alguma coisa que Joe se preocupava em não ter. Quanto mais pressão emocional, mais o pinto cai. O que temos que aprender com o Joe é que é o nosso papel saber quando sexo – ou tentativas de fazer – está causando mais mal que bem.

Libido sem fim

"Acho que é fácil de entender por que eles agem dessa maneira: é martelado na cabeça dos homens que eles devem ter uma libido sem fim, sempre estar a fim de transar, e tomar a iniciativa, e que toda mulher gostosa deve deixá-lo com vontade imediata de fazer sexo. Mesmo que as mulheres não respeitem isso, acho que muitos homens esperam isso de si próprios. Então, para Joe, ali estava uma mulher gostosa com quem ele não estava de fato ligado e quase enlouqueceu querendo saber o porquê. Poderia ter sido por qualquer motivo, não apenas razões físicas, mas foi assim que a coisa se manifestou. Então, quando ele viu outro homem dando em cima dela, ou imaginou essa cena, ele viu os outros homens como homens sem problemas, ou, pelo menos, homens sem os problemas dele.

"Ela não deveria pensar que o problema é só falta de química, então, porque ele se incomodaria. Isso é falta de visão. É claro que eles não estavam conectados em termos de química e isso acabou se tornando um problema na cama, que é um campo minado para problemas de amor próprio para homens e mulheres."

Amém. A falta de atração se manifestou como impotência sexual e fez com que Joe, e depois Jéssica, se sentissem péssimos por... Joe. (Jéssica se sentiu muito mal por ela mesma também, claro.)

Conclusão

Joe estava sofrendo as demandas de um ego que não deixaria Jéssica ir, apesar da frieza dele. Por isso, sua inabilidade no quarto que exagerou seus sentimentos de impotência e incompetência masculinas. Ambos os fatores contribuíram para seu interesse desproporcional com os relacionamentos dela com outros homens. Joe mostrou tendências à loucura e é uma boa coisa deixar pessoas como ele ir e esfriar a cabeça em outro lugar, encontrarem-se e talvez ir para Índia meditar.

O que fazer se você ainda gosta dele: deixe-o ser o que for e não tente ajudá-lo porque, ao tentar consertar, você está expondo ainda mais suas falhas. Lembre-se de que esse cara é super sensível e paranoico.

Ou, como Victor pensa, você pode querer continuar *misteriosa* por mais tempo. Homens gostam da caça, e não era à toa que Joe parecia tão interessado no início, antes que fizessem um trato. Mas de novo, um relacionamento sustentável e saudável com um cara com os problemas do Joe não tem muita chance. Se o pior acontecer, deixe-o bêbado o bastante para perder suas inibições e esquecer seus problemas, mas não tão bêbado que não consiga transar, e pule sobre ele. Quem sabe, pode desbloquear alguns canais e ajudá-lo a se soltar.

23
Por que ele simplesmente não consegue superar?

❧

Os arquivos de Dan
Mulheres são acusadas de se apegarem em um piscar de olhos (ou na introdução do membro masculino). Uma vez que estamos na dele, poucas coisas nos abalam, e nos submetemos ao comportamento masculino mais desrespeitoso e sem qualidade mais do que deveríamos. Nós nos apegamos.

Porém, depois que cortamos essa ligação e chorarmos todas as lágrimas, nós superamos tudo rápido. Por exemplo, minha amiga Natalie recentemente terminou com o namorado com quem ela morava havia seis anos. Depois de um mês, ela já tinha se mudado para um apartamento muito bom, e começou a dormir com um cara fofo que a adora (apesar de ela pensar que pode estar só jogando com ele). O ex ainda fica de chororô e deixa mensagens bravas e confusas.

Homens, conhecidos como seres racionais – podem ser notoriamente frios, não importa quanto tempo e quão bom o relacionamento foi. Mas, se tem alguém que se levar um fora e que não vai conseguir se levantar, esse alguém é o homem. Mulheres vão chorar por um tempo, até mesmo um ano, mas vamos superar e dar a volta por cima.

Sei de inúmeros casos em que os caras não conseguem superar mesmo um ano depois de o relacionamento acabar, e ainda considera a ex-namorada incomparável. Pelo menos cinco ex-namorados de amigas não conseguem engrenar outro relacionamento depois de terminarem com elas, e alternam-se entre raiva infantil e lágrimas sempre que a garota oferece amizade. Tudo birra e drama dos garotos de luto.

O caso
A história que não sai da minha cabeça é a do Dan, um cara bonito e encantador que saiu com minha amiga Sally por cinco anos. Hoje já faz quase

cinco anos que eles terminaram, mas ele ainda está tão apaixonado por ela e, apesar de não ter problemas em conseguir garotas (como disse, ele é bonito), ele não se apega a nenhuma delas. Uma grande parte dele ainda está de luto por seu relacionamento com Sally; a outra parece estar esperando que ela volte para ele.

Depois que eles terminaram, Dan entrou em uma letargia depressiva quase que instantaneamente. Ele chegou a mudar de país – em parte por motivos ideológicos, mas principalmente porque ele não tinha motivo algum para ficar. Sally, por outro lado, não perdeu tempo e encarou uma série de namoros e breves namoros. Dan recuou no passado distante, não porque ele não tivesse coração, mas porque no ponto em que terminaram era claro que não estavam bem juntos.

O tempo passou, e seus caminhos se cruzavam de vez em quando. Pelos primeiros dois anos, Dan iria censurar ou evitar Sally. E isso resultava em mais sofrimento para o pobre Dan. Ele alternava e-mails abusivos com e-mails onde professava o seu amor, segundo ele, ainda em estado bruto. Sally o deixou sozinho, presumindo que o tempo cura tudo.

Mas no verão retrasado, ela estava de férias em Nova Iorque, onde morava desde que tinham se separado, eles tiveram um encontro que mostrou como ele estava longe de superar o problema. Como eles tinham muita história juntos, tinham muitos amigos em comum, eles acabaram se encontrando algumas vezes. Ele estava saindo com alguém na época, mas terminou com ela no momento em que Sally apareceu.

Foi depois que a encontrou pela segunda vez que ele a convidou para um drinque, como em um encontro. Mas foi tão fora de propósito com todos os sinais que Sally havia mandado e com tanta conversa sobre como as coisas estavam entre eles, que ela quase caiu na gargalhada. Em vez disso, ela olhou para ele com pena e gentilmente explicou – de novo – que eles não iam ter nenhum encontro.

Mesmo assim, Dan não se rendeu ou, pior, não podia aceitar a verdade. Eles estavam no aniversário de um amigo em comum, e Sally estava cada vez mais perto de ficar com outro rapaz, o Jake, de quem era a fim fazia tempos. Ela e Jake estavam na cozinha, naquela conversinha que levaria à outra coisa, quando, de repente Dan apareceu. Ele estava procurando por Sally e, quando a viu com Jake, ele surtou. Ele jogou uma garrafa de vinho no chão, gritou obscenidades para os dois e debulhou-se em lágrimas.

Eles não se falaram até o casamento de um amigo em comum no verão passado. Desde a última vez que se encontraram, ela ouviu dizer que ele tinha saído com algumas garotas e pensou que, dessa vez, talvez ele tivesse superado. Eles tiveram uma conversa franca no casamento e, adivinhe, ele confessou que ainda não tinha superado e terminou em lágrimas.

O que há de errado com caras que não conseguem superar o fim de um relacionamento que terminou anos antes, mesmo sendo atraentes, inteligentes e tendo um monte de amigos? É um compromisso com o masoquismo? Eles estão obcecados com a versão idealizada da ex e não enxergam a realidade? Mesmo que Sally tenha sido o relacionamento mais significante para Dan, porque ele simplesmente não assume que ninguém vai pegar o lugar dela? Ele não tem 90 anos, ele tinha 22 quando terminaram. Existe alguma chance de que a recusa dele em superar isso tenha virado uma desculpa – uma maneira confortável de evitar coisas novas? Ou os homens se adaptam menos que as mulheres?

O que os caras pensam

Victor L, 28 anos, em um relacionamento

Como eu disse no capítulo anterior, Victor pensou em relacionamentos tanto quanto as mulheres e possivelmente mais. O assustador é que parece que ele quebrou todos os mistérios entre os gêneros. Resumindo, ele é um achado. De qualquer forma, minha antiga curiosidade sobre os caras que não superam foi finalmente satisfeita por ele. Miraculosamente.

Sem chocolate e chope

"Quando uma garota termina com um cara, ela vai sair com as amigas para um chope e alguns chocolates e vai ficar muito chateada. Ela vai chorar à beça, falar com todas as suas amigas e apagar o cara da vida dela. Entretanto, o cara vai ficar ali com seus amigos e dizer 'sim, estou bem chateado, mas vou ficar bem'".

Ele, então, vai a algumas festas e transa com algumas garotas para provar que está bem. Mas não está. Só se os caras começarem a fazer a festa do chope e do chocolate.

E o que se segue a essas festinhas de sexo por todo lado com os amigos? Adivinhem. Emoções sufocadas. E isso leva aos problemas.

A mulher na sua cabeça

"Essa repressão emocional em que os homens estão presos por normas sociais causam problemas a longo prazo. Ele nunca supera de verdade porque nunca chora. E, ao ficar quieto, a mente começa a pregar peças em você, transformando a garota na mulher ideal. Minha primeira namorada, Roxanne – bem, eu nunca pude superar. Durante cinco anos, eu fiquei com medo de vê-la e não conseguir comparação. Eu tinha criado essa mulher na minha cabeça, mas não era ela de verdade. A mulher na minha cabeça, quando terminamos o namoro, era muito melhor do que aquela com quem namorei. Pensamentos sobre essas mulheres viram urticária. E você pega."

Eu conheço essa sensação pela perseguição de alguns ex-namorados pelo Facebook. E, claro, pela urticária.

Perca sua alma gêmea e seu terapeuta

"Existe outra razão para que homens não consigam superar namoradas quando elas são muito chegadas. Nós não estamos acostumados a conversar sobre nada profundo ou verdadeiro – nós não falamos sobre essas coisas com os amigos. Com uma garota, você revela seus sentimentos mais íntimos; ela é como um terapeuta. Um cara vai se abrir com uma garota e com ninguém mais, enquanto as mulheres se abrem com todas as amigas. Quando termina, é fácil sentir que você perdeu a única pessoa do mundo para quem você podia falar das suas fraquezas e medos."

É verdade que dividimos o que temos mais profundo com muitas pessoas. Algumas dividem mais do que isso com muitas pessoas. Sempre dividi minhas emoções mais profundas e negras com minhas amigas mais facilmente do que com um homem.

Mulheres e seu amor portátil

"Mulheres têm essa maravilhosa portabilidade com o amor que sentiram. Se ela já se apaixonou alguma vez, pode quase transferir o amor dela para outro homem. Mas um cara não consegue; ele tem que construir tudo de novo do zero. Mulheres podem religar, homens não. Homens podem transar depois de terminar a relação, mas não religar em um relacionamento."

Portanto...
Não me surpreende que os caras não consigam superar. Eles não têm como libertar o sentimento, então, eles o guardam. E eles sentem que perderam o terapeuta deles também. Transar com todo mundo é só uma medida paliativa insatisfatória. Não tem nada a ver com estar pronto ou seguir adiante. Você começa a sentir as pequenas coisas, que você realmente não queria. Não poder chorar até seu coração arrebentar, e desabafar tudo o que precisa depois de terminar a relação, deve ser uma tortura.

Paul W, 32 anos, é complicado
Paul é um homem honesto, bom que também é atraente e bem-dotado com um queixo forte e másculo. Em outras palavras, ele tem sempre muitas opções quando o assunto é mulher, mesmo assim...

Onze anos
"Essa pergunta me fez estremecer porque sou um desses caras que acham difícil seguir em frente depois de alguns relacionamentos. Eu ainda tenho contato com uma garota por quem me apaixonei na faculdade onze anos atrás. Ela mora nos Estados Unidos, mas nós trocamos e-mails regularmente. Ela está vindo para o Reino Unido em poucos meses, e é claro que espero que dessa vez nós vamos nos entender. A circunstância quando terminamos foi desagradável: ela conheceu alguém e preferiu ficar com ele. Mas não posso culpá-la totalmente porque na época eu era como um monstro bêbado. Então, por que o desejo dela persistiria?"

Paul usa sua experiência pessoal para explicar algo muito interessante. Fique com ele.

Questão sexual a ser trabalhada
"Eu nunca dormi com ela. Na época, ela foi a segunda mulher com quem tive a oportunidade de ir para cama e, por causa de uma combinação de nervos, excesso frequente de álcool e antidepressivos, eu não tinha ereção naquela ocasião (e em muitas outras). Portanto, tem a questão sexual a ser trabalhada

o que, apesar de vulgar, é bastante fundamental para minha autoestima como homem e o que eu quero que ela pense de mim."

Garotas. Não podemos subestimar a importância do desempenho sexual para um homem. Isso não afeta a autoestima dele. Em muitos casos, é a própria autoestima. Paul é um cavalheiro bem-educado. Mesmo ele sentiu que não poderia deixar a questão sexual passar até que ele estivesse pronto para provar que tipo de homem ele era. Então, seguimos em frente sem ter a menor ideia de que nosso ex está ficando louco porque ele acha que ainda tem uma questão sexual a ser resolvida. E nós estamos muito ocupadas transando com o cara seguinte (idealmente).

Ter de volta o que foi tirado

Muitos homens acreditam que eles são donos das namoradas, enquanto qualquer homem que consegue pegar o que é deles está integrado à lei da selva. Grrrr! Mesmo os racionais, que sabem que não é como eles deveriam ver as coisas, fazem isso. Até mesmo o Paul.

"Ela foi a primeira mulher com quem dividi todas as minhas paixões literalmente – e ter os mesmo interesses é algo intenso. Mas o ponto foi que, porque ela foi embora com outro, tem uma parte de mim que quer provar a ela que cometeu um erro, que eu sou o melhor homem, e que coisa horrível ela fez. É um homem forte quem consegue resistir à tentação de tentar ter de volta o que lhe foi tirado.

Homens realmente tentam ter a posse das suas mulheres. Eles não gostam se suas mulheres são 'tiradas' deles, por mais que muitos deles queiram negar. O homem retém o seu arrogante senso de proprietário, e isso o confunde quando não acontece como antes – por exemplo, dividindo sua cama, tendo direitos exclusivos no seu tempo etc."

Viu? Eu disse! Grrr! Mas também um pouco assustador. E engraçado.

Vem de berço

Não se esqueça de Freud. Nós somos também, em parte, a figura materna para eles. E a mãe deles não termina o namoro.

"Muitos homens se comportam como Dan – com raiva ou lágrimas – porque essa é a forma mais simples que eles conhecem para fazer uma mulher amá-los, vem de berço. Porque a maioria das mães, claro, ama seus filhos e, não importa quão mau eles se comportem, eles esperam o mesmo de outras mulheres com quem eles têm relacionamentos amorosos."

Portanto...
A ideia de questões sexuais mal resolvidas deixa os homens loucos. Assim como a ideia de que o que era *dele* agora foi *tirado*. Essa última questão é a mais dura de superar, e maioria dos homens tem uma intensa batalha com seus instintos básicos para ficar em paz com ele. Os outros fazem birra. Os piores se tornam perseguidores.

Conclusão

Existem inúmeras razões muito convincentes para os homens não conseguirem seguir em frente como nós conseguimos, o que chega ao ponto principal do que é ser homem: reprimir emoções que precisariam ser divididas com muitas pessoas; a luta para parar de ver a ex como sua propriedade que foi erroneamente tirada deles; e lidar com o sentimento de ter se mostrado plenamente a essa mulher, e agora ela se foi e não tem mais ninguém. Conforme o tempo passa e ele ainda não consegue superar a perda, sua cabeça naturalmente magnifica essa mulher e isso só traz mais problemas. É uma história triste e, francamente, me faz ser grata de ser uma mulher com *amor portátil*.

O que fazer se seu ex não larga do seu pé: a única coisa a fazer é esperar e, eventualmente, ele vai conhecer outra pessoa. Com esperanças. Além disso, sabendo que ele ainda acha que pensar e falar de você é muito complicado e emocional, não o torture. Evite-o.

24
Por que os sentimentos pela ex subitamente surgem depois de alguns encontros?

❧

Os arquivos de Nathan
Se um cara tem muito interesse na ex, ele não consegue seguir em frente. Os homens têm maior tendência a fazer isso, do que as mulheres, como vimos n'Os arquivos de Dan. Mas o que acontece quando parece que ele está conseguindo seguir em frente, e tudo está indo bem, mas aí, de repente, o assunto ex volta à tona? Talvez as mulheres sejam mais diretas – dificilmente penso no meu ex quando estou com um namorado novo. Na verdade, um namorado novo é a melhor maneira para curar qualquer ligação com o ex. Mas, meu Deus, a quantidade de vezes que o cara tira a história da ex do armário e joga na cara da sua expectativa é realmente espantosa.

Aconteceu comigo muitas vezes. Mas tudo isso é só desculpa? Acho difícil de acreditar – especialmente em situações como a que se segue. E de novo...

O caso
Eu quase não fui à festa. A perspectiva de esforço físico, tarde da noite de uma sexta-feira (embriagada e com muita dança), não era muito estimulante. Mas a promessa de um grupo de convidados internacional e bem misturado (leia-se homens bonitos e interessantes); saber que se eu fosse faria minha amiga Natalie, que está à procura de um namorado, feliz; e o fato do bar ficar a dois minutos a pé da minha casa; juntei tudo isso e acabei indo.

Não vi nada que me chamasse atenção e estava quase saindo quando vi o Nathan. Ele era um raio de sol de masculinidade brilhando na penumbra daquele salão imundo. Eu fui até ele e me aproximei da maneira mais educada que pude, e não demorou muito para que começássemos a nos beijar. Ele me ofereceu carona para casa. Eu disse *não* porque não queria parecer muito fácil e ia encontrar outra amiga. Ele tinha meu número, então, eu tinha feito todo o possível naquele momento.

No dia seguinte, ele ligou e convidou-me para uma festa – que interessante, não? Eu não me empolguei, mas ele queria me ver naquela mesma noite de qualquer jeito, então, o convidei para passar em casa.

Ele apareceu, tão bonito quanto eu me lembrava (mas muito mais baixo), ele já estava me beijando antes mesmo da chaleira com água apitar. Ainda assim, quando ouvi a chaleira apitando eu me livrei dele, e fui à cozinha fazer chá. Teria sido ridículo se não tentássemos, ao menos, ser civilizados por alguns poucos minutos; além disso, eu tinha gostado de conversar com ele na noite anterior.

Então conversamos, conversamos e conversamos. Nós estávamos conversando, rindo e nos divertindo tanto (falávamos frivolidades, porque conscientemente, ao menos da minha parte, tínhamos *uma conexão*) que quase esquecemos de "brincar". "Eu gostei muito de conversar com você", disse Nathan romanticamente olhando nos meus olhos. Então, ele se lembrou de nos divertirmos um pouco e praticamente me jogou no chão com um beijo loucamente *hardcore*. Ficamos grudados por um tempo que me pareceu horas, mas era meio de semana, então, o mandei embora por volta da meia-noite. A caminho da porta, eu disse a ele que ficaria fora por uma semana de férias a partir daquela quinta-feira. Ele me disse para mandar uma mensagem quando voltasse.

Foi o que eu fiz e marcamos um encontro. Tomamos um drinque no bar onde nos conhecemos – ambos precisando de álcool para relaxar um pouco depois do intervalo e também para diminuir a grande expectativa criada pelo nosso último encontro. Algumas taças do vinho da casa foram suficientes e, quando voltamos para minha casa, fomos direto para o quarto. Justamente quando as coisas esquentavam, ele esfriou. Perguntei o que estava errado. Então, ele veio com aquela história que toda garota espera ouvir quando conhece alguém muito bom para ser verdade. Ele estava completamente arrasado por ter terminado com uma garota que, alguns meses antes, tinha deixado o país para sempre. Ele ainda gostava dela, mas estava tentando seguir adiante. "Acho que o que estou tentando dizer é que posso precisar ir devagar", ele concluiu.

Qualquer garota diria que isso é positivo. A má notícia teria sido: nada a ver com problemas com ex (código para "eu não estou tão a fim de você"). Eu disse que estava tudo bem em ir devagar e soltei meu discurso sobre não estar desesperada por um relacionamento sério. Ele se acalmou (pelo menos achei que tivesse se acalmado), e nós recomeçamos de onde tínhamos parado: quente, quente, quente.

Nós nos falamos por telefone muitas vezes naquela semana, mania começada por ele. Eu estava super ocupada, mas prometi vê-lo no sábado à noite, depois de um dia nas corridas. Eu estava cansada e desesperada por uma cama, quando, finalmente, nos encontramos. Fomos para outro bar para uns drinques (essa brincadeira de ir a bares locais estava começando a me aborrecer, tanto quanto o fato de eu sempre escolher o lugar) e, de alguma forma, não estava tão legal quanto da última vez que tínhamos nos encontrado. Naturalmente, era porque eu estava cansada e não me sentia em forma; ele fez a mesma coisa que eu estava fazendo: falando bobagens. Nós ficamos apenas o tempo de um drinque e uma porção de amêndoas e eu disse que realmente estava muito cansada para continuar. Ele me trouxe para casa – foi um alívio sair daquele bar – e ofereci a ele uma xícara de chá, se ele estivesse a fim de subir. Mas não: ele estava muito cansado e tinha que trabalhar no dia seguinte. Apesar de todos os clássicos avisos, ainda nos beijamos apaixonadamente naquela noite antes de ir embora.

A vida interveio e não tive muito tempo para lidar com o fato de não ter ouvido notícias do Nathan depois daquele drinque cansado. O que aconteceu com toda aquela conversa sobre *levar as coisas devagar* e *adoro conversar com você* e *esquecer a ex*. Eu estava sendo punida por um drinque desanimado? Parecia estranho, considerando os telefonemas diários na semana anterior e a quase bizarra boa conexão que tivemos logo de cara.

Algumas semanas depois eu sugeri outro drinque; estava carente e preparada para aceitar qualquer afeição física oferecida. Houve um clique imediato como tinha sido no começo, e a paquera foi intensa. No entanto, não demorou muito para que ele começasse a falar sobre onde as coisas pararam. Ele se desculpou pelo longo silêncio (não se preocupou com o meu). A razão era que ele ainda estava muito apaixonado pela ex, no final das contas. Só que, dessa vez, ele não estava preparado para levar as coisas devagar, ele não estava preparado para absolutamente nada. Fim da história.

Nós nos separamos com a promessa de continuarmos amigos, e claro que não o vi desde então.

O que me aborreceu foi que não houve nada de novo. Já que ele estava com o coração partido, por que ele me beijou em primeiro lugar, veio atrás de mim de forma direta, desabafou sobre a ex para que eu entendesse sobre levar as coisas devagar e então continuou a me ligar? Pois até onde eu sabia, nada tinha mudado na situação dele em relação a ela entre o nosso primeiro e o último encontros. Ela ainda estava na Polônia; eles não estavam juntos; ele ainda esperava superar o fim do namoro. Ainda assim, a diferença entre o cara que me beijou em público e me jogou no chão e o cara que me disse que estava cansado para subir era muito clara. Vamos admitir que ele decidiu de repente que eu era feia, então, o que realmente aconteceu? Foi preciso sair comigo para que ele percebesse que ainda estava apaixonado pela Senhorita Muito Distante?

O que os caras pensam

Thomas M, 27 anos, solteiro
Thomas sofreu de amor e fez mulheres sofrerem – mulheres bonitas pelas quais ele não se sentiu atraído têm o hábito de se apaixonarem por ele. Ele nunca chegaria a transar com essas pobres mulheres, muito menos dar uma chance a elas. O que significa que ele sabe como é rejeitar uma mulher; ele tem bastante experiência nisso. Nesse caso, a opinião dele é simples: eu era um porquinho da Índia e nada mais. Desagradável.

Encenação
"Está claro que ele queria encenar seu relacionamento passado, e tentar reviver na sua cabeça o que ele sentiu. Você foi conduzida em um experimento emocional, no qual ele simulou como seria um relacionamento com outra pessoa. Está claro que foi o encontro com você que o levou a perceber quanto ele ainda estava emocional e fisicamente ligado a ela. Atrações antigas podem ser revividas e trazidas de volta à vida em um instante e seu afastamento correspondeu ao seu despertar. Mas o importante é que ele nunca a levou a sério em momento algum, provavelmente nunca pensou em levar as coisas adiante. Ele decidiu que era hora de tentar namorar outra mulher – sem outra razão a não ser vaidade e para mostrar que ele ainda tinha charme – e você foi a primeira pessoa a cruzar o caminho dele.

Portanto...

Eu fui um teste. Mostrei a ele que ainda estava apaixonado pela ex. No instante em que eu não estava mais enchendo a bola dele, ou prestes a fazer, seus sentimentos voltaram para Madame Ex. Eu, Zoe, nunca estive na competição para valer.

Darren F, 31 anos, em um relacionamento

Tom acha que a ex foi um ponto de interrogação genuíno para Nathan. Darren, energético e animado como um cara de mídia, não acha. Continue lendo.

Cheio de história

"Isso é muito franco e não tem nada a ver com coração partido ou com Senhoria Muito Distante. Nathan é um cara legal, certo? Honesto, feridas curadas, um intelectual: o tipo de cara que liga para a mãe todo domingo e com certeza não é um jogador, certo? Errado. Nathan é cheio de história.

Primeiro, acho que você fez tudo certo: você provocou, flertou e não foi com muita sede ao pote. Deixando que ele ficasse com água na boca na primeira noite foi uma boa jogada, assim como mandá-lo embora à meia noite no encontro seguinte. Mas, então, as coisas ficaram meio erradas. Nesse momento, você dever estar pensando 'Uau, eu gosto mesmo desse cara, nós temos muito em comum e ele entende minhas piadas esotéricas' enquanto o bom Nathan está pensando 'ela é bem legal, mas quanto tempo os seios dela vão ficar dentro do sutiã?' Basicamente, você o tinha nas mãos, só precisava segurar."

Objetivo primário confuso

"Mas, então, deu tudo errado. Por quê? Porque ele a conheceu. Pior ainda, ele provavelmente gostou bastante de você. Você vê, eu diria que Nathan estava atrás de uma única coisa: transar. Mas como um cara todo honesto, ele tinha que tranquilizar a consciência primeiro. O que fica mais difícil conforme ele gosta mais de você. Enquanto você o confunde com sua inteligência e energia, você confundiu seu objetivo primário. Então, nesse momento, você está pensando 'Ok, já esperei tempo suficiente para que ele não pense que sou fácil', e o Nathan que é um cara legal está pensando 'Droga, agora eu realmente a conheço e ela está na minha. Ela é uma garota legal que não merece ser sacaneada. Dito isso, quero transar com ela. Mas, que droga, não quero namorar com ela. Como eu a dispenso gentilmente, mas ainda consigo o que quero?' Então, Nathan, legal e amoroso que é – decide alimentar você com um sanduíche de besteiras."

Sim, parece certo. Nós, garotas, dificilmente resistimos à tentação de um sanduíche de besteiras, e como pagamos por isso.

"A frase 'eu ainda estou meio triste por causa da minha ex, e só quero ir devagar' pode ser traduzida como 'Jesus, eu realmente quero sexo casual, mas não quero um relacionamento de jeito algum'. Nessa única frase, Nathan preparou o fim para o quer que fosse acontecer. Ele pegou o cartão de saída da prisão. Ele está deixando a porta dos fundos aberta, caso ele decida fugir, a consciência dele estará limpa – e você nunca poderá dizer que não foi avisada."

Veio com muita força

"Mas tem uma questão mais importante: por que o interesse dele em você acabou? Essa resposta é muito, mas muito mais difícil. Acho que, depois de ter sido tranquila no começo, você veio com muita força no fim. Alguns caras diriam que não têm medo de mulheres, que não têm medo de se aproximar, de tomar a iniciativa, etc., mas a verdade é: não gostamos. Isso só nos aterroriza. Garotas atiradas parecem muito disponíveis – que significa sem caçada, sem desafio e sem o sentimento de conquista no final."

Tantas vezes eu disse para mim mesma que esse cara é tão legal e a conexão é boa demais para preocupar-se com algo como bancar a indiferente quando é óbvio que a gente se dá tão bem. E você sabe de uma coisa? Todas as vezes que eu disse isso para mim mesma e me permiti ser eu mesma, o cara ficou estranho. Sempre disse que era só má sorte ou que falta de interesse não era a razão. Agora, eu ouço isso de um cara (e um cara legal e esperto). Não há nada pior do que uma garota que "parece muito disponível". Fim. (Você vai ver no Jogo Rápido a pergunta qual é a pior coisa que uma garota pode fazer que possa assustar você ou fazê-lo perder o interesse? na página 44 corrobora isso).

"Agora, eu sei o que você está pensando", conclui Darren. "Nathan não era esse tipo de cara" A triste verdade é: ele era. Somos todos. Mesmo seu melhor amigo – você conhece o tipo. Aquele amigo que você deixa dormir na sua cama depois de uma balada. Aquele que é super gentil, sem grandes entusiasmos e intimidado por você para nunca tentar nada. Mesmo ele? Não acredita? Cheque o laptop dele."

Garotas, esse é o testamento do fato de que nenhum cara dispensa uma caçada. Todo cara quer alguém que seja difícil de conseguir, pareça indisponível, todas essas coisas. É SEMPRE, SEMPRE importante para um cara, não importa quanto inteligente, gentil e sofisticado ele seja. O que Darren disse sobre o laptop é que nenhum cara está acima das brincadeirinhas sujas por sexo – pode ser aquele joguinho onde ele finge gostar de uma garota quando ele só quer sexo, ou só um filminho pornô.

"Então o que aprendemos? Tem um pouco de Snoop Dogg em todos os caras, mesmo nos legais."

Portanto...
Nathan sempre pareceu, andou, falou e cheirou bem. Mas ele armou e jogou sujo naquela situação com a ex. Ao colocar essa situação, ele poderia ter tido o sexo e a diversão, mas nunca teria que dar nada em troca.

Conclusão

Claro que ele gostava de mim (o que há para não gostar?), mas nunca esteve interessado de verdade em mim. Ter tocado no assunto da ex significa que ele estava jogando pelo cartão de saída da prisão, o que significa que ele não levava a relação a sério – na verdade, ele era totalmente contra compromisso. Quando me tornei muito disponível, ele passou do não querer muito para não querer nada.

Então, garotas, no momento em que um cara mencionar sua ex e vier com o papo de *preciso levar as coisas com calma*, transe uma ou duas vezes e tome seu rumo. Mesmo que ele pense que está realmente seguindo a vida e dando a você uma chance como namorada, o problema vai aparecer. Pode ser que ele esteja só vendo como se sente, fazendo um test-drive com você como Outra Qualquer Além da Minha Ex. Tudo é sobre ele, e nós não queremos isso agora, queremos?

Mas as chances são de que ele não está nem pensando em dar-lhe uma chance. Não, ele vai usar o cartão de saída da prisão para fazê-la de boba, conseguindo o que ele quiser no momento em que ele quiser e provavelmente mais de outras garotas. Ele já fez isso antes e funcionou. Mas não deixe que ele a faça de boba: dispense-o no instante em que ele gritar *ex* e vá embora. Tem um pouco de Snoop Dogg em todo homem? Bom, tem um pouco de Fozy Brown em toda mulher.

O que fazer se você gostar dele: afaste-se, o máximo possível. Ele gostou de você no começo; ele acha que você é boa companhia, você é sexy, o que quer que seja. Mais que tudo, é fácil e interessante porque você ainda não é dele. Então, mantenha tudo dessa maneira. Ele pode se cansar de ficar se prendendo a esse patético discurso sobre a ex porque está tudo do jeito que ele realmente quer: você. O ponto é que ele só vai chegar a essa conclusão se for deixado sozinho, sentindo que ninguém o ama, pelo tempo que for preciso para que ele perceba que você realmente não está se importando (mesmo que esteja).

Tão logo ele mencione a ex, é sinal de que ele não está tão interessado no que você oferece. Ele tem um cartão que lhe dá a ele a segurança de mantê-la a uma distância segura. Mas se você o mantiver por perto, a dinâmica vai mudar.

Esse tipo de cara gosta e precisa caçar. Se você realmente o quer, vai precisar dar-lhe uma. Meu erro foi duplo: eu mostrei a ele que podia ver o relacionamento acontecer e estava empolgada sobre isso; e eu o deixei jogar o jogo da ex. Ou seja, eu o deixei passar por cima de mim, então ele sabia que podia, o que não é sexy. Eu deveria ter tido a coragem de dizer: "Querido, você pode pegar seus traumas com a ex, e sua bunda cheia de pena e ir para casa. Eu não tenho tempo para isso." Mais fácil dizer que falar, mas você entendeu a ideia. Isso é sexy.

Jogo Rápido 7

Você mantém contato com suas ex-namoradas?

Tim A: "Somente na medida em que eu quiser saber dos acontecimentos gerais. Por exemplo, eu quero saber sobre casamentos, crianças, mudanças para o exterior e na vida profissional, mas quase todo o resto parecem detalhes dos quais não preciso. Você pode nunca ser completamente tranquilo com alguém de quem você machucou os sentimentos e vice-versa".

Alex B: "Eu não acho que existam desculpas para continuar em contato com a ex. Se você tem o respeito do atual namorado ou namorada você vai sacrificar aquela amizade".

Jack L: "Sim e não. Tive apenas duas ex nos últimos dez anos – eu fiquei com uma por sete anos e com a outra por sete meses. Eu fiquei em contato com a de sete anos (um término horroroso) porque nós éramos tão chegados, mas me afastei da de sete meses porque era tudo muito esquisito".

Quanto tempo depois de terminar uma relação você considera ok para começar outra – ou seja, existe alguma coisa do tipo o cara ficar solteiro por um tempo?

Kobi N: "Claro, caras precisam de um tempo sozinhos. Eu preciso de três meses entre dois relacionamentos. Claro que sexo é sempre uma opção no meio tempo. Ou até mesmo a solução".

Neil E: "Depende inteiramente de quem é a garota em questão. Você pode não estar pronto nem para um desfile de garotas se elas não o surpreenderem. Então, de repente, no pior momento, quando você definitivamente não está pronto, você pode encontrar alguém por quem você assumiria qualquer risco de mais um dano emocional".

Secretamente, você gosta da ex ou mesmo ambiciona fazer sexo com ela?

Anthony S: "Sexo com a ex pode ser ótimo dependendo de como o relacionamento terminou. Eu dormi com várias ex depois de terminar e o sexo foi ótimo, mas isso porque eu não queria mais nada com elas. Mas a última garota, eu ainda a amava, e foi muito triste ficar tão íntimo de alguém que você ama e que bem no fundo saber que ele não sente nada tão forte".

Keith R: "Bem, quem não gosta de sexo com a ex? Existem dois tipos: o tipo de transa que você tiver (como eu e minha ex mais safada contra um muro em um beco antes de ela voltar para casa para o homem que agora é marido dela). O outro tipo é o sexo raivoso, quando você odeia tanto a garota que quer foder com ela de um jeito violento (legalmente e não de um modo psicopata). Você se sente tão bem até hummm... 000000000000000001 segundo depois que você goza, que é quando você se sente a pior pessoa e a mais enrascada do mundo".

Bom, garotas, agora você sabe do pior quando ele não quer ficar trocando carinhos depois de transar com a ex. Se você ainda gosta dele, é bom estar preparada para algum tratamento áspero. Eles não vão derreter.

A necessidade de levar as coisas mais devagar é algo que você pode levar em consideração ou é sempre desculpa?

O número de vezes que tive que engolir essa é incontável. Eu nunca pude descobrir se era verdade ou se eu estava sendo enganada. Aparentemente pode ser os dois.

Anthony A: "Não precisa ser uma desculpa. Acho que se você é sério, é sensato dar um tempo. Eu me atirei em algumas relações que penso teria sido melhor se tivesse conhecido a pessoa antes. Mesmo assim, quando você gosta de alguém, você sente um frio na barriga e não pode fazer nada – você começa a agir como uma criança com um brinquedo novo. Então, acho que se você realmente gosta de alguém não consegue ir devagar, mesmo que fosse melhor".

Kobi N: "Quando eu quero 'levar as coisas devagar', na verdade estou dizendo 'você está se apegando e se tornando muito carente, por favor, me deixe respirar', então, não é uma desculpa, é só uma maneira gentil de dizer isso, sem machucar os sentimentos dela, eu espero".

Dito isso, homens são criaturas emocionais e podem ter se machucado no passado, então, não precisa levar o *mais devagar* tão ao pé da letra. No entanto, se ele quiser ir devagar, e ele gosta de você, e quer que o relacionamento funcione, ele vai lhe dizer o porquê e vai soar verdadeiro.

Você pensa na sua ex quando está em outro relacionamento?

Essa é uma grande questão para muitas mulheres que conheço, porque é impossível entrar na cabeça de uma pessoa e saber o que elas estão pensando. Quem pode dizer se o namorado está se lembrando de sexo no balcão da cozinha com uma ex-namorada? Tem também o medo de um cenário de pesadelo, o que acontece com frequência: o jogo seguro de *voltar a morar com a ex*.

Nick H: "Sim, eu penso sobre algumas ex enquanto estou com minha namorada, mas não todo o tempo como um garanhão cheio de desejo, mas porque algumas são minhas amigas. Acho difícil parar de me preocupar com pessoas com quem tive esse tipo de intimidade, só porque os dados do contrato mudaram. Mas, se a questão é 'você já teve vontade de transar com alguém mesmo namorando outra pessoa', então, a resposta é sim. Isso não tem nada a ver com fidelidade – é um impulso".

Tom A: "Honestamente? Você não pode ligar menos para a ex quando está no começo de um novo relacionamento. As chances são de que você tenha se jogado nisso para escapar do passado e você ainda está apaixonado. Mas, quando seu relacionamento atual seguir adiante, sua cabeça começa a imaginar e é natural idealizar o passado (e o passado das mulheres) quando as coisas não estão perfeitas com sua atual namorada".

A pergunta seguinte pode soar familiar, mas que diabos, é um pouco diferente, e essa é uma área importante que merece ser respondida completamente, então lá vai...

Você supera suas ex, ou tem sempre uma parte de você que se importa quando elas namoram outra pessoa?

Roger M: "A resposta curta é não, não completamente, na maioria das vezes. Parece que a última garota com quem você teve uma relação séria vai ser aquela em quem você pensa e persegue no Facebook (Eba, eles fazem isso também!). Namoradas das quais você praticamente nem se lembra. Além disso, você não quer saber sobre seus novos namorados. Há o perigo de você acabar se enrolando ao se comparar com ele, então, é melhor não se importar olhando para isso."

Mark C: "Uma parte de você nunca supera sua ex. Porque não importa como você a superou, ou pensa que superou, ou qualquer coisa do tipo, você nunca vai se sentir confortável sabendo que outro homem está fazendo as coisas e dividindo experiências com a mesma mulher com quem você costumava fazer isso. Essa é uma ideia difícil para um cara. Então, sim, você nunca vai gostar de ver sua ex-namorada apaixonada".

Por que você acha que os homens são considerados ruins em se comunicar?

Alan B: "Durante a última década, mudaram os principais conceitos sobre como os homens podem e devem se comportar, e homens são cada vez mais encorajados a expressar seus sentimentos – mas, ainda assim, frequentemente ficamos dentro de certos limites. Por exemplo, enquanto os homens são encorajados a ter conversas abertas com seus parceiros, eles ainda não são encorajados em um nível rotineiro a pensar como eles se sentem sobre encontros, processos e humores. Muito menos conversar sobre essa 'trivia' com amigos e família. Não temos prática, só isso".

Julian M: "Homens nunca são encorajados a comunicar-se, e raramente conversam entre si sobre relacionamentos e emoções – problemas pessoais. Conversas masculinas giram em torno de trabalho, esporte e sempre envolve conquista amorosa como oposto de relacionamento. Pode haver diferenças genéticas (homens são caçadores e mulheres o centro da família), etiqueta social e mesmo pressão cultural".

Carlos C: "Provavelmente porque são ruins em comunicação. Discutir emoções e sentimentos não é algo agradável nem normalmente necessário. Eu acho legal se uma garota é comunicativa, mas é sempre difícil para um cara ser comunicativo, particularmente quanto ele não sabe o que quer comunicar".

Parte 8

Jogo Rápido com questões essenciais sobre sexo, escolha de um amigo, atração e a caçada

As perguntas e respostas a seguir não estão anexadas a nenhum capítulo em particular, mas elas são importantes. A lista das perguntas *tudo o que você sempre quis saber* não tem fim, então, escolhi as mais importantes depois de perguntar para várias garotas o que elas sempre quiseram saber, mas nunca tiveram chance de perguntar. Eu espero que cada um, à sua maneira, dos homens aqui tenham jogado alguma luz generosa em alguns assuntos tenebrosos.

Sexo

Bom, diria que é autoexplicativo. Obviamente, essa é só a ponta do iceberg; não poderia haver um tema mais amplo do que sexo. Mas essas questões são sobre assuntos que eu e minhas amigas nos perguntamos muitas vezes. Em geral, as respostas confirmam o que já sabíamos: quando eles estão na cama com você, eles estão tão ocupados se divertindo e tentando fazer você se divertir que não pensam em mais nada. Muitas garotas se perguntam se devem transar no primeiro encontro. Em geral, se a química está presente, a resposta para essa pergunta é sim.

Como você se sente sobre uma garota que não dormiu com muitos caras ou não tem muita experiência na cama? A falta de experiência é atraente?

No geral, a maioria é mais grata por menos que por mais experiência, o que foi surpreendente para mim. Eu tinha me esquecido de como eles são territoriais.

Moses B: "Não! Eu não dormi com muitas outras pessoas também. Mas isso pode causar problemas. Tive um amigo cuja namorada era muito quietinha na cama, sem confiança de se expressar, e era bem brochante. Em alguns casos, você acha alguém mais atraente se ela não tiver dormido com muitas pessoas porque ela não é a bicicleta da cidade. Mas em outros casos, você pensa 'o que tem acontecido aqui?'."

Iain H: "Inexperiência por si só não é problema. Ser ruim de cama é. Os dois não andam de mãos dadas. Acho que algumas pessoas são naturalmente boas na cama (ou naturalmente ruins). Mas eu acho que muitos homens se preocupariam em dormir com alguém com muito pouca experiência. Por que elas tiveram tão pouco? Pode ser também por medo de atribuir mais importância ao encontro, o que pode ser desanimador".

Will L: "Muita experiência não é atraente, e não pouca experiência. Entusiasmo é mais importante que experiência para mim, e é bom imaginar que você fez algo especial para levá-la para cama, melhor que pensar que ela se deita com qualquer um, todo mundo já esteve ali e que você pegou a baba".

Qual a pior coisa que uma mulher pode fazer na cama?

Jim F: "Eu não quero dedos na minha bunda, muito obrigado. Realmente não quero".

Alex P: "Só deitar e não fazer nada. Deve haver algum interesse tanto físico quanto psicológico".

Qual o número máximo de homens com quem uma mulher já se deitou para que você se sinta confortável?

Victor L: "Dez é o número máximo. Se é mais do que isso, minta. Eu sou machista porque dormi com quarenta ou cinquenta mulheres. Mas mulheres não nasceram assim; não é natural para elas que saiam por aí dormindo ou transando. Elas fazem isso por muitas razões: conserto rápido; para sentir-se amada; querem atenção; querem marcar ponto, ter história para contar etc".

Por pior que possa parecer, tenho que dizer que nas fases de múltiplos parceiros alguns por quem não me interessava, eu me sinto mal – eu fiz pelas razões agora descritas, não porque eu estava buscando minha quinta transa da semana.

Bob K: "Uma boa quantidade menos que eu. Quinze?"

Martin B: "Nenhum cara quer saber se tem alguma mais que o décimo primeiro na lista. Honestamente. Eu preferiria que ela mentisse para mim se fosse mais de dez pessoas. Nós achamos difícil conseguir ouvir a verdade nesse caso".

O que você pensa de uma garota que transa no primeiro encontro?

Mark C: "Nada. Se você gosta de alguém, então você gosta de alguém. Se é bom, você vai dormir com ele no segundo, terceiro e quarto encontros também – e, possivelmente, para o resto da sua vida. Muitas mulheres perguntam isso porque muitos homens com quem elas transaram no primeiro encontro nunca entraram em contato de novo porque já conseguiram o que queriam. Então, as mulheres se culpam. Um olhar mais positivo sobre isso é que esses homens teriam se mandado depois do quinto; se ela tivesse segurado até lá. Pelo menos você já soube logo se ele gosta de você ou não. Mas pessoalmente, eu acho que o quarto ou quinto encontro é um bom momento para você dormir com alguém – dá a você um pouquinho de tempo para que conheça a pessoa. Mas você não deveria se estressar se acontecer antes disso. Alguns dos melhores relacionamentos começam com sexo casual e desenvolvem-se daí".

Dan G: "Eu não julgaria uma mulher negativamente se ela transasse no primeiro encontro. Você julga um homem se ele faz isso? Sexo, apesar de tudo o que você tenha lido por aí, é muito significativo para alguns homens e não é sempre um fim. De qualquer forma, sexo no primeiro encontro pode ser fantástico; inesperado; estranho, etc. e não leva a lugar algum ou a tudo. Por que alguém iria querer impor regras se ele tem sentimentos?"

George M: "Não, eu não acharia que a mulher é promíscua porque ela transou no primeiro encontro. Se sentiu que era o certo, então, por que não? Mas haveria aquela sensação de confusão de que porque estão transando no primeiro encontro significa que o relacionamento não vai durar. Eu sempre preferi construir incrementando com sexo. É muito mais divertido e agrega uma dinâmica real no início do relacionamento".

Você acha que é ok não querer fazer sexo com a namorada?

Peter B: "É ok não querer fazer sexo com a namorada. Pessoas têm variações na energia sexual. Às vezes você quer sexo, às vezes você não quer e tem motivos diferentes: porque você está cansado, se sente cheio depois do jantar, estressado etc. Eu acho que muitas mulheres presumem que se o namorado não quer fazer sexo com ela é porque ele perdeu a atração e isso não é verdade. O desejo acaba depois de muitos meses de relacionamento, e o aumento normalmente é provocado por querer algo que não pode; se você tiver uma namorada com quem o sexo é muito acessível, então, a urgência terá menos poder; mas isso não significa que a mulher seja menos atraente. Depois de um intervalo de uma semana, ou talvez menos, o desejo pode voltar tão poderoso quanto antes".

Jake M: "Sim. Às vezes você pode estar cansada ou precisar de espaço. Isso vai acontecer em algum ponto do relacionamento, mas pela minha experiência é raro. De novo, isso pode ser só uma dessas situações".

Se você liga para uma garota para sexo, significa que você não a considera uma potencial namorada?

Eu acho as respostas a seguir as mais significativas de todo o livro, porque a ideia de *garota para namorar* é muito recorrente. Homens têm ideias incrivelmente rígidas sobre o que faz uma boa namorada e avaliam se atingimos a pontuação logo nos primeiros momentos. Eu sei que dormimos com rapazes que não vemos realmente como potenciais namorados, mas ao menos consideramos a possibilidade de que eles possam ser, provavelmente, todas as vezes que transamos com eles, e mantemos a mente aberta. A ideia fixa dos homens em relação a quem marca ponto ou não como namorada é a razão para que nós não percamos tempo esperando que eles nos tratem da maneira que queremos. Podemos levá-los a agir dessa forma. Isso também é mais uma boa evidência de que os homens podem separar friamente um ato sexual prazeroso do respeito ou sentimento para com a pessoa que participou da experiência. Eu sei que algumas mulheres podem fazer o mesmo; eu fico pensando de novo na pessoa, possivelmente com saudade, se tiver sido sexo bom e cordial com uma boa atmosfera.

Anthony A: "Quando um cara está apenas se sentindo ativo, não deve ser considerado, sob nenhuma hipótese, que ele na verdade quer namorar com ela. Existem muitas garotas com quem eu quero dormir, mas muito poucas delas eu consideraria como 'para namorar'. Não podemos nos esquecer que essas ligações acontecem à noite, o que em teoria significa que você está bêbado, entediado ou levou um fora de uma garota/da namorada, subitamente ficou livre aquela noite. Ligar tarde da noite com propostas sexuais não tem nada a ver com o quanto você se encaixa na qualidade de namorada. E pense dessa maneira: se ele realmente gostasse de você, já teria marcado um encontro – e não teria marcado para tirar as calças para uma rapidinha".

Iain H: "Ah... sim. É óbvio. Significa que você as está considerando como uma transa única. Se você considera alguém uma potencial namorada, você demonstrará isso apropriadamente".

Will L: "Basicamente, sim, se você não a está considerando como namorada. Esse pode não ser o caso se isso estiver no contexto de sair com ela em dias apropriados no mesmo período. Se uma garota está procurando um namorado, essa é uma estratégia que pode deixá-la um pouco desapontada. Eu já até usei 'telessexo' como *backup* – por exemplo, eu saí, mas não consegui chamar atenção de ninguém, então eu faço uma ligação no final da noite. Não é muito elogioso para a garota envolvida na questão".

Quando você está solteiro, você prefere quantidade em vez de qualidade em relação a sexo?

Iain H: "O ideal seriam os dois. Mas depende se você está solteiro porque você quer estar solteiro ou solteiro enquanto você espera para encontrar o próximo relacionamento. Se você terminou com alguém recentemente, ter muito sexo e sem qualidade pode fazer você se sentir pior".

Will L: "Tem que ser quantidade! De qualquer forma, as duas coisas caminham juntas. A única maneira de garantir que você tenha um pouco de qualidade é ter muitas aventuras. Você não chega a lugar algum ficando parado como poste – e isso é verdade, não importa se você é um solteiro feliz e se está em campo *(disponível)* ou se você quer muito uma namorada. Em todo caso, ser inativo sexual pode lhe dar câncer e eu não ia querer ter isso. Porém, de maneira alguma eu iria com alguém de que eu não gostasse".

Como a ansiedade da performance quando você dorme com alguém pela primeira vez é fator de preocupação?

Ed G: "Depende se você quer ficar uma noite só com ela, ou se você vê como um compromisso. Se for coisa de uma noite, muitas pessoas estão nessa só para aproveitar e relaxar. Se você realmente gosta da garota, então, talvez seja diferente; você pode ficar assustado e não funcionar direito".

Tom L: "Totalmente. Alguém que diz que não, é como alguém que diz não ter medo da morte: ou um bobo ou um mentiroso. Na verdade, eu acho que homens não ficam nervosos com a performance na primeira noite. Eles ficam *todas* as vezes. Apesar do estereótipo de que todos os homens só procuram por seu prazer egoísta, tem sido colocado em nossa cabeça que nós temos que ser obsessivamente dedicados às nossas parceiras. Dá uma olhada em qualquer revista masculina e você achará, além da matéria obrigatória sobre como aumentar os músculos, outras três sobre como dar mais prazer à parceira. A implicação é que não é muito macho não focar nelas".

O que significa quando um cara não goza? Ele não acha a garota atraente?

Eu odeio quando isso acontece. Torna-se uma *coisa* e você não pode falar sobre isso, então, claro, você continua em frente, tentando encorajá-lo com alguns pequenos (e falsos) barulhos de entusiasmo. Mas aí já é tarde demais, e se não tinha muita pressão antes, agora há. E mais, você fica entediado, e isso dói, e você se pergunta onde está a química. É a celulite? Sério – não é. Ele se sente atraído por você se estiver transando com você, apenas no momento. É um problema de sensação (e de pressão).

Alek M: "Não, não significa que ela não o atraia mais. Desidratação, muito álcool, poucas horas de sono etc.: todos esses fatores contribuem para isso. Você não acharia que é problema se tivessem acabado de fazer sexo e na segunda vez ele tivesse dificuldade de gozar, então por que isso deveria ser um problema quando acontece na primeira vez? Afinal, as mulheres sempre dizem que gostam de sexo sem necessariamente gozar. É uma dessas coisas".

Dan H: "Na minha experiência, se você está excitado o bastante para conseguir uma ereção, então, está quase garantido de que você vai chegar lá. Mas não se você estiver privado de sensações (camisinha grossa ou bebedeira). E acho que se alguns caras têm problemas, é o mesmo de não conseguir uma ereção ou de ejaculação precoce: pressão. A autoimposição da performance, ou mais frequentemente, querer ter sexo realmente ótimo com alguém por quem você está atraído e por quem pode se apaixonar, e estar preso em uma força emocional e o significado do momento. Basicamente, a menos que você esteja desacordado ou drogado, ou lutando sob a pressão da performance, você não pode fazer sexo com alguém sem ter atração por essa pessoa".

Quanta aventura você espera de uma menina na cama?

James H: "Eu gosto de uma vagabunda – quem não gosta? Eu já fiz mais ou menos tudo de depravado que você pode pensar (não, sério). Um relacionamento em particular foi o início disso. Não ligo para muito teatro na cama – e eu quero dizer gritar, se contorcer etc. Mas ser aventureiro é essencial. O que é ótimo de ser aventureiro sexual com alguém é o agente de ligação. O tipo de coisa 'sim, mas é a nossa depravação'".

Paul O: "Acho que você quer uma garota que seja aventureira na cama; nada pior do que uma garota que apenas se senta ali. Dito isso, é melhor que se mantenha a demanda por brincadeiras anais e se vestir como uma vaqueira do que se livrar de embrulhos nas primeiras semanas".

Pensamentos para o futuro/escolhendo um amigo

Homens, que Deus os abençoe, são tão sérios sobre levar os relacionamentos ao estágio seguinte quanto são sobre jogos (e sobre serem jogadores) no início dos relacionamentos. Comentei sobre a extraordinária ideia fixa que eles têm sobre a garota "para namorar". Como você verá nas respostas abaixo, as ideias fixas continuam, afetando tudo desde quando apresentar a namorada a amigos e parentes (e o que significa), até qual classe a provável parceira deve estar, e em quem tem o "material do casório".

Quando você apresenta uma garota para seus parentes e amigos, e o que isso significaria?

Anthony S: "Atualmente, só levaria uma garota para conhecer Mamãe e Papai se eu me visse casando com essa garota no futuro. Agora, que cheguei aos 30, me peguei olhando as mulheres como possíveis esposas, e se elas não forem perfeitas o suficientes para isso, então, elas mudam para outra categoria, 'dormir com, mas não ficar com'. Os pais nunca conhecem essas. Quanto aos amigos, eu não me importo em apresentar namoradas a eles contando que sejam gostosas – não machuca ser visto sempre acompanhado de uma gostosinha".

Ok, se ele está adiando apresentá-la aos amigos, pode ser que ele não a considere gostosa o bastante para os padrões. Você podia ser o segredinho dele. Lembra-se daquele episódio de *Sex and the City* no restaurante chinês onde os homens levam suas amantes das quais eles sentem vergonha? Você realmente quer ser a namorada não gostosa? DE JEITO NENHUM! Mas...

"No entanto, se eu acho uma garota de quem eu de fato gosto, em geral, leva mais tempo para eu apresentá-la aos meus amigos, provavelmente porque não quero que a garota de que gosto veja como nós somos na verdade, então, eu os mantenho à distância. Também percebi que nunca saio com meus amigos e minha namorada em um grupo. Prefiro mantê-los separados."

Ishan B: "Como meu melhor amigo e eu somos muito próximos, provavelmente eu apresentaria a garota logo para ele. Mas isso não seria uma grande coisa, apesar de a opinião dele ser absolutamente vital. Se ele não gostasse da garota, não a achasse atraente, não seria bom para ela.

Com meus pais, a história é completamente diferente. Apresentar alguém para eles é um grande passo para mim e definitivamente sinaliza seriedade sobre a pessoa e sobre o relacionamento. O *timing* pode variar muito, mas eu sou uma pessoa bastante intensa e tenho a tendência de me mover muito rápido quando sei que gosto da pessoa."

Guy P: "Só apresentei para os meus pais namoradas quando eu tinha certeza de que éramos um casal. Então, nunca apresentaria alguém que tivesse começado a namorar e com quem eu não me vejo em um relacionamento longo. Com os amigos é diferente e mais relaxado, então, por exemplo, apresentei minha atual namorada para os meus melhores amigos depois de três ou quatro encontros".

O que transforma uma namorada em uma mulher com "material de casório"?

Henry W: "Força de caráter e ser uma boa pessoa. Alguém que poderia perfeitamente viver sem você, apesar disso, ela quer – escolhe – estar com você. A ideia de que você quer que seus filhos tenham uma mãe como ela, que ela valorize e dê suporte ao seu trabalho, e que você poderia fazer o mesmo por ela, que seria capaz de fazê-la feliz quando você estiver velho, sem atrativos, e provavelmente bastante chato".

Moses B: "Se você se dá bem com a família, isso é uma boa coisa. Eu tive namoradas que não conheceram meus pais. Eu conhecei os pais da minha esposa bem cedo, então, foi como uma carta de intenção. A outra coisa é que você deve passar os primeiros seis meses sem nenhuma discussão – deve ser um período limpo".

Importa para você se a garota é rica ou pobre ou de que classe ela é?

Lee W: "Na teoria, não importa em nada. Na realidade, muito. Eu nunca saí com ninguém que tivesse uma história completamente diferente. É óbvio que é parte importante no tipo de pessoa que você é, em todos os aspectos. Mas pessoalmente, todos os pequenos, aparentemente insignificantes, aspectos do dia a dia, por exemplo, beber cerveja importada por exemplo (sou classe média, dá para perceber?), realmente importa. No entanto, a quantidade de dinheiro que a pessoa ganha ou possui não me interessa absolutamente (enquanto for acima de zero). Eu me redimi?"

Tom E: "Receio que sim. Classe não é sempre importante, mas constrói nossa visão de mundo. Uma coisa garantida para mim é que sempre terei dinheiro. Meus pais têm muito. Um dia eles o darão para mim e para meu irmão. Serão casa de campo, casa na cidade, carros de luxo e tudo isso – justamente coisas com as quais eu cresci. Estão lá. Não consigo me imaginar não estando lá. Costumava sair com uma pessoa que cresceu em uma casa muito menos favorecida. Suburbana, trabalhadores braçais etc. eu confesso que me sentia muito deslocado quando estava lá. Acho que ela se sentia da mesma maneira quando passava um tempo na casa dos meus pais, rodeada pelo meu filho que estuda em escola pública, meus amigos corretores da bolsa. Passei fim de semana após fim de semana, na casa da minha então namorada e, em resumo, eu estava desconfortável. Pessoas endinheiradas fazem eu me sentir seguro. Eu odeio a maneira como isso soa, mas odiar não é má palavra".

Você já pensou conscientemente sobre se a sua namorada seria uma boa mãe para seus filhos?

Amir D: "Eu sempre penso dessa maneira. Eu não faria isso no primeiro encontro, mas sou um sonhador e me permito sonhar com o futuro todo o tempo.

Frequentemente, fico imaginando uma família com crianças – é a coisa mais importante da vida!"

Lee M: "Claro! É uma coisa natural e óbvia de se fazer: se você acha que ela dará uma péssima mãe, com certeza isso traz uma mensagem negativa sobre ela como pessoa. Também que claramente não há futuro com essa pessoa se você não consegue, pelo menos em princípio, imaginar você criando crianças com ela.... a não ser que você não queira crianças!"

John S: "Sim, mas não com detalhes".

Os homens querem mesmo se casar ou eles nos pedem em casamento só para nos deixar felizes?

A maioria dos rapazes da nossa geração não fica tão empolgada com casamento do mesmo jeito que as mulheres ficam. Mesmo quando eles não se opõem, eles não estão de fato gostando da ideia. Eles apenas aceitam como parte do processo de envelhecer. Acho que muitas mulheres estão familiarizadas com a leve confusão e os pés que se arrastam em um sinal claro de má vontade dos noivos, que frequentemente veem o casamento como uma grande e dolorosa mistura de famílias, além de ser uma despesa sem sentido. Isso é engraçado, principalmente quando percebemos que normalmente é o noivo que pede a noiva em casamento.

Também vale a pena notar que eu conheço a origem de homens tradicionais que querem se casar porque têm olhos para o estilo de vida perfeito que mantém as aparências. E há também o homem feio que está tão feliz em ter encontrado uma mulher que ele quer fazê-la sua assim que possível. Esses caras estão todos nas nossas perguntas. Mas eles não representam o homem moderno médio entre 20 e 30 anos. Algumas coisas encontramos em nossas andanças.

Tim S: "Casamento: em resumo, não, não acreditamos nisso, e sim, pedimos em casamento para deixar as mulheres felizes. Não é que homens sejam cafajestes; é só que a instituição significa menos para os homens do que significa para as mulheres. Eu posso entender por que: é aquele velho medo das mulheres de que elas vão perder o charme enquanto o homem ganha charme com o passar do tempo. Elas querem algum tipo de segurança, de suporte, compromisso público de que seus companheiros não vão fugir com alguma louca juvenil. Eu acho que os homens pensam: 'Bom, por que você não confia em mim? Por que você precisa sustentar esse símbolo ostensivo? Você acredita que eu possa ser verdadeiro com você – e comigo mesmo sem toda essa cerimônia? Nos últimos tempos, reconhecemos que essa é a maneira que é, e então, os homens tendem a casar porque sabemos que vai confortar nossas parceiras mais que a nós mesmos".

Dennis D: "Nós acreditamos no casamento, só não nos importamos com a festa. Nós não temos aquela coisa do dia da noiva com a qual vocês cresceram, então, é como um fardo. Se tivesse mais festa e menos cerimônia seria melhor, mas como não é, então não gostamos".

"Mas casamento é ok e eu acho que somos felizes em fazer isso pela mesma razão que somos felizes em aceitarmos qualquer outra diminuição da liberdade: o medo aterrorizante de ficarmos velhos e sozinhos. Não deve haver muitos homens preocupados em se casar e ter filhos, mas não devem ser poucos; é sempre curioso observar quantos homens entram no conforto doméstico quando essa chance vem junto.

A questão da idade nos incomoda também, é claro. Quando temos mais ou menos 20 anos, você tem pavor de a namorada ficar grávida; mas nos seus 20 e poucos, você ainda está preocupado, mas não aterrorizado; então, em algum momento dos 30, um certo tipo de homem, talvez com predisposição ao fatalismo, pensa, que talvez não seja uma total má ideia essa história de casamento. Tem mais a ver com crianças, claro, mas acho que o negócio do casamento funciona conforme os pensamentos: primeiro, você pensa que tem que ser alguém perfeito; depois você entende que essa pessoa não existe, e é aí que você decide ser, e é, feliz o suficiente para casar."

É muito importante que a sua namorada tenha interesses similares ao seu?

Matt D: "Até certo ponto. Não é tão divertido se vocês gostam das mesmas coisas, porque é quando as coisas podem ficar competitivas também. É a maneira como vocês passam o tempo juntos que é mais importante, acho que é mais do que só interesses: os dois são falantes, ou vocês gostam de sentar calados em um lugar calmo; ou quanto vocês gostam de beber e como vocês gostam de fazer isso. Essas coisas importam".

Tim B: "Isso ajuda, mas não é crucial. Existe um monte de garotas com quem eu divido muitos mais interesses do que com minha namorada, mas amo minha namorada e não minhas amigas. Por quê? Quem sabe? Às vezes, existe uma conexão que transcende interesses. E, pela minha experiência, acho que pode até ficar chato se você tem muitos interesses em comum. É bom quando você não sabe nada a respeito de alguma coisa e a sua parceira sabe tudo. É charmoso".

Atração e caçada

Você pode colocar todo o jogo do namoro na caçada. É o elefante branco na sala, até que vocês estão à vontade e soltando pum na frente do outro. Mesmo aí, existem ainda algumas negociações de poder. Mas nos primeiros dias, existem tantas regras subentendidas de etiqueta inventadas para que cada parte mostre o seu melhor: mulheres são misteriosas e não muito interessadas; homens são cavalheiros e charmosos. Por isso, os primeiros dias podem ser tão dolorosamente cheios de suspense – você ainda não tem a menor ideia do que a outra pessoa está pensando, então, você tem que trabalhar com símbolos e sinais. Tecnicamente, quando a caçada é bem-sucedida com os dois lados se atendo às regras para que o companheiro trabalhe duro, um bonito casal emerge. Para homens em particular, a caçada é fundamental para a maneira como eles desenvolvem os sentimentos (se eu sinto atração por alguém, não me importo de cortar a caçada). Muitas e muitas vezes eles me disseram que nada é mais brochante do que mulheres que pulam a caçada e se colocam muito disponíveis. Com os caras que jogam quente e frio, você os dobra ao fazer com que eles corram atrás de você. Assim, como os corredores de longa distância amam o desafio de uma maratona, os homens amam as mulheres que eles não podem ter – sem uma briga, pelo menos. Se você for um jogador *hardcore* ou alguém que tenta manter o interesse nos primeiros encontros o melhor que pode, veja o ponto de vista masculino sobre algumas dessas coisas que você queria saber sobre o estágio da caçada. A mecânica dos primeiros encontros, se você preferir.

Falando de atração – o que desperta e o que acaba com a atração dos homens? Pode sentir como se fosse loteria. Várias vezes eu fiquei a ver navios enquanto uma garota com visual simples tinha toda atenção dos homens ao redor dela. Quem consegue explicar atração? É questão de confiança ou quietude? *Sex appeal*? Questão de curvas ou o corpo de menino (magra sem peito, sem bunda) chama a atenção deles? Continue lendo.

Você poderia se sentir atraído por uma mulher grande ou gorda?

Os homens não ligam se você for só magra – eles buscam pelo pacote – mas eles parecem buscar por saúde a partir da perspectiva evolucionária. Hoje em dia, comer mal pode ser desanimador. Mas veja a questão relacionada com curvas e gordurinhas: muitos homens, como Dennis, dizem que têm uma pressão pelo tipo academia, mas, na verdade, eles gostam de um pouco de carne e são só um pouco envergonhados para admitir. Aqui tem a perspectiva de dois homens: um inteligente, maduro, gentil, com seus 30 e poucos anos com uma atitude realista e respeitosa em relação às mulheres (Dennis); e outro, um perseguidor de mulheres de cabeça vazia que raramente consegue manter um relacionamento.

Dennis D: "Muitos homens, sim, poderiam e acho que eles cairiam em dois campos; aqueles que são fetichistas, e outros que apenas preferem assim, ou então que não se importam. Eu acho que mais homens gostam das mulheres grandes do que aqueles que se sentem confortáveis em admitir, por medo de tirarem sarro. Isso cai na categoria de piada instantânea como os ruivos e os que não levam jeito para esporte. Com certeza, muitos homens gostam das gostosas de academia, mas vejam quantos casais felizes e vejam quantos deles estão com mulheres maiores do que a mídia normatizou. Para a maioria dos homens sãos, sentir-se confortável e aproveitar o tempo juntos é o fator dominante no sucesso da relação. Nós não queremos sair para comer com alguém que fica procurando e escolhendo o mais saudável, a coisa mais sem graça do cardápio; nós queremos sair com alguém que limpe o prato, coma pudim de sobremesa e algumas taças de vinho e se diverte com tudo isso. Apesar de entendermos o elemento de autonegação da existência feminina, isso ainda é um mistério e nos aterroriza, então, mesmo que nós, em princípio, gostemos do resultado, não gostamos o suficiente para ter que ver todo o processo. É como ver salsichas serem feitas".

Isso é tão típico da forma de pensar dos homens; eles são fundamentalmente bem tolerantes. Eles não querem perder o interesse justamente por coisas que gastamos tanto tempo e dinheiro fazendo. Lembrem-se disso, garotas. Um cara legal quer uma garota legal que não se leva muito a sério. Você ouviu o Dennis! Eles querem que sejamos perfeitas, mas não tanto que eles queiram ver nos flagelando para chegar lá. Bom, a não ser que você goste de homens como o Alex...

Alex A: "Eu não tenho interesse em mulher gorda. Para mim, mostra que não são saudáveis, não combina com o modelo de mãe para o meu filho, sedentária, preguiçosa e que tem uma péssima dieta – todas as coisas que me fazem perder o interesse. E mais, os garotos de hoje em dia cresceram com uma dieta de mulheres de glamour e corpos Victoria's Secrets, que são muito raros, claro, mas se você der bastante duro pode colher frutos aqui e ali. Eu tenho tido sorte o bastante para sair com garotas com corpos fabulosos e é por isso que sou tão vazio e exigente. Dito isso, não tenho culpa do que acho atraente, só belas pernas, uma bunda linda, belos seios e uma cara bonita".

Muito justo. Então, se você for gordinha é melhor não chegar perto do Alex, cuja dieta é mais Victoria's Secrets do que a realidade. Provavelmente, não é o fim do mundo.

Como você se sente com uma garota que toma a iniciativa – por exemplo, pedindo seu número, chamando você para sair?

Essa é engraçada. É totalmente contraditória em relação à regra da caçada. Ainda que todo homem tenha dito a mesma coisa – *sim, adoramos mulheres que tenham a iniciativa*. Eu continuei perguntando por que não encaixava com todo o resto. E os caras continuavam perguntado a mesma coisa, não importava para quem eu perguntasse. Incluí três respostas para provar. Então, dê uma olhada, as duas respostas são verdadeiras: você tem que deixá-los perseguir você, mas eles também gostam se você for atrás deles. Tim B disse uma coisa certa: ser direta só vai funcionar se eles estiverem a fim de você. Eu digo que uma vez que você deixou clara sua intenção, é hora de dar um passo para trás. Não há como fugir da regra de segurar alguma coisa. Eu fico com essa.

Tim B: "Como me sinto sobre isso? Acho que é brilhante! Não sei por que as mulheres têm tanta vergonha de fazerem isso. É a fantasia de todo homem. Só é muito direto se você não tem tanto interesse na garota. Se você gosta dela, então, pode começar daí? Totalmente!"

Jon S: "Totalmente bem. Na verdade, isso deveria ser encorajado".

James B: "Deus, quem não gostaria de uma mulher tomando a iniciativa? É maravilhoso! Você não tem que ser Samantha Jones, mas ter senso do que você quer é muito sexy, e mais importante, atraente. Conforme fui envelhecendo, eu melhorei em dormir com mulheres – e uma das coisas que aprendi foi que não tentar dormir com a pessoa é uma boa forma de conseguir que a pessoa durma com você. Se você é charmosa pode fazer o que quiser, mas a maioria de nós não pode. Então, que uma garota tenha o controle é uma grande técnica".

Nota para quem diz que homem não pensa: isso não é evidência do contrário? Só um cara de sangue quente como James conscientemente joga um sofisticado jogo de poder que nos faz ficar mais inclinada a dormir com ele.

Você sempre paga por tudo nos primeiros encontros. Por quê?

Eu acho totalmente brochante se um cara me deixa pagar no primeiro encontro. Na verdade, faça nas primeiras vezes. E mesmo quando eles pagam sempre me comovo e me pergunto como eles sabem fazer isso, e o que eles pensam quando eles fazem.

Amir D: "Eu sempre pago. Não porque quero me mostrar; é da minha natureza, e eu tenho a opção".

Alex R: "Eu sempre me ofereço para pagar no primeiro encontro; no entanto, eu tive algumas experiências em que isso ou abriu um precedente desconfortável ou causou um inesperado atrito. No contexto correto, é um adorável gesto *old-fashioned* que pode ser muito romântico, mas se dividir as despesas for mais apropriado, então vou sempre considerar".

Keith B: "Uma das melhores coisas que as mulheres podem fazer é pagar a conta ou dividir – ou então se oferecer para pagar. Ou ocasionalmente fazer compras, pagar um vinho, o táxi. Eu não poderia dizer nada mais sovina, mas é tão bom quando a garota diz 'Deixa que eu pago essa'".

É verdade que os homens preferem as loiras?

Matt F: "Não, não sou atraído. Você olha o pacote completo. Acho que as garotas são mais atraentes quando elas são coerentes no estilo e no look. Não gosto do loiro platinado, ou cabelo tingido de qualquer jeito. Falando de forma geral, acho que as loiras tiveram seu momento durante os anos 1990 da Pamela Anderson, mas uma *bombshell* é uma *bombshell*.

Peter J: "Não no meu caso. Por alguma razão, são as ruivas que me fazem virar a cabeça. Eu não tinha consciência disso até alguns anos atrás quando notei um pedaço da cabeça passando no metrô e eu comecei a fantasiar um romance. Sim, era romance e luxúria, enquanto as loiras, por alguma razão, parecem que só fazem barulho. Todos os quatro melhores relacionamentos que tive foram com mulheres de olhos verdes ou cabelos vermelhos e, em dois deles, elas tinham os dois".

A caçada é muito importante?

Danny J: "Muito. Nas palavras de algum técnico de futebol americano, não é tudo, é a única coisa. Então, quando era mais novo e mais idealista e mesmo mais confuso do que sou agora, eu pensava em como a vida seria melhor sem os joguinhos, fantasias, decepção e imaginava uma sociedade brilhante em um futuro de honestidade e claridade. Eu era um cara bem inocente e sem esperanças. Depois de anos esperando que isso acontecesse, e não aconteceu, eu entendi que, primeiro de tudo, você tem que jogar o jogo. Não tem um amor puro que dispense todo esse jogo e espere por você com toda a intimidade e alegria. Eu também entendi que jogar o jogo é um teste para afastar as loucas".

Mark F: "Perigosamente não. Sempre pensei que a caçada era importante no sentido de que pode haver um grande impacto em como você se sente. Mas eu sempre me preocupo com a excitação que a caçada tende a impor ao meu julgamento se eu realmente estou a fim da pessoa que estou caçando. Eu acho que as pessoas deviam tratar suas atitudes com desconfiança durante a caçada".

Acaba com seu tesão saber que a garota está seguindo alguma regra tipo, sexo só depois do terceiro encontro?

Victor L: "Eu caio fora. Posso até esperar um pouco no começo, mas depois você ganha um beijo. Eu odeio pessoas que jogam. Qual é o objetivo? O único tipo de jogo é o que você se segura um pouco. E isso é tudo! É o mesmo dos negócios: se eu tenho um cliente com quem quero fazer negócios, finjo que não tenho interesse".

Allen P: "Isso, com certeza, pode desanimá-lo. Uma vez, eu saí com uma garota que só resolvia o que queria da vida depois de um mínimo de quinze encontros. Duramos três encontros, então, eu mesmo resolvi minha cabeça. Se é um indicador de personalidade, logo é justo, e um degrau de reserva e de enigma é atraente para mim. No entanto, se isso for seguir só por seguir uma regra qualquer de revista ou então autoimposta sem consideração com sentimentos ou clima, pode ser uma grande decepção".

Você acha mulheres caladas misteriosas ou intimidadoras?

John S: "Depende de como a quietude se manifesta. Sorrisos e modéstia podem chamar atenção, mas ficar me encarando e esperar que você (homem) faça todo trabalho é muito brochante".

Dennis D: "Primeiro eu penso em tudo que precisamos para adicionar nova categoria: chata. Falando de forma rústica e direta, acho as caladas – especialmente se é uma tentativa de fingir uma áurea de mistério – cansativo e frustrante. Paquerar requer muitas palavras e aproveitar muitas chances, então homens ou mulheres caladas não podem fazer isso. Intimidar é diferente, de novo falando pessoalmente, eu só fico intimidado com mulheres inacreditavelmente eficientes ou mulheres muito vulgares, com suas depravações. E uma mulher faladora me diz que ela não é tão preocupada com sua aparência (tanto a sua quanto a dela). O que é bom".

Você gosta de mulheres faladeiras no primeiro encontro?

Amir D: "Muito mesmo. Eu preciso que ela seja faladeira e aberta ou eu fico entediado. Simples assim".

Alex A: "Uma garota tem que conversar no primeiro encontro, se não, ficamos sentados ali e vai parecer uma entrevista. Ou você percebe que passou a noite toda falando sobre si mesmo. É preciso um balanço".

Como você se sente quando descobre que uma amiga tem uma queda por você?

Ai, o pesadelo de se apaixonar por um amigo e não ser correspondida. Veja Os arquivos de Charlie, no capítulo 15, para uma análise mais profunda sobre como os homens, como um todo, não são a favor de transformar amizades em alguma coisa a mais.

Gary P: "Depende da 'desejabilidade' da amiga. Na maioria das vezes, é lisonjeador, raramente é uma surpresa. 'Amigas que se apaixonam' é uma grande história – talvez isso leve a amizade a algum nível. Eu dormi com muitas amigas nos últimos anos. E garotas sendo garotas tendem a dormir com caras que elas conhecem. Isso também tem a vantagem adicional em permitir que eu durma com mulheres que são muito mais bonitas que eu".

Don L: "Na verdade, isso aconteceu comigo recentemente pela primeira vez. E, para complicar ainda mais, ela é minha colega além de minha amiga. E a verdade é que eu não sinto a mesma coisa e me sinto um nada. E ela estava totalmente sóbria quando me falou isso. O que me preocupou foi quando ela disse que tinha começado a terminar relacionamentos quando eles não combinavam comigo. Pessoalmente, não teria coragem de confessar se eu me sentisse assim por uma amiga e não tivesse certeza se era recíproco".

E finalmente, a pergunta que não se encaixa em nenhuma categoria, mas acho que é uma boa pergunta, então aí vai:

Como você se sente indo às compras com sua namorada?

Darren P: "Eu sinto vontade de gritar e ter um ataque de tanta chatice cada vez que acompanho uma mulher às compras, qualquer mulher. É horrível. Homens compram coisas que querem, e eles sabem, antes de irem a qualquer lugar, o que eles vão comprar, quanto custa e aonde ir. Significa que se você sabe que tem que ir à cidade para comprar, você vai até lá e volta com precisão militar. Nem um segundo é desperdiçado, nem um passo. Sem distrações. Querer, achar, comprar, voltar. Mulheres não são assim e é horrível passar por isso".

Conclusão

Então, o que conseguimos com tudo isso? Eu espero que essa seja a revelação que confirma que os homens não são de fato, alienígenas, e que achar um homem maravilhoso não esteja assim tão fora do nosso alcance. Na verdade, há homens maravilhosos presos no corpo desses caras que agem de forma tão estranha conosco. Em certas circunstâncias, armadas de visão de raio X, podemos ver como a mente deles funciona, então, podemos soltar o Sr. Maravilhoso e viver felizes para sempre. Mas isso está ficando um pouco fora de nossas mãos.

Ao dividirem com sinceridade suas opiniões sobre namoro e amor, as centenas de rapazes com quem conversei mostraram que muitos dos estereótipos que os definem – como máquinas de sexo sem consideração e descuidadas – simplesmente não são verdade. Por exemplo, iluminou meu coração descobrir que a compra de uma escova de dentes pode simbolizar anos de um planejamento cuidadoso para validar a caçada (Christian), ou que o cara que está relutante em seguir adiante com a namorada pode estar esperando um sinal dos céus de que ela é especial (Ben).

Quer dizer, existe sempre, sempre uma razão para o comportamento dos rapazes; ele está sempre (bem, normalmente) pensando ativamente em alguma coisa. Na maioria das vezes, tem alguma coisa a ver com o ego dele, quer seja um medo arrogante de que vai machucar seu coração de uma forma incurável se terminar o namoro, quer seja elogiando para que você se encaixe em parâmetros para um sexo rápido.

Tem também o fato de que os padrões de pensamento deles são totalmente diferentes dos nossos. Como Aaron, você já gostou de ter uma conversa inteligente com uma pessoa e, então, perceber que era hora de ir, uma vez que tudo parecia caminhar para o lado físico? Ou manteve alguém por perto só para manter as opções abertas por medo de ficar sozinha, como Nadav no Jogo Rápido, da página 127?

E o mais curioso, parece que muitos deles são, na verdade, mais sensíveis que nós. Eles acham difícil seguir em frente depois do término de namoro, e sentem mais agonia, por conta dos ferimentos nos seus grandes egos, e, claro, por conta da ansiedade de uma performance, do que nós. Pense no pobre Dan e seu sofrimento em não conseguir superar a perda de Sally mesmo cinco anos depois de terminar o namoro. Ou Joe, que apesar de ter largado a Jéssica, desenvolveu um sentimento de posse que o consumiu porque ele não conseguia lidar com ela sem perder o controle. O desejo de ser necessário e aprovado é incrivelmente forte – tão forte que alguns caras estão dispostos a gastar milhares de reais com uma garota só para fazê-la querer casar com ele antes de ser trocado por outro.

Mas eles não são só doces e complicados. Aquela frieza sem sentido com que às vezes eles nos tratam – a que nós damos a desculpa de ser "medo" ou "confusão" – está mesmo lá, para valer e aterrorizando. Mesmo o cara mais legal desse livro falou coisas de nos fazer estremecer de tão frias sobre certas situações. Tom L, por exemplo, revelou que ele podia entender por que o sentimento de ódio foi despertado em Justin quando ele foi acordado por Lexie querendo ficar de conchinha. Adams Lyons, um artista profissional da conquista, acendeu a luz mais brilhante no misterioso comportamento masculino: alguns (como Christian) são motivados pura e simplesmente pelo desejo de serem queridos e fazem de tudo para não ter ligação alguma e poder, assim, atingir seus objetivos. Barry, no painel, explicou os surtos de Steve no aniversário de um ano como tédio e desgosto da namorada e uma vontade louca de voltar ao sexo variado do tempo da solteirice. Essa pode não ter sido a razão para o comportamento de Steve, mas mostra quanto medo eles podem sentir, mesmo um cara doce e sorridente como Barry.

Saber disso pode ajudá-la a conseguir mais dos relacionamentos com os homens, independentemente de quão sérios eles se sintam em relação a você. Vai ajudá-la a gastar melhor seu tempo e sua energia (e inteligência, charme e afeição) sabendo com quem vale a pena gastar seu tempo e por que, e quem é furada e emocionalmente negativo para você. Você estará, então, mais livre para a verdadeira e prazerosa paquera, para as transas, os romances e relacionamentos que estão ao seu alcance.

E como saber se o cara não tem salvação e quando você tem mais chance de conseguir o que quer de um muro de tijolos do que dele? Bem, esse livro deve ajudar você a identificar que força superior está governando seu comportamento estranho, se é necessidade de constante aprovação (Christian), medo de crescer (Ben), medo de perder a liberdade (Martin), obsessão por novidade (Frank), falta de interesse sexual em você (Raphael), o ego dele (Seb) ou medo de perder o controle (Joe). Uma vez que você identifique o que é, pode decidir o que fazer. Acima de tudo, por exemplo, Christian, Frank e Raphael são aqueles de quem eu diria para você sair correndo sem nem olhar para trás. A não ser que você seja louca por autoflagelação. Mas o que é ótimo a respeito de saber o que um homem está pensando é que dá a você o controle de decidir por quem vale a pena se esforçar e quem você manda embora. Quando você sabe o que um homem está pensando, você está no comando.

Mas nem tudo é sobre se livrar dos que não tem salvação. É sobre saber quando e como persistir com caras de quem você realmente gosta e quem pode acabar se tornando *o cara*. Aquela história de *ele não está tão a fim de você* é um ditado muito simplista. Essa doutrina sugere que você deve desistir em inúmeras situações que não são totalmente perfeitas de imediato. Mas, em algumas situações, você pode encontrar uma maneira de contornar o problema ou o bloqueio mental dele e fazer realmente valer a pena. Pegue o exemplo de Ben e Júlia (capítulo 6): Ben não queria morar com Júlia, mas depois de uma atitude inteligente da parte dela, ele voltou rastejando, dizendo que sentia saudade. Ela se recusou a voltar até que eles conversassem sobre o assunto, Ben falou sobre suas ansiedades e medos a respeito de morar junto, e o resultado foi que ficou claro que ele queria continuar com Júlia. Ela entendeu que os medos dele eram enormes, estavam enraizados e que não tinham nada a ver com ela pessoalmente – forçando Ben a reconhecer que isso era o mais importante. Eu tenho o prazer de contar a vocês que eles foram morar juntos e estão felizes domesticando a situação.

Então, tem o Mark e a Vicky. Lembra como ele a via menos do que uma namorada, mas mais do que só sexo? E como a adoração dela por ele a impedia de dizer que o que eles tinham não era o suficiente para ela? Bom, depois que ela terminou (ele a fez terminar ao agir como um canalha), não passou muito tempo até que ele começou a sentir falta de sexo. Eles voltaram a se encontrar, mas Vicky se recusou em ser qualquer coisa que o Mark queria que ela fosse – que seria alguma coisa que se encaixasse nas necessidades dele – apesar de ter sentimentos por ele. Ela disse que gostava muito dele, e ou eles namoravam, ou nunca mais se falariam. Ele escolheu namorar.

Existem muita diversão e amor para ser vividos. O que as mulheres não sabem fazer direito é estabelecer limite e dar um ultimato. Mas, se há duas boas lições que podemos aprender disso tudo, são estas. Primeiro, ofereça um bom tempo de caça só esperando: a vasta maioria dos homens diz que, por um lado, eles não são loucos por joguinhos amorosos; mas, por outro, é desanimador se a mulher está muito disponível. Perseguir e ganhar a garota dão aos homens o sentimento de conquista – no que depende o tipo de homem que você procura. Mas, mesmo o cavalheiro de fala bonita, que parece tudo menos um conquistador maníaco egocêntrico, admite que prefere alguém que se guarda um pouco no primeiro momento. Segundo, se as coisas não estão indo do jeito que você quer por algum tempo, diga isso a ele, ofereça a chance de ir e realmente faça isso. Uma coisa é se sentir perdida com eles, outra é se vender barato. E não tem necessidade disso. Afinal de contas, você está namorando para se sentir feliz e melhorar sua vida, certo? Então, vá atrás e aproveite.

SOBRE A AUTORA

Zoe Strimpel atua em jornalismo desde que se formou em Cambridge, em 2004. Logo após graduar-se, realizou uma pesquisa sobre o comportamento de homens frequentadores da noite de Londres. Os resultados foram tão expressivos e conclusivos que ela foi levada a falar sobre o assunto na rádio BBC de Londres, e ficou conhecida como "a moça de Londres que fala sobre namoros na cidade". Em outubro de 2006, passou a assinar uma coluna no jornal local sobre encontros e relacionamentos, focando no comportamento masculino. Seu texto semanal provocou respostas acaloradas dos ingleses: as mulheres relatavam algo e os homens reagiam. Desde então, escreve sobre as peculiaridades das relações entre homens e mulheres para a *Cosmopolitan*, para a revista do *Sunday Times Style* e para o *Times*, e dá frequentemente entrevistas para todo o tipo de mídia. Atualmente, é editora de vida e estilo da *City A.M.*

Este livro foi impresso pela
Prol Gráfica em papel *offset* 75 g.